第2版 ハラスメントの事件対応の手引き

内容証明・訴状・告訴状ほか文例

第二東京弁護士会全ての性の平等に関する委員会

［編］

日本加除出版株式会社

第2版　は し が き

　本書の初版は，第二東京弁護士会の両性の平等に関する委員会において執筆し，2016年11月に公刊されました。

　豊富な参考裁判例や，実務において役立つと思われる，通知書や示談書などの文例が好評で，多くの方々にご利用頂いております。

　初版から現在に至るまでの間に，労働施策総合推進法が改正されました。この法改正により，パワー・ハラスメントの定義や，国，事業主及び労働者の責務が，法律上，明確になりました。

　また，近年，LGBTQと総称される性的マイノリティに関する裁判例も出され，性的マイノリティの問題に対する社会の認知も高まっています。現在では，性的指向や性自認に関して行われる嫌がらせ，差別的言動等は，セクシュアル・ハラスメントやパワー・ハラスメントに該当することが厚生労働省のセクハラ防止指針やパワハラ防止指針でも明らかにされています。

　第二東京弁護士会の両性の平等に関する委員会では，これらのLGBTQに関する問題についても取り扱うようになってきました。そのようななかで，男女二つの性しか存在しないこと，男女平等の問題しか取り扱わないことを前提としているかのように受け取られかねない，「両性の平等」に関する委員会という名称に違和感を覚える委員も増え，委員会名称変更の手続きを行い，2023年6月からは，委員会の名称は「全ての性の平等に関する委員会」となります。

　残念ながら，現在に至るまでに，性差別が全て解消された，男女平等を含む全ての性の平等が実現されたとはいえない状況にあります。

　それでも，パワハラ防止指針等，国もハラスメントを許さないことを明確にし，声を上げる被害者も増えて，社会的にも，嫌がらせや差別的言動等のハラスメントを許さない，あらゆるハラスメントを根絶しようという機運は高まっているように感じます。

　本書が，ハラスメント問題の解決に資し，ひいては，あらゆるハラスメントの根絶に向けて役立つことを願ってやみません。

2023年5月

第二東京弁護士会全ての性の平等に関する委員会

（〜2023年5月：両性の平等に関する委員会）

2022年度委員長　木　元　有　香

初版　は し が き

　第二東京弁護士会の両性の平等に関する委員会（以下「当委員会」といいます。）は，1989年に発足して以来，労働の場あるいは家庭の場における個人の尊厳と両性の平等をテーマとして，各種の活動を行ってきました。各種の活動の中でも，セクシュアル・ハラスメント（以下「セクハラ」といいます。）については，当委員会が力を入れて取り組んできた分野です。「セクハラ」という用語がなかった時代の被害者による法廷闘争や企業との交渉等の積み重ねにより，1997年に，男女雇用機会均等法に職場におけるセクハラに関する規定がおかれ，その後の2006年の改正により事業主に対するセクハラの予防と適切な対応が義務付けられることとなり，「セクハラ」という用語自体は社会一般に知らない者はいないほどに浸透しました。

　しかしながら，厚生労働省に委託された労働政策研究・研修機構が実施した「妊娠等を理由とする不利益取扱い及びセクシュアルハラスメントに関する実態調査」（平成28年3月1日記者発表）によれば，職場における女性のセクハラの経験率は28.7％，正社員の場合は34.7％に上るとのことです。セクハラの態様で最も多いのは，「容姿や年齢，身体的特徴について話題にされた」（53.9％）であり，被害を受けた際の対応としては，「我慢した，特に何もしなかった」が最多の63.4％を占めました。上司や会社の窓口へ相談した人は13.5％である一方で，その後の対応状況については，22.7％の人が「特段の対応はなかった」と回答しており，「上司や同僚から嫌がらせを受けた」との回答が5.7％，「解雇，退職を強要された」との回答が3.6％でした。この調査は，未だに職場におけるセクハラ被害に遭う女性が多いこと，多くの被害者は，自分の身に起きたことがセクハラと認識しながらも，仕事を失ったり，職場での人間関係が損なわれることをおそれ，我慢して仕事を継続していることを示しています。また，いわゆるマタハラなど妊娠等を理由とする不利益取扱い等の経験率は21.4％であり，その態様としては，「『休むなんて迷惑だ』，『辞めたら？』など，妊娠・出産・育児関連の権利を主張しづらくするような発言をされた」が47.0％と最も多いこと，その行為者は男性

55.9％，女性38.1％と，男性が多いものの女性からも行われていることが分かりました。

　本書では，被害者から相談を受けた場合の対応について主に述べていますが，実際には，ハラスメントの被害者が弁護士等に相談し，加害者や事業主に慰謝料等の損害賠償を求めることには相当の勇気が必要であり，結果として，幾ばくかの金銭が支払われ，加害者が処分されたとしても，それと引換えに，被害者が仕事を失ったり，職場に居づらくなっては元も子もありません。被害者の一番の希望は，今後同様の被害に遭わずに安心して仕事を続けられることであり，ハラスメントの相談を受けた事業主は，加害者に対する処分という個別対応に留まらず，被害者が精神的負担を感じることなく仕事をできる環境を整えること，今後二度とハラスメントが生じないよう，ハラスメントを認容するような社内の文化や体質等を省みて改善することが必要です。

　当委員会では2001年に「セクシュアル・ハラスメント法律相談ガイドブック」を出版していますが，本書は，その後の社会情勢の変化も踏まえ，セクハラのみならず，パワハラ，マタハラ，アカハラ等の昨今問題となっているハラスメント類型もカバーした新しい手引書として刊行することとしました。当委員会の委員の知識・経験を結集し，被害者及び事業主がとるべき対応から，各種のハラスメントに関する参考裁判例に加え，内容証明郵便や示談書などの実務において役立つと思われる文例を充実させました。マタハラ，アカハラについては，当委員会主催の定例研修において講演いただいた広島大学ハラスメント相談室の北仲千里准教授及び第二東京弁護士会所属の橋本佳代子弁護士にもコラムの執筆のご協力を得ることができ，第一線で活躍されているお二方の貴重な知見を賜りました。

　職場におけるハラスメントの被害者を救済するとともに，将来のハラスメントを防止するための一助として，本書をご利用いただければ幸いです。

　2016年11月

第二東京弁護士会両性の平等に関する委員会

委員長　横　山　佳　枝

凡　例

1　判例の引用例

例：広島高等裁判所平成27年11月17日判決判例時報2284号120頁，労働判
例1127号 5 頁

　　→　広島高判平成27年11月17日判時2284号120頁，労判1127号 5 頁

2　法令の略称

育児休業，介護休業等育児又は家族介護を行う労働者の福祉に関する法律
　　→　育児・介護休業法

国家賠償法　→　国賠法

雇用の分野における男女の均等な機会及び待遇の確保等に関する法律
　　→　均等法

雇用の分野における男女の均等な機会及び待遇の確保等に関する法律施行
規則　→　均等法施行規則

犯罪被害者等の権利利益の保護を図るための刑事手続に付随する措置に関
する法律　→　犯罪被害者保護法

労働基準法　→　労基法

労働契約法　→　労契法

労働施策の総合的な推進並びに労働者の雇用の安定及び職業生活の充実等
に関する法律　→　労働施策総合推進法

労働者災害補償保険法　→　労災保険法

労働者派遣事業の適正な運営の確保及び派遣労働者の就業条件の整備等に
関する法律　→　派遣法

3　判例集，雑誌の略称

下級裁判所刑事裁判例集　→　下刑

下級裁判所民事裁判例集　→　下民

最高裁判所裁判集民事　　→　裁判集民

最高裁判所民事判例集　　→　民集

裁判所時報　　→　裁時

東京高等裁判所判決時報　→　東高刑時報

訟務月報　　→　訟月

判例時報　　→　判時

判例タイムズ　　→　判タ

労働経済判例速報　　→　労経速

労働判例　　→　労判

目　次

第1章　ハラスメントの定義・類型

第1　セクシュアル・ハラスメント　3

1　セクシュアル・ハラスメントとは　3

(1)　定　義　3

(2)　男女雇用機会均等法におけるセクシュアル・ハラスメント　3

(3)　人事院規則におけるセクシュアル・ハラスメント　4

2　セクシュアル・ハラスメントの内容　4

(1)　均等法におけるセクシュアル・ハラスメントの2つのタイプ　4

(2)　性的な言動　5

(3)　職場と労働者　5

3　事業主等の責務　6

(1)　事業主の責務　6

(2)　労働者の責務　7

4　不法行為基準としてのセクシュアル・ハラスメント　7

5　セクシュアル・ハラスメントの特質・背景とジェンダー・ハラスメント　9

(1)　セクシュアル・ハラスメントの特質と背景　9

(2)　ジェンダー・ハラスメント　9

第2　妊娠・出産・育児休業等に関するハラスメント　10

1　妊娠・出産・育児休業等に関するハラスメントとは　10

2　妊娠・出産・育児休業等に関するハラスメントのタイプ　11

3　参考裁判例　11

　　4　妊娠・出産・育児休業等に関するハラスメントの防止措置義務

　　（均等法，育児・介護休業法の改正）……………………………………14

第3　パワー・ハラスメント………………………………………………20

　1　パワー・ハラスメントとは…………………………………………20

　⑴　定　義…………………………………………………………………20

　⑵　いじめ・嫌がらせとの違い…………………………………………21

　⑶　使用者に求められる措置義務等……………………………………22

　2　パワー・ハラスメントの類型………………………………………23

　⑴　パワー・ハラスメントの6つの類型………………………………23

　⑵　パワー・ハラスメントの傾向とその推移…………………………27

第4　SOGIハラスメント…………………………………………………29

　1　SOGIハラスメントとは……………………………………………29

　⑴　SOGI（ソジ）とは…………………………………………………29

　⑵　LGBTQの概念………………………………………………………30

　2　パワハラ指針における職場のSOGIハラの内容等について…………30

　⑴　パワハラ指針における「職場のSOGIハラ」の内容………………30

　⑵　アウティングについて………………………………………………31

　3　参考裁判例……………………………………………………………31

第5　アカデミック・ハラスメント……………………………………33

　1　アカデミック・ハラスメントとは…………………………………33

　2　アカデミック・ハラスメントの具体例（第2章第2の相談事例

　1参照）…………………………………………………………………33

　3　参考裁判例……………………………………………………………34

第6　アルコール・ハラスメント，カスタマー・ハラスメント……35

　1　アルコール・ハラスメント…………………………………………35

　⑴　アルコール・ハラスメントとは ……………………………… 35
　⑵　参考裁判例 …………………………………………………… 35
　2　カスタマー・ハラスメント ……………………………………… 36
　⑴　カスタマー・ハラスメントとは …………………………… 36
　⑵　カスタマー・ハラスメントの具体例 …………………………… 36
　⑶　裁判例 ………………………………………………………… 37

第2章　ハラスメントの法律相談の対応

第1　職場におけるハラスメントの具体的相談事例と法的責任 …………… 41

　1　セクシュアル・ハラスメント ……………………………………… 41
　　相談事例1 ………………………………………………………… 41
　⑴　Yらの法的責任 ……………………………………………… 42
　⑵　Xの損害 ……………………………………………………… 44
　⑶　本件における留意点 ………………………………………… 45
　⑷　労働者災害補償保険 ………………………………………… 46
　⑸　参考裁判例 …………………………………………………… 46
　　相談事例2 ………………………………………………………… 49
　⑴　Yらの法的責任 ……………………………………………… 49
　⑵　Xの損害 ……………………………………………………… 52
　⑶　本件における留意点 ………………………………………… 52
　⑷　労働者災害補償保険 ………………………………………… 52
　⑸　参考裁判例 …………………………………………………… 53
　2　マタニティ・ハラスメント ……………………………………… 54
　　相談事例 …………………………………………………………… 54
　⑴　Yの法的責任 ………………………………………………… 54
　⑵　Xの損害・解雇後の賃金 …………………………………… 58
　⑶　本件における留意点 ………………………………………… 59

　3　パワー・ハラスメント ………………………………………… 65

　　相談事例 1 …………………………………………………………… 65

　　⑴　Yらの法的責任 ………………………………………………… 66

　　⑵　Xの損害 ………………………………………………………… 69

　　⑶　本件における留意点 …………………………………………… 70

　　⑷　労働者災害補償保険 …………………………………………… 70

　　⑸　参考裁判例 ……………………………………………………… 72

　　相談事例 2 …………………………………………………………… 74

　　⑴　Yらの法的責任 ………………………………………………… 75

　　⑵　Xの損害 ………………………………………………………… 77

　　⑶　本件における留意点 …………………………………………… 78

　　⑷　参考裁判例 ……………………………………………………… 78

　　相談事例 3 …………………………………………………………… 80

　　⑴　Yらの法的責任 ………………………………………………… 82

　　⑵　Xの損害・雇用契約打切り後の賃金 ………………………… 84

　　⑶　本件における留意点 …………………………………………… 85

　　⑷　参考裁判例 ……………………………………………………… 86

　4　SOGIハラスメント …………………………………………… 88

　　相談事例 …………………………………………………………… 88

　　⑴　Yらの法的責任 ………………………………………………… 88

　　⑵　Xの損害，未払賃金 …………………………………………… 90

　　⑶　本件における留意点 …………………………………………… 91

　　⑷　参考裁判例 ……………………………………………………… 92

第2　アカデミック・ハラスメントの具体的相談事例と法的責任 ………… 94

　　相談事例 1 …………………………………………………………… 94

　　⑴　Y1の法的責任 ………………………………………………… 95

　　⑵　Y2の法的責任 ………………………………………………… 97

　　⑶　相談・受任に際し注意すべきこと …………………………… 98

⑷　本件でとるべき対応 ……………………………………………… 101

相談事例2 ……………………………………………………………… 102

⑴　Y₁の法的責任 …………………………………………………… 103

⑵　Y₂の法的責任 …………………………………………………… 104

⑶　本件でとるべき対応 …………………………………………… 107

第3章　ハラスメントに対しとり得る手段・措置

第1　交　渉 ……………………………………………………………… 111

1　交渉を行う意義 ………………………………………………… 111

2　証拠の収集 ……………………………………………………… 112

3　依頼者への対応 ………………………………………………… 113

4　行為者との交渉 ………………………………………………… 113

⑴　内容証明郵便による通知 …………………………………… 113

⑵　請求金額 ……………………………………………………… 114

⑶　受領拒否が見込まれる場合 ………………………………… 114

⑷　行為者の自宅住所が分からない場合 ……………………… 114

⑸　相手方の名誉や人格に対する配慮 ………………………… 115

5　事業主との交渉 ………………………………………………… 115

⑴　事業主と交渉する意義 ……………………………………… 115

⑵　事業者との交渉手段 ………………………………………… 116

6　交渉段階において合意が成立した場合 ……………………… 116

第2　法的措置等 ………………………………………………………… 118

1　民事手続（労働審判，訴訟，仮処分等）……………………… 118

⑴　誰を相手に訴えるのか ……………………………………… 118

⑵　請求内容の確定 ……………………………………………… 118

⑶　法律構成 ……………………………………………………… 119

(4) 手続の選択①（労働審判）‥‥‥‥‥‥‥‥‥‥‥‥‥‥‥ 121

(5) 手続の選択②（仮処分）‥‥‥‥‥‥‥‥‥‥‥‥‥‥‥‥ 124

(6) 訴訟等の提起に当たっての留意点‥‥‥‥‥‥‥‥‥‥‥‥ 124

(7) 民事訴訟における当事者保護措置‥‥‥‥‥‥‥‥‥‥‥‥ 125

2 労働者災害補償保険‥‥‥‥‥‥‥‥‥‥‥‥‥‥‥‥‥‥‥ 127

(1) 労働者災害補償保険とは‥‥‥‥‥‥‥‥‥‥‥‥‥‥‥‥ 127

(2) 給付の種類‥‥‥‥‥‥‥‥‥‥‥‥‥‥‥‥‥‥‥‥‥‥ 128

(3) 窓 口‥‥‥‥‥‥‥‥‥‥‥‥‥‥‥‥‥‥‥‥‥‥‥‥ 128

(4) 休業補償給付と休業特別支給金‥‥‥‥‥‥‥‥‥‥‥‥‥ 128

(5) 精神障害の労災認定‥‥‥‥‥‥‥‥‥‥‥‥‥‥‥‥‥‥ 129

(6) 時 効‥‥‥‥‥‥‥‥‥‥‥‥‥‥‥‥‥‥‥‥‥‥‥‥ 131

(7) 不支給処分に対する不服申立て‥‥‥‥‥‥‥‥‥‥‥‥‥ 131

(8) 裁判所による解決が必要な場合‥‥‥‥‥‥‥‥‥‥‥‥‥ 132

3 刑事手続‥‥‥‥‥‥‥‥‥‥‥‥‥‥‥‥‥‥‥‥‥‥‥‥ 133

(1) 被害届・告訴‥‥‥‥‥‥‥‥‥‥‥‥‥‥‥‥‥‥‥‥‥ 133

(2) ハラスメント行為に関する犯罪‥‥‥‥‥‥‥‥‥‥‥‥‥ 134

(3) 捜査への協力‥‥‥‥‥‥‥‥‥‥‥‥‥‥‥‥‥‥‥‥‥ 136

(4) 刑事手続における被害者保護制度‥‥‥‥‥‥‥‥‥‥‥‥ 136

(5) 犯罪被害者援助制度‥‥‥‥‥‥‥‥‥‥‥‥‥‥‥‥‥‥ 139

(6) ストーカー事案の場合‥‥‥‥‥‥‥‥‥‥‥‥‥‥‥‥‥ 139

4 その他の措置‥‥‥‥‥‥‥‥‥‥‥‥‥‥‥‥‥‥‥‥‥‥ 139

(1) 労働基準監督署への申告‥‥‥‥‥‥‥‥‥‥‥‥‥‥‥‥ 139

(2) 都道府県労働局の総合労働相談センターへの相談，あっせん‥ 140

(3) 均等法，育児・介護休業法，労働施策総合推進法上の手続‥‥ 140

(4) 単位弁護士会による労働法律相談の活用‥‥‥‥‥‥‥‥‥ 141

第4章 ハラスメントに対して事業主がとるべき具体的対応策

第1 ハラスメント指針‥‥‥‥‥‥‥‥‥‥‥‥‥‥‥‥‥‥‥‥‥‥‥‥ 145

第2 事業主の方針の明確化及びその周知・啓発‥‥‥‥‥‥‥‥‥‥‥ 146

第3 相談・苦情への対応‥‥‥‥‥‥‥‥‥‥‥‥‥‥‥‥‥‥‥‥‥ 149

第4 事件が発生した場合の迅速・適切な対応‥‥‥‥‥‥‥‥‥‥‥‥ 152

第5 マタハラ，育児休業等に関するハラスメントの原因や背景となる要因を解消するための措置‥‥‥‥‥‥‥‥‥‥‥‥‥‥‥‥‥‥ 157

第6 その他併せて講ずべき措置‥‥‥‥‥‥‥‥‥‥‥‥‥‥‥‥‥‥ 158

第7 事業主が行うことが望ましい取組の内容‥‥‥‥‥‥‥‥‥‥‥‥ 160

　1 一元的に相談に応じることのできる体制の整備‥‥‥‥‥‥‥‥ 160

　2 ハラスメントの原因や背景となる要因を解消するための取組‥‥ 160

　3 運用状況の的確な把握や措置の見直し‥‥‥‥‥‥‥‥‥‥‥‥ 162

　4 事業主が自らの雇用する労働者以外の者に対する言動に関し行うことが望ましい取組の内容‥‥‥‥‥‥‥‥‥‥‥‥‥‥‥‥ 162

　5 他の事業主の雇用する労働者等からのパワー・ハラスメントや顧客等からの著しい迷惑行為に関し，行うことが望ましい取組の内容‥‥‥‥‥‥‥‥‥‥‥‥‥‥‥‥‥‥‥‥‥‥‥‥‥‥ 163

第8 特殊な事情がある場合の対応‥‥‥‥‥‥‥‥‥‥‥‥‥‥‥‥‥ 164

　1 労働組合が関与する場合‥‥‥‥‥‥‥‥‥‥‥‥‥‥‥‥‥‥ 164

　2 高等教育機関でハラスメントが発生した場合‥‥‥‥‥‥‥‥‥ 165

　3 SOGIハラの場合‥‥‥‥‥‥‥‥‥‥‥‥‥‥‥‥‥‥‥‥‥ 170

第5章 マスコミ対応策と活用法

第1 被害者側のマスコミ対応 ……………………………………… 175

1 マスコミからの保護を必要とする場合 ………………………… 175
(1) 法的措置の際における被害者のプライバシー保護の必要性 …… 175
(2) マスコミからの取材への対応 ………………………………… 176
(3) マスコミによる名誉毀損・プライバシー侵害への対応 ……… 176
2 マスコミを活用する場合 ………………………………………… 176
(1) マスコミへの発表の意義 ……………………………………… 176
(2) マスコミ活用時の注意点 ……………………………………… 177
(3) 記者会見の開き方 ……………………………………………… 177

第2 事業者側のマスコミ対応 ……………………………………… 179

1 基本的方針 ………………………………………………………… 179
(1) 一般の従業員によるハラスメント ………………………… 179
(2) 役員又は幹部従業員によるハラスメント ………………… 180
(3) 記者会見において意識するべき事項 ……………………… 182
2 モデルケースにおけるマスコミ対応例 ……………………… 183
(1) ケースA─複数の事業所でハラスメントが繰り返し行われて
いた場合 ……………………………………………………… 183
(2) ケースB─被害者と社長との面談を録音したデータが拡散さ
れた場合 ……………………………………………………… 185

文例・裁判例集

文　例··· 191

（ⅰ）通知書①（セクハラ　相談事例1：41頁）················ 191

（ⅱ）通知書②（セクハラ　相談事例1：41頁）················ 193

（ⅲ）通知書③（パワハラ　相談事例2：74頁）················ 195

（ⅳ）通知書④（マタハラ　相談事例：54頁）·················· 198

（ⅴ）通知書⑤（アカハラ　相談事例1：94頁）················ 200

（ⅵ）通知書⑥（アカハラ　相談事例2：102頁）·············· 202

（ⅶ）訴状①（セクハラ　相談事例：41頁）···················· 204

（ⅷ）訴状②（パワハラ　相談事例2：74頁）·················· 209

（ⅸ）告訴状（セクハラ　相談事例1：41頁）·················· 215

（ⅹ）労働審判手続申立書（パワハラ　相談事例1：65頁）···· 218

（ⅺ）仮処分命令申立書（マタハラ　相談事例：54頁）········ 224

（ⅻ）請求書（いじめ・嫌がらせ　相談事例：80頁）·········· 227

（ⅹⅲ）譴責処分通知書····································· 229

（ⅹⅳ）懲戒解雇通知書····································· 230

（ⅹⅴ）プレスリリース····································· 231

（ⅹⅵ）合意書··· 232

（ⅹⅶ）閲覧等制限の申立て······························· 234

裁判例集··· 236

（ⅰ）セクシュアル・ハラスメント··························· 236

（ⅱ）マタニティ・ハラスメント····························· 250

（ⅲ）パワー・ハラスメント································· 258

（ⅳ）SOGIハラスメント······································· 276

（ⅴ）アカデミック・ハラスメント··························· 280

（ⅵ）アルコール・ハラスメント····························· 284

（ⅶ）カスタマー・ハラスメント····························· 288

執筆者一覧 (五十音順)

朝倉　理紗	中本　有香
足立　悠	橋本　佳代子
鹿野　元	花田　さおり
康　仙華	早田　由布子
木島　康雄	広瀬　めぐみ
北仲　千里	細谷　夏生
木元　有香	三浦　徹也
小林　美和	山本　高興
佐藤　郁美	横田　由紀子
佐藤　万理	横山　佳枝
鈴木　創大	吉田　麗子
角　真太朗	呂　佳叡
中川　佳代子	

第 1 章

ハラスメントの定義・類型

第1 セクシュアル・ハラスメント
　1 セクシュアル・ハラスメントとは
　2 セクシュアル・ハラスメントの内容
　3 事業主等の責務
　4 不法行為基準としてのセクシュアル・ハラスメント
　5 セクシュアル・ハラスメントの特質・背景とジェンダー・ハラスメント
第2 妊娠・出産・育児休業等に関するハラスメント
　1 妊娠・出産・育児休業等に関するハラスメントとは
　2 妊娠・出産・育児休業等に関するハラスメントのタイプ
　3 参考裁判例
　4 妊娠・出産・育児休業等に関するハラスメントの防止措置義務（均等法，育児・介護休業法の改正）

第3 パワー・ハラスメント
　1 パワー・ハラスメントとは
　2 パワー・ハラスメントの類型
第4 SOGIハラスメント
　1 SOGIハラスメントとは
　2 パワハラ指針における職場のSOGIハラの内容等について
　3 参考裁判例
第5 アカデミック・ハラスメント
　1 アカデミック・ハラスメントとは
　2 アカデミック・ハラスメントの具体例
　3 参考裁判例
第6 アルコール・ハラスメント，カスタマー・ハラスメント
　1 アルコール・ハラスメント
　2 カスタマー・ハラスメント

第1 セクシュアル・ハラスメント

1 セクシュアル・ハラスメントとは

(1) 定　義

　セクシュアル・ハラスメントとは，一般的には，相手方の望まない（意に反する）性的な言動をいいます。みなさんがよく耳にするセクハラとは，このセクシュアル・ハラスメント（以下「セクハラ」といいます）を略した用語です。

(2) 男女雇用機会均等法におけるセクシュアル・ハラスメント

　セクハラについての定義は，どの観点から捉えるかによって様々なものがありますが，セクハラは，職場において問題となることが多いので，一般的に，「雇用の分野における男女の均等な機会及び待遇の確保等に関する法律」（以下「均等法」といいます）での定義が利用されることが多くなります。

　均等法は，セクハラを，①職場において，労働者の意に反する性的な言動が行われ，それを拒否するなどの対応により解雇，降格，減給などの不利益を受けること，又は，②性的な言動が行われることで職場の環境が不快なものとなったため，労働者の能力の発揮に悪影響が生じることとしており，事業主に対し，セクハラを防止する義務を課しています（均等法第11条第1項）。令和元年の均等法の一部改正により，事業主に相談したこと等を理由とする不利益取扱いの禁止（同法第11条第2項）と自社の労働者等が他社の労働者にセクハラを行い，他社が実施する雇用管理上の措置への協力を求められた場合の協力対応（同法第11条第3項）が規定されました。

　さらに，均等法は，「厚生労働大臣は，前3項の規定に基づき事業主が講

ずべき措置に関して，その適切かつ有効な実施を図るために必要な指針を定めるものとする」（第11条第4項）と規定しており，同条項に従って，厚生労働省は，「事業主が職場における性的な言動に起因する問題に関して雇用管理上講ずべき措置についての指針」（平成18年厚生労働省告示第615号。最終改正：令和2年厚生労働省告示第6号，令和2年6月1日適用時点。以下「セクハラ指針」といいます。資料(ii)参照）を制定しています。なお，「指針」とは，通常，「ガイドライン」とも呼ばれるもので，事業主は，実務上，当該指針の内容に沿った社内体制を構築することを要請されています。

(3)　人事院規則におけるセクシュアル・ハラスメント

国家公務員の服務規律である「人事院規則10-10（セクシュアル・ハラスメントの防止等）」においては，セクハラを，「他の者を不快にさせる職場における性的な言動及び職員が他の職員を不快にさせる職場外における性的な言動」（第2条第1号）と定義しています。人事院規則では，このように，セクハラを「他の職員を不快にさせる性的な言動」として，均等法よりも広く捉えています。これは，均等法が事業主に対してセクハラを防止する義務を課するための法律であるのに対し，人事院規則は，勤務者一人ひとりが守るべきルールであるという違いによると思われます。同規則第6条に基づき，人事院が定めた指針（資料(i)参照）には，セクハラをしないようにするための「基本的な心構え」や「セクシュアル・ハラスメントになり得る言動」が挙げられていますので，参考にしてください。

また，令和2年4月の人事院規則10-10の一部改正により，異なる省庁に所属する職員の間でセクハラが起こった場合に，他の各省各庁への調査要請や，他の各省各庁の調査への協力義務を定めました。

2 ｜ セクシュアル・ハラスメントの内容

(1)　均等法におけるセクシュアル・ハラスメントの2つのタイプ

セクハラ指針では，職場におけるセクハラのうち，職場において行われる

性的な言動に対する労働者の対応により当該労働者がその労働条件につき不利益を受けるものを「対価型セクシュアル・ハラスメント」，性的な言動により労働者の就業環境が害されるものを「環境型セクシュアル・ハラスメント」に分類しています。

　対価型セクハラの典型例として，事業所内で事業主が労働者に対して性的な関係を要求したが，拒否されたため，その労働者を解雇すること，環境型セクハラの典型例として，事業所内で上司が労働者の腰，胸等に度々触ったため，その労働者が苦痛に感じて就業意識が低下していること，労働者が抗議しているにもかかわらず，事務所内にヌードポスターを掲示しているため，当該労働者が苦痛に感じて業務に専念できないことなどが挙げられます。

(2)　性的な言動

　「性的な言動」とは，性的な内容の発言及び性的な行動を指し，この「性的な内容の発言」には，性的な事実関係を尋ねること，性的な内容の情報を意図的に流布すること等が，「性的な行動」には，性的な関係を強要すること，必要なく身体に触ること，わいせつな図画を配布すること等が，それぞれ含まれるとされています。

　なお，セクハラ指針は，職場におけるセクハラには，男性から女性に対する，又は，女性から男性に対する等の異性間におけるものだけではなく，同性に対するものも含まれることを明らかにしました。

　また，被害者の性的指向（人の恋愛・性愛がいずれの性別を対象とするか）又は性自認（性別に関する自己意識）にかかわらず，当該被害者に対するセクハラもセクハラ指針の対象となることがセクハラ指針で明記されています（本章第4参照）。

(3)　職場と労働者

　均等法第11条第1項でいう「職場」とは，事業主が雇用する労働者が業務を遂行する場所を指し，当該労働者が通常就業している場所以外の場所であっても，その労働者が業務を遂行する場所は「職場」に含まれます。例え

ば，取引先の事務所，取引先と打合せをするための飲食店，顧客の自宅等であっても，当該労働者が業務を遂行する場所であれば「職場」に該当します。

　そして，本条でいう「労働者」とは，いわゆる正規労働者のみならず，パートタイム労働者，契約社員等いわゆる非正規労働者を含む，事業主が雇用する労働者のすべてをいいます。また，派遣労働者については，派遣元事業主のみならず，労働者派遣の役務の提供を受ける者（派遣先事業主）についても，均等法第11条第1項の規定（セクハラ防止の措置義務）が適用されます。

3 事業主等の責務

(1) 事業主の責務

　セクハラ指針は，事業主が雇用管理上とるべき対策として，以下の9つの対策を指摘しています。

① 　セクハラの内容及びセクハラがあってはならない旨の方針を明確化し，管理・監督者を含む労働者に周知・啓発すること。

② 　セクハラの行為者については，厳正に対処する旨の方針及び対処の内容を就業規則その他の職場における服務規律等を定めた文書に規定し，管理・監督者を含む労働者に周知・啓発すること。

③ 　相談窓口をあらかじめ定めること。

④ 　相談窓口担当者が，内容や状況に応じ適切に対応できるようにすること。また，現実に生じている場合だけでなく，その発生のおそれがある場合や，セクハラに該当するか否か微妙な場合であっても，広く相談に対応し，適切な対応を行うようにすること。

⑤ 　相談の申出があった場合，事実関係を迅速かつ正確に確認すること。

　※なお，外部からのセクハラの場合，必要に応じて，他の事業主に事実関係の確認への協力を求めることも含まれるとされています。

⑥ 　事実確認ができた場合は，行為者及び被害者に対する措置をそれぞれ適正に行うこと。

⑦　再発防止に向けた措置を講ずること。事実関係が確認できなかった場合も同様の措置を講ずること。

　※なお，外部からのセクハラの場合，必要に応じて，他の事業主に再発防止に向けた措置への協力を求めることも含まれるとされています。

⑧　相談者・行為者等のプライバシーを保護するために必要な措置を講じ，労働者に周知すること。

⑨　相談したこと，事実関係の確認に協力したこと等を理由として，不利益な取扱いを行ってはならない旨定め，労働者に周知・啓発すること。

　そして，セクハラに関して労働者と事業主との間で争いが生じた場合には，これを解決するための制度として，労働局長による紛争解決の援助（均等法第17条）及び紛争調整委員会による調停（同第18条）があります。前者の場合には，労働者及び事業主側の双方から事情を聴取した都道府県労働局長から，具体的な問題解決策の提示を受けることができます。後者の制度では，双方の事情を聴取した労働問題の専門家である調停委員から，解決のための調停案の勧告を受けることができます。

(2)　労働者の責務

　セクハラ指針は，労働者に対し，セクハラ問題に対する関心と理解を深め，他の労働者に対する言動に必要な注意を払うとともに，事業主の講ずるセクハラ防止措置に協力するよう努めなければならないと定めています。

4 | 不法行為基準としてのセクシュアル・ハラスメント

　これまでセクハラの定義・内容について説明してきましたが，上記定義におけるセクハラに該当する（あるいは該当しそうな）言動全てが，損害賠償請求等の法的責任が生じる不法行為に該当するわけではありません。セクハラが不法行為となるためには，当然のことながら，当該セクハラが違法性を有するまでに至っていることが必要とされているからです。

　均等法及びセクハラ指針は，直ちに裁判規範としての性質を有するもので

はありませんが，裁判例では，法的義務違反の判断に当たり，均等法やセクハラ指針の趣旨を斟酌しています。

　セクハラのうち，どのような行為が違法性を有する不法行為に該当するかについての基準を示した裁判例として，金沢セクシュアル・ハラスメント（土木建築社）事件の判決（最二小判平成11年7月16日労判767号14頁，名古屋高金沢支判平成8年10月30日判タ950号193頁，労判707号37頁。以下，まとめて「金沢セクハラ事件判決」といいます。裁判例集(i) 1 参照）があります。金沢セクハラ事件の高裁判決においては，「職場において，男性の上司が部下の女性に対し，その地位を利用して，女性の意に反する性的言動に出た場合，これがすべて違法と評価されるものではなく，その行為の態様，行為者である男性の職務上の地位，年齢，被害女性の年齢，婚姻歴の有無，両者のそれまでの関係，当該言動の行われた場所，その言動の反復・継続性，被害女性の対応等を総合的にみて，それが社会的見地から不相当とされる程度のものである場合には，性的自由ないし性的自己決定権等の人格権を侵害するものとして，違法となる」と判示し，セクハラが違法とされる一般的判断基準を示し，最高裁もこの判断枠組みを是認しました。

　金沢セクハラ事件の高裁判決は，上記のように，加害行為の態様，加害行為者の職務上の地位や年齢，被害女性の年齢，婚姻歴の有無，加害者及び被害者のそれまでの関係や，セクハラが行われた場所，当該セクハラの継続性，被害者の対応等から，「社会的見地から不相当とされる程度」に至った場合に，不法行為としてのセクハラが成立するとしています。不法行為が成立するために「社会的見地から不相当とされる程度」の行為であることが必要とされることはともかく，金沢セクハラ事件判決が，社会的見地から不相当とされるか否かを判断するための考慮要素として，被害者の「年齢」や「婚姻歴の有無」を掲げている点については，極めて不適切であり，女性のプライバシーの保護との関係で問題が生じるとの批判があります。

5 | セクシュアル・ハラスメントの特質・背景とジェンダー・ハラスメント

(1) セクシュアル・ハラスメントの特質と背景

セクハラは，支配従属関係や上下関係にある人間関係で起きやすく，力のある者からの力のない者に対するパワーの行使としての性質があります。また，性差別・性別役割分担の意識，いわゆるジェンダーバイアスが，ハラスメントの背景になっています。

そして，セクハラについては，被害者がセクハラを受けたことを公にして被害を訴えることを控えることが多く，被害が表面化しにくい，被害者の被害が深刻な場合が多い，二次被害が起きやすいといった特徴があります。

(2) ジェンダー・ハラスメント

ジェンダーとは，社会的な背景に基づいて後天的に作出された性差のことをいい，生物学的な性差を示す「セックス（sex）」とは区別されます。したがって，ジェンダー・ハラスメントとは，社会的性差に基づく嫌がらせのこと，すなわち，「男は男らしく」，「女は女らしく」といったジェンダーバイアスに基づき，性的役割分担意識に基づく言動や性差を押し付ける嫌がらせのことをいいます。例えば，女性のみに対しお茶くみやコピー等の業務をさせること，「男のくせに」，「女のくせに」と発言することも，ジェンダー・ハラスメントに該当します。また，ジェンダー・ハラスメントには，LGBTQ（本章第4で後述）に対する嫌がらせも含まれます。LGBTQの人に対し，「おかま」，「ホモ」などとからかう発言をすることも，ジェンダー・ハラスメントに該当します。

第**2**

妊娠・出産・育児休業等に関する ハラスメント

1 妊娠・出産・育児休業等に関するハラスメントとは

　妊娠・出産・育児休業等に関するハラスメント（以下「マタハラ等」といいます）とは、妊娠・出産・育児休業等と関連して行われる様々な態様のハラスメント（嫌がらせ）のことをいいます。特に、妊娠・出産に関するハラスメントについては、マタニティ・ハラスメントと呼ばれ、その略語である「マタハラ」は、一般的にもなじみのある用語だと思われます。マタハラについては、従前から、均等法や「育児休業、介護休業等育児又は家族介護を行う労働者の福祉に関する法律」（以下「育児・介護休業法」といいます）においては、妊娠・出産・育児休業の取得などを理由とする、解雇、雇止め、降格などの不利益取扱いが禁止されてきました（均等法第9条第3項、同施行規則第2条の2、育児・介護休業法第10条等）。例えば、均等法第9条は、事業主に対して、以下の行為を禁止しています。

① 女性労働者が婚姻、妊娠、出産した場合には退職する旨をあらかじめ定めること。

② 婚姻を理由に女性労働者を解雇すること。

③ 厚生労働省令で定められている事由を理由に、女性労働者に対して不利益な取扱いをすること。

また、上記③にいう「厚生労働省令で定められている事由」とは、以下の事由をいいます。

(i) 妊娠したこと。

(ii) 出産したこと。

(iii) 母性健康管理措置を求め、又は受けたこと。

(iv)　坑内業務・危険有害業務に就けないこと，これらの業務に就かないことの申出をしたこと，又はこれらの業務に就かなかったこと。

(v)　産前休業を請求したこと又は産前休業したこと，産後に就業できないこと，又は産後休業したこと。

(vi)　軽易業務への転換を請求し，又は転換したこと。

(vii)　時間外等に就業しないことを請求し，又は時間外等に就業しなかったこと。

(viii)　育児時間の請求をし，又は取得したこと。

(ix)　妊娠又は出産に起因する症状により労働できないこと，労働できなかったこと，又は能率が低下したこと。

2 | 妊娠・出産・育児休業等に関するハラスメントのタイプ

　妊娠・出産・育児休業等に関するハラスメントには，「制度等の利用への嫌がらせ型」と「状態への嫌がらせ型」があります。「制度等の利用への嫌がらせ型」とは，産前休業等の均等法が対象とする制度又は措置や，育児休業，介護休業等，育児・介護休業法が対象とする制度又は措置の利用に関する言動により就業環境が害されるものをいいます。「状態への嫌がらせ型」とは，女性労働者が妊娠したこと，出産したこと等に関する言動により就業環境が害されるものをいいます（本書16〜19頁参照）。

3 | 参考裁判例

　マタハラをめぐっては，平成26年10月23日に最高裁判所において画期的な判断がなされました（広島中央保健生活協同組合事件／X生活協同組合事件。裁判例集(ii) 1 参照）。この最高裁判決では，労働基準法第65条第 3 項に基づき妊娠中の軽易な業務への転換を求めた女性を，同転換に際して管理職である副主任から降格し，育児休業の終了後も副主任に任じなかったことが，均等法第 9 条第 3 項に反するか否かが争点とされました。以下，判決内容を引用し

ます。

　最高裁判所は，まず，「均等法の規定の文言や趣旨等に鑑みると，同法9条3項の規定は，上記の目的及び基本的理念を実現するためにこれに反する事業主による措置を禁止する強行規定として設けられたものと解するのが相当であり，女性労働者につき，妊娠，出産，産前休業の請求，産前産後の休業又は軽易業務への転換等を理由として解雇その他不利益な取扱いをすることは，同項に違反するものとして違法であり，無効である」と述べ，均等法第9条第3項が強行規定であることを明示しました。そのうえで，「一般に降格は労働者に不利な影響をもたらす処遇であるところ，上記のような均等法1条及び2条の規定する同法の目的及び基本的理念やこれらに基づいて同法9条3項の規制が設けられた趣旨及び目的に照らせば，女性労働者につき妊娠中の軽易業務への転換を契機として降格させる事業主の措置は」，「特段の事情」が認められない限り，「原則として同項の禁止する取扱いに当たるものと解される」としました。

　そして，最高裁判所は，以下の①又は②の場合には，「特段の事情」が存在するとしました。

① 　当該労働者が軽易業務への転換及び上記措置により受ける有利な影響並びに上記措置により受ける不利な影響の内容や程度，上記措置に係る事業主による説明の内容その他の経緯や当該労働者の意向等に照らして，当該労働者につき自由な意思に基づいて降格を承諾したものと認めるに足りる合理的な理由が客観的に存在するとき，又は

② 　事業主において当該労働者につき降格の措置を執ることなく軽易業務への転換をさせることに円滑な業務運営や人員の適正配置の確保などの業務上の必要性から支障がある場合であって，その業務上の必要性の内容や程度及び上記の有利又は不利な影響の内容や程度に照らして，上記措置につき同項の趣旨及び目的に実質的に反しないものと認められる場合

　本件においては，上記特段の事情の存在を認めることはできないと判断し，原審判決を破棄し，広島高等裁判所に差し戻しました（最一小判平成26年10

月23日民集68巻8号1270頁，労判1100号5頁）。その後，広島高等裁判所は，上記特段の事情が存在せず，事業主が女性労働者の母性を尊重し職業生活の充実の確保を果たすべき義務に違反した過失（不法行為）及び労働法上の配慮義務違反（債務不履行）があると判示しました（広島高判平成27年11月17日判時2284号120頁，労判1127号5頁。裁判例集(ii)2参照）。

　また，上記最高裁判決を受けて，厚生労働省は，妊娠・出産等から近い時期に解雇・降格等の不利益取扱いがなされた場合は，原則として，妊娠・出産等を理由とした不利益取扱いがなされたと解されるとする通達を発出しました（「『改正雇用の分野における男女の均等な機会及び待遇の確保等に関する法律の施行について』及び『育児休業・介護休業等育児又は家族介護を行う労働者の福祉に関する法律の施行について』の一部改正について」（雇児発0123第1号平成27年1月23日））。その後，社会福祉法人全国重症心身障害児（者）を守る会事件（東京地判平成27年10月2日労判1138号57頁。裁判例集(ii)10参照）で，育児短時間勤務制度を利用したことを理由に本来昇給すべき程度の昇給が行われなかったことを理由に，昇給抑制の違法性の有無等が争われた事案で，本判決は，育児・介護休業法第23条の2の規定は強行法規であり，「所定労働時間の短縮措置の申出をし，又は短縮措置が講じられたことを理由として解雇その他不利益な取り扱いをすることは，その不利益な取扱いをすることが同条に違反しないと認めるに足りる合理的な特段の事情が存しない限り，同条に違反するものとして違法であり，無効となる」としました。その上で，当該昇給抑制は，労働時間が短いことによる基本給の減給のほかに，本来与えるべき昇給の利益を不十分にしか与えないという形態により不利益取扱いをするものであって，同条に違反する不利益な取扱いとして，不法行為責任に基づく損害賠償請求を認めました。

　もっとも，原告が，本件昇給抑制がなかった場合の号給の労働契約上の地位確認をしていたのに対し，同判決は本件昇給抑制に係る行為を無効とは解さず，当該地位確認は認めませんでした。

　また，フーズシステムほか事件（東京地判平成30年7月5日判時2426号90頁，労判1200号48頁，裁判例集(ii)5参照）は，嘱託社員であった原告が妊娠・出産

を契機に時短勤務を申し出た際に，有期雇用契約への転換を強いられ事実上降格された（最終的に本件解雇された）という事案で，育児・介護休業法第23条に従い，嘱託勤務のままで所定労働時間の短縮措置をとるべきであったにもかかわらず，パート社員になるしかない旨を説明した上で，原告の真に自由な意思に基づかないで，嘱託社員からパート社員へ雇用形態を変更する旨のパート契約を締結させ，もともとの事務統括という役職から事実上降格したことは，育児・介護休業法第23条の2の禁止する不利益取扱いに当たり，当該パート契約は無効となり，当該降格は不利益の内容や違法性の程度等に照らし，原告に対する不法行為を構成すると判断されました。

4 妊娠・出産・育児休業等に関するハラスメントの防止措置義務（均等法，育児・介護休業法の改正）

　令和元年6月に均等法及び育児・介護休業法が改正され，妊娠・出産・育児休業等に関するハラスメントの防止措置義務が強化されました（いずれも令和2年6月1日施行）。

　事業主は，妊娠・出産・育児休業・介護休業等を理由として，解雇その他不利益な取扱いをすることが禁止されていますが，職場における妊娠，出産等に関する言動に起因する問題に関して労働者が事業主に相談したことを理由とした解雇その他不利益な取扱いも禁止されました（均等法第11条の3第2項，第11条2項）。また，事業主は，職場における育児休業等に関する言動に起因する問題に関しても，労働者がこれを事業主に相談したことを理由とした解雇その他不利益取扱いを行うことも禁止されました（育児・介護休業法第25条第2項）。

　さらに，令和3年の育児・介護休業法の改正により，「育児・家事は女性がするもの」「男性が育児休業を取得するなんてあり得ない」等の考えや風潮を改め，男性の育児休業取得促進のため出生時育児休業（産後パパ育休）が創設され，育児環境整備と妊娠・出産の申出をした労働者に対する個別の制度周知・休業取得意向確認の措置が事業主に義務付けられました。

　また，事業主は，上司・同僚が職場において，妊娠・出産・育児休業・介

護休業等に関する言動により就業環境を害すること（以下「職場における妊娠・出産等に関するハラスメント」といいます）がないよう防止措置を講じることが義務付けられています。事業主が講ずべき防止措置義務の具体的な内容や当該措置の対象となる言動については，「事業主が職場における妊娠，出産等に関する言動に起因する問題に関して雇用管理上講ずべき措置についての指針」（平成28年厚生労働省告示第312号。以下「マタハラ指針」といいます。）や，「子の養育又は家族介護を行い，又は行うこととなる労働者の職業生活と家庭生活との両立が図られるようにするために事業主が講ずべき措置等に関する指針」（平成21年厚生労働省告示第509号。以下「育児休業等に関するハラスメント指針」といいます。）により詳細に定められています（資料(ⅲ)参照）。

　なお，業務分担や安全配慮等の観点から，客観的にみて，業務上の必要性に基づく言動によるものについては，職場における妊娠・出産等に関するハラスメントには該当しないとされています（本書19頁参照）。

　均等法，育児・介護休業法の改正に併せて上記の指針も改正され（マタハラ指針，最終改正：令和２年厚生労働省告示第６号，令和２年６月１日適用時点）（育児休業等に関するハラスメント指針，最終改正：令和３年厚生労働省告示第366号，令和４年10月１日適用時点），それぞれの指針において，事業主が職場における妊娠，出産，育児休業等に関する言動に起因する問題に関し行うことが望ましい取組の内容が新設されました。

　なお，令和２年３月から，改正職業安定法の一部や関連する政令・省令・指針が施行され，職業紹介事業者は，一定の労働関係法令違反のある求人者からの求人の申込みなどを受理しないことが可能となり，上記の均等法や育児・介護休業法の改正により，違反した場合に求人の申込みが受理されないこととなる法律の規定の中には，職場における妊娠・出産等に関するハラスメントの防止措置義務も含まれます。

【職場における妊娠・出産・育児休業等に関するハラスメントの内容】

(厚生労働省作成のパフレット（「職場における妊娠・出産・育児休業・介護休業等に関するハラスメント対策やセクシュアルハラスメント対策は事業主の義務です‼」）をもとに作成)

制度等の利用への嫌がらせ型		
対象となる制度・措置又は事由	●男女雇用機会均等法が対象とする制度又は措置 　①妊娠中及び出産後の健康管理に関する措置（母性健康管理措置） 　②坑内業務の就業制限及び危険有害業務の就業制限 　③産前休業 　④軽易な業務への転換 　⑤変形労働時間制での法定労働時間を超える労働時間の制限，時間外労働及び休日労働の制限並びに深夜業の制限 　⑥育児時間 ●育児・介護休業法が対象とする制度又は措置 　①育児休業 　②介護休業 　③子の看護休暇 　④介護休暇 　⑤所定外労働の制限 　⑥時間外労働の制限 　⑦深夜業の制限 　⑧育児のための所定労働時間の短縮措置 　⑨始業時刻変更等の措置 　⑩介護のための所定労働時間の短縮等の措置 　※⑧〜⑩は就業規則で措置が講じられていることが必要	
防止措置が必要となるハラスメント	解雇その他の不利益な取扱いを示唆するもの （ポイント） 労働者への直接的な言動をいい，1回の言動でも該当。	制度等の利用の請求等又は制度等の利用を阻害するもの ・労働者が制度の利用を請求をしたい旨を上司に相談したところ，上司がその労働者に対し，請求をしないように言うこと ・労働者が制度の利用の請求をしたところ，上司がその労働者に対し，請求を取り下げるよう言うこと ・労働者が制度の利用の請求をしたい旨を同僚に伝えたところ，同僚がその労働者に対し，繰り返し又は継続的に，請求をしないように言うこと。 ・労働者が制度利用の請求をしたところ，同僚がその労働者に対し，繰り返し又は継続的に，その請求等を取り下げるように言うこと （ポイント） ・行為者が上司の場合は1回でも該当するが，同僚の場合は，繰り返し又は継続的なものが該当。 ・労働者が制度の利用を請求したのに対し，上司が個人的に請求を取り下げるよう言う場合は，ハラスメントに該当し，事業主は措置を講じる必要あり。他方で，事業主として請求等を取り下げさせる（制度等の利用を認めない）場合については，そもそも各法（例：産前休業の取得であれば労働基準法第65条第1項）に違反。
対象労働者	・妊娠・出産に関する制度を利用する（利用しようとする，利用した）女性労働者 ・育児・介護に関する制度等を利用する（利用しようとする，利用した）男女労働者	・妊娠・出産に関する制度を利用する（利用しようとする，利用した）女性労働者 ・育児・介護に関する制度等を利用する（利用しようとする，利用した）男女労働者

	状態への嫌がらせ型	
	①妊娠したこと ②出産したこと ③坑内業務の就業制限若しくは危険有害業務の就業制限の規定により業務に就くことができないこと又はこれらの業務に従事しなかったこと ④産後の就業制限の規程により就業できず，又は産後休業をしたこと ⑤妊娠又は出産に起因する症状により労務の提供ができないこと若しくはできなかったこと又は労働能率が低下したこと ※「妊娠又は出産に起因する症状」とは，つわり，妊娠悪阻，切迫流産，出産後の回復不全等，妊娠又は出産したことに起因して妊産婦に生じる症状をいう。	
制度等を利用したことにより嫌がらせ等をするもの （ポイント） ・労働者への直接的な言動であり，かつ，客観的にみて，一般的な労働者であれば，「能力の発揮や継続就業に重大な悪影響を生じる等当該労働者が就業する上で看過できない程度の支障が生じるようなもの」を指す。 ・上司・同僚のいずれの場合であっても，繰り返し又は継続的なものが該当。 ・言葉によるものだけではなく，必要な仕事上の情報を与えない，これまで参加していた会議に参加させないといった行為も該当。	解雇その他不利益な取扱いを示唆するもの （ポイント） 労働者への直接的な言動をいい，1回の言動でも該当。	妊娠等したことにより嫌がらせ等をするもの （ポイント） ・労働者への直接的な言動であり，かつ，客観的にみて，一般的な女性労働者であれば，「能力の発揮や継続就業に重大な悪影響を生じる等当該労働者が就業する上で看過できない程度の支障が生じるようなもの」を指す。 ・上司・同僚のいずれの場合であっても，繰り返し又は継続的なものが該当。 ・言葉によるものだけではなく，必要な仕事上の情報を与えない，これまで参加していた会議に参加させないといった行為もハラスメントに該当。
	妊娠等した女性労働者	妊娠等した女性労働者

	制度等の利用への嫌がらせ型	
ハラスメント行為者となり得る者	上司	上司・同僚
典型例	・産前休業の取得を上司に相談したところ，「休みをとるなら辞めてもらう」と言われた。	・育児休業の取得について上司に相談したところ，「男のくせに育児休業をとるなんてあり得ない」と言われ，取得をあきらめざるを得ない状況になっている。
	・時間外労働の免除について上司に相談したところ，「次の査定の際は昇進しないと思え」と言われた。	・介護休業について請求する旨を周囲に伝えたところ，同僚から「自分なら請求しない。あなたもそうすべき。」と言われた。「でも自分は請求したい」と再度伝えたが，再度同様の発言をされ，取得をあきらめざるを得ない状況に追い込まれた。
ハラスメントには該当しない業務上の必要性に基づく言動の具体例	①業務体制を見直すため，上司が育児休業をいつからいつまで取得するのか確認すること ②業務状況を考えて，上司が「次の妊婦健診はこの日は避けてほしいが調整できるか」と確認すること ③同僚が自分の休暇との調整をする目的で休業の期間を尋ね，変更を相談すること ※②や③のように，制度等の利用を希望する労働者に対する変更の依頼や相談は，強要しない場合に限られる。	

上司・同僚	状態への嫌がらせ型	
	上司	上司・同僚
・上司・同僚が「所定外労働の制限をしている人にたいした仕事はさせられない」と繰り返し又は継続的に言い，専ら雑務のみさせられる状況となっており，就業する上で看過できない程度の支障が生じている（意に反することを明示した場合に，さらに行われる言動も含む）	・上司に妊娠を報告したところ，「他の人を雇うので早めに辞めてもらうしかない」と言われた。	・上司・同僚が「妊婦はいつ休むかわからないから仕事は任せられない」と繰り返し又は継続的に言い，仕事をさせない状況となっており，就業する上で看過できない程度の支障が生じる状況となっている（意に反することを明示した場合にさらに行われる言動も含む）。
・上司・同僚が「自分だけ短時間勤務をしているなんて周りを考えていない。迷惑だ」と繰り返し又は継続的に言い，就業する上で看過できない程度の支障が生じる状況となっている（意に反することを明示した場合に，さらに行われる言動も含む）		・上司・同僚が「妊娠するなら忙しい時期を避けるべきだった」と繰り返し又は継続的に言い，就業する上で看過できない程度の支障が生じる状況となっている（意に反することを明示した場合にさらに行われる言動も含む）。
	①上司が，長時間労働をしている妊婦に対して，「妊婦は長時間労働は負担が大きいだろうから，業務分担の見直しを行い，あなたの残業量を減らそうと思うがどうか」と配慮すること ②上司・同僚が「妊婦には負担が大きいだろうから，もう少し楽な業務にかわってはどうか」と配慮すること ③上司・同僚が「つわりで体調が悪そうだが，少し休んだ方が良いのではないか」と配慮すること ※①から③のような配慮については，妊婦本人にはこれまで通り勤務を続けたいという意欲がある場合であっても，客観的にみて，妊婦の体調が悪い場合は業務上の必要性に基づく言動となる。	

第3 パワー・ハラスメント

1 | パワー・ハラスメントとは

(1) 定　義

　パワー・ハラスメント（以下「パワハラ」といいます）という語は，もともと2000年初頭に公表された造語（和製英語）でしたが（岡田康子『許すな！パワーハラスメント』（飛鳥新社，2003年）参照），職場における人権意識の高まりから，社会一般に浸透していきました。そして，令和2年に改正された「労働施策の総合的な推進並びに労働者の雇用の安定及び職業生活の充実等に関する法律」（以下「労働施策総合推進法」といいます。）第30条の2第3項に基づく指針（令和2年厚生労働省告示第5号。以下「パワハラ指針」といいます）のなかで，「職場におけるパワー・ハラスメント」とは，「職場において行われる①優越的な関係を背景とした言動であって，②業務上必要かつ相当な範囲を超えたものにより，③労働者の就業環境が害されるものであり，①から③までの要素を全て満たすものをいう。」と定義されるに至りました。

　しかし，パワハラという言葉の定義の意味を法的紛争の場面で考えた場合，裁判所において，上記の定義に当てはまるかどうかによって，直ちに加害者（ないし使用者）の法的責任が肯定ないし否定されるわけではありません。裁判においては，民法上の不法行為や債務不履行（労働契約法上の職場環境配慮義務など）の一場面と捉えたうえで，事件ごとの個別事情に照らして，当該行為に違法性があるか，業務上の必要性などの正当事由がないか，一定の正当事由は認められるがその程度が必要な限度を超えていないかなどの検討を行っていくのが一般的です。

(2) いじめ・嫌がらせとの違い

　職場内における権限や優位性を背景としないいじめや嫌がらせと比較して，パワハラには，その行為自体から受ける苦痛に加えて，上司や会社に対して抗議をしたり拒んだりすれば，降格や減給などの不利益を被るかもしれないという不安や恐怖心により，被害者がさらに精神的苦痛を深めるという特徴があります。また，正当な権限の行使による教育や指導とパワハラとの境界線が必ずしも明確ではないことから，パワハラかどうかは個々の事案によることとなり，判断が難しいという特徴もあります。

　そのため，裁判では，単なるいじめや嫌がらせではなく，業務上の権限に関連してなされたハラスメント行為については，行為の目的や態様に鑑み，社会通念上相当なものといえるかどうかにより，違法性の有無を判断しています。例えば，上司による注意や指導が部下への嫌がらせを目的とするものであれば，権限外の行為として違法と評価される可能性が高く，他方で，目的が正当であるとしても，その態様が被害者に過度の心理的負担を与えるものであったとすれば，これも違法と評価される可能性があります。

　なお，ここでいう優位性を背景にしている場合の最も典型的な例は，昇進，昇給などに影響する評価権限を持つ直属の上司による部下に対するハラスメントですが，退職勧奨などの目的で，使用者である会社が，被害者の同僚や部下を手足として利用して（「履行補助者」といいます），組織ぐるみで，被害者にいじめや嫌がらせ行為を行う場合なども考えられます。この場合，加害行為を行った同僚や部下にも，不法行為（民法第709条）に基づく損害賠償責任が認められる可能性があります。

　また，会社から行為者である被害者の同僚や部下に対して嫌がらせ行為の指示や命令がなかった場合であっても，会社は民法第715条第1項に基づく使用者責任又は安全配慮義務違反に基づく損害賠償責任を問われる可能性があります。

⑶　**使用者に求められる措置義務等**

ア　労働施策総合推進法第30条の2

　令和2年に改正された労働施策総合推進法第30条の2第1項により，事業主は，パワハラによりその雇用する労働者の就業環境が害されることのないよう，当該労働者からの相談に応じ，適切に対応するために必要な体制の整備その他の雇用管理上必要な措置を講じることを義務付けられることとなりました。また，同条第2項は，事業主に対し，労働者が第1項の相談を行ったこと又は事業主による当該相談への対応に協力した際に事実を述べたことを理由として，当該労働者に対し解雇その他不利益取扱いをしてはならないことを定めています。

イ　事業主がパワハラに関し雇用管理上講ずべき措置の内容

　パワハラ指針（令和2年厚生労働省告示第5号）は，事業主が，パワハラを防止するため，雇用管理上次の措置を講じなければならないと定めています。

　　㋐　事業主の方針等の明確化及びその周知・啓発

　　　①　職場におけるパワハラの内容・パワハラを行ってはならない旨の方針を明確化し，労働者に周知・啓発すること

　　　②　行為者について，厳正に対処する旨の方針・対処の内容を就業規則等の文書に規定し，労働者に周知・啓発すること

　　㋑　相談に応じ，適切に対応するために必要な体制の整備

　　　③　相談窓口をあらかじめ定め，労働者に周知すること

　　　④　相談窓口担当者が，相談内容や状況に応じ，適切に対応できるようにすること

　　㋒　職場におけるパワハラに係る事後の迅速かつ適切な対応

　　　⑤　事実関係を迅速かつ正確に確認すること

　　　⑥　速やかに被害者に対する配慮のための措置を適正に行うこと（注1）

　　　⑦　事実関係の確認後，行為者に対する措置を適正に行うこと（注1）

　　　⑧　再発防止に向けた措置を講ずること（注2）

　　　注1　事実確認ができた場合

注 2　事実確認ができなかった場合も同様

(ｴ)　その他併せて講ずべき措置

⑨　相談者・行為者等のプライバシー（注 3 ）を保護するために必要な措置を講じ，その旨労働者に周知すること

注 3　性的指向・性自認や病歴，不妊治療等の機微な個人情報も含む

⑩　相談したこと等を理由として，解雇その他不利益取扱いをされない旨を定め，労働者に周知・啓発すること

2 ｜ パワー・ハラスメントの類型

(1)　パワー・ハラスメントの 6 つの類型

パワハラの代表的な類型として以下の 6 つがあるとされています（令和 2 年厚生労働省告示第 5 号）。この 6 類型と各類型の具体例は以下の通りです。

①　暴行・傷害など（身体的な攻撃。裁判例集(ⅲ) 1 〜 3 参照）

- 日本ファンド（パワハラ）事件（東京地判平成22年 7 月27日労判1016号35頁）

　　会社の上司が，部下を自席に呼びつけて，仕事上の話をしていた際，突然激高して部下の膝を足蹴りにするなどの暴行を行った。

- 東京都ほか（警視庁海技職員）事件（東京高判平成22年 1 月21日労判1001号 5 頁）

　　(ⅰ)アルコール，シンナーなどで皮膚病やショックを起こす可能性が高い体質の被害者に対してシンナーを撒布したり，(ⅱ)被害者の上腕部をつねって全治 2 ， 3 日の傷害を負わせたり，(ⅲ)火のついたタバコを当てたり，(ⅳ)唾を吐きかけたり，(ⅴ)被害者が警備艇に乗船中，急転舵させて後部デッキの被害者を転倒させて，通院加療 1 か月の傷害を負わせたりした。

- K化粧品販売事件（大分地判平成25年 2 月20日労経速2181号 3 頁）

　　社内研修会において，商品販売目標を達成できなかった美容部員である被害者に対し，上司らが，罰ゲームとして易者姿のコスチューム

及びうさぎの耳形のカチューシャを着用させ，許可なく写真撮影をしたうえで，別の研修会でスライド投影した。

② 脅迫・名誉毀損・侮辱・ひどい暴言（精神的な攻撃。裁判例集(ⅲ)4・5参照）

・国・奈良労基署長（日本ヘルス工業）事件（大阪地判平成19年11月12日労判958号54頁）

　　社長ほか役員も多数出席する研修後の全員が出席する懇親会で，本部長が，懇親会終了のスピーチの際，参加者全員の面前において，被害者のことを「頭がいいのだができが悪い」，「何をやらしてもアカン」，「その証拠として奥さんから内緒で電話があり『主人の相談に乗って欲しい』といわれた」等と発言した。

・日本土建事件（津地判平成21年2月19日労判982号66頁）

　　仕事に打ち込んでいた被害者に対し，先輩社員が，「お前みたいな者が入ってくるで，部長がリストラになるんや！」などと理不尽な言葉を投げつけたり，被害者が雇用会社の二次下請である建設会社の代表取締役の息子であることについて嫌みをいうなどした。

・福生病院企業団事件（東京地立川支判令和2年7月1日労判1230号5頁）

　　病院事務次長が被害者に対し，「何一つ出来もしない一番程度の低い人間」，「生きてる価値なんかない」，「全然わかってないよ。あまいよ。何様なんだよ。世の中なめてんじゃねえよ。馬鹿野郎」，「一回，精神科いったらー」，「本当に迷惑，頼むから降格処分してくれよ」等の暴言を行った。

③ 隔離・仲間はずれ・無視（人間関係からの切り離し。裁判例集(ⅲ)6参照）

・国・京都下労基署長（富士通）事件（大阪地判平成22年6月23日労判1019号75頁）

　　2年以上の間にわたり，複数の女性社員から，以下の執拗ないじめや嫌がらせを受けた。

　㋐　被害者は，同僚の女性社員からパソコン操作について質問を受け，教えた際，同女からお礼としてケーキをもらったことについて，女

性社員4名から「あほちゃう」,「あれ〔被害者〕ケーキ食べたから手伝ったんやで」等と執拗な陰口を受けた。

㈣　被害者に対するいじめの中心人物を含む女性社員4名から勤務時間中にIPメッセンジャーを使用して毎日のように同期らに被害者に対する悪口を送信された。

㈥　コピー作業をしていた際,女性社員2名から目の前で「私らと同じコピーの仕事をしていて,高い給料をもらっている」等といわれた。

㈢　加害者の席が異動により被害者の席の近くになった際,加害者を含む女性社員3名から「これから本格的にいじめてやる」等といわれた。

㈦　女性社員1名から,被害者の目の前で,同社の他の社員に対し,「幸薄い顔して」,「オオカミ少年とみんながいっている」等と悪口をいわれた。

④　職務上明らかに不要なことや遂行不可能なことの強制,仕事の妨害（過大な要求。裁判例集㈽7参照）

• 鹿児島県・U市（市立中学校教諭）事件（鹿児島地判平成26年3月12日判時2227号77頁,労判1095号29頁）

　教員であった被害者が精神疾患による病気休暇明け直後であるのに,校長らは,従来の音楽科及び家庭科に加え,教員免許外科目である国語科を担当させ,その他の業務の軽減もなかったことなどから,業務量の増加による被害者の心理的負荷は過重であった。さらに,このような状況の中で,校長は被害者に,疲労や心理的負荷等が過度に蓄積して心身の健康を損なう国語科の研究授業を命じ,その他の業務の軽減を行うこともなかった。

⑤　業務上の合理性なく,能力や経験とかけ離れた程度の低い仕事を命じられることや仕事を与えないこと（過小な要求。裁判例集㈽8～10参照）

• エール・フランス事件（東京高判平成8年3月27日労判706号69頁）

　会社は,退職勧奨に応じない被害者に対し,統計作業を命じられて

から本件口頭弁論終結までの約11年間，有用性に疑問のある統計作業
に従事させた（仕事差別のほか暴力行為もあった事案）。
- 神奈川中央交通（大和営業所）事件（横浜地判平成11年9月21日労判771
  号32頁，判時1716号95頁）

　　路線バスを駐車車両に接触させる事故を起こしたバスの運転士であ
る被害者に対し，期限を付さず（実際に行ったのは1か月）連続した出
勤日に，多数ある下車勤務の勤務形態の中から最も過酷な作業である
炎天下における除草作業のみを選択し，被害者が病気になっても仕方
がないとの認識のもと，終日又は午前あるいは午後一杯従事させた。
- 学校法人明泉学園（S高校）事件・東京地立川支判平成24年10月3日
  労判1071号63頁（東京高判平成25年6月27日労判1077号81頁で控訴棄却）

　　私立学校で，クラス担任から外された組合員教師に集中して，生徒
の登下校指導のための交通立ち番と行事の際の立ち番（最寄駅から通
学路及びその周辺の指定の場所に立つこと）が長年命じられた。

⑥　私的なことに過度に立ち入ること（個の侵害。裁判例集(iii)11参照）
- 誠昇会北本共済病院事件（さいたま地判平成16年9月24日労判883号38頁）

　　准看護師であった被害者は，(i)勤務時間終了後も，先輩准看護師の
加害者の遊びに無理やり付き合わされたり，被害者の看護学校試験前
に朝まで飲み会に付き合わされたり，(ii)加害者の肩もみ，家の掃除，
車の洗車などの雑用を一方的に命じられたり，(iii)加害者の個人的な用
事のため車の送迎等を命じられたり，(iv)被害者が交際している女性と
勤務時間外に会おうとすると，加害者から仕事だと偽り病院に呼出し
を受けたり，加害者が被害者の携帯電話を無断で使用し，交際女性に
メールを送る等した。
- サン・チャレンジほか事件（東京地判平26年11月4日判時2249号54頁，
  労判1109号34頁）

　　飲食店のエリアマネージャーが，管轄する店舗の店長に対して，交
際している女性と別れた方がいいと話をし，またその後，携帯電話を
替える際に新しい携帯電話の番号を教えない方がいいと伝えた（プラ

イベートに対する干渉，業務とは関係のない命令等のパワハラに当たると
された。）。

　ハラスメント行為は，これらの6分類のいずれかの類型に該当すれば他の
類型に該当しないというものではありません。
　また，例えば，①の身体的攻撃について，暴行・傷害のような定型的なも
のに限らず，カネボウ化粧品販売事件における意思に反したコスチュームの
着用のように，非定型的な行為もパワハラに該当し得ることにも留意が必要
です。このように，会社や上司が場の雰囲気を和ませ，コミュニケーション
を円滑にする意思で行い，被害者がこれに対して明示の拒否をしていなくて
も，その場の状況から拒否することが困難な場合には，不法行為として，精
神的損害に対する損害賠償（慰謝料）が認められる可能性があります（なお，
生命，身体，自由，名誉もしくは財産に対し害を加える旨を告知して脅迫し又は
暴行を用いて人に義務のないことを行わせた場合には，刑法上の強要罪（刑法第
223条）の構成要件に該当します）。

(2)　パワー・ハラスメントの傾向とその推移

　パワハラの傾向として，比較的古いタイプのものとしては，被害者の政治
的信条や組合活動を嫌悪して行われたハラスメントがあります。例えば，関
西電力事件（最三小判平成7年9月5日裁判集民176号563頁，労判680号28頁。
裁判例集(iii)9参照）では，共産党の構成員・支持者である被害者に対して行
われた監視・ロッカーの無断点検・仲間外し行為などが，それらの者の人格
的利益を侵害する不法行為であるとされました。
　また，1990年代末からの不況深化以降は，退職勧奨に応じない被害者に対
する退職誘導行為としてのハラスメントが訴訟で争われるようになり，相当
数の裁判例が蓄積されました。例えば，国・橋本労基所長（バッキーズ）事
件（大阪高判平成24年7月5日労判1059号68頁。裁判例集(iii)10参照）では，解雇
通告を業務上の強い心理的負荷と捉え，精神障害の業務起因性が肯定されて
います。

　そして，近時のパワハラにおいては，上司が部下を注意・指導・叱責する
過程で行う部下の人格感情を損なう言動の違法性が注目される傾向がありま
す。上司の部下に対するパワハラが当該部下のうつ病を引き起こしたり，最
も深刻なものとしては，自殺をもたらすというケースもあります。例えば，
M社事件／メイコウアドヴァンス事件（名古屋地判平成26年1月15日判時2216
号109頁，労判1096号76頁。裁判例集(ⅲ)11参照）では，仕事のミスが多い社員に
対し社長がミスの度に暴言・暴行を行い，退職を強要したために，当該社員
の心理的ストレスが増大し，急性ストレス反応で自殺したことについて，仕
事のミスに対する叱責の域を超えた不法行為と判断されました。さらには，
公立八鹿病院組合ほか事件（広島高松江支判平成27年3月18日判時2281号43頁，
労判1118号25頁。裁判例集(ⅲ)12参照）では，長時間労働と上司の行き過ぎた叱
責とが重なってうつ病となり自殺したことにつき不法行為が認定され，遺族
による損害賠償請求が認容されています（以上，菅野和夫『労働法（第12版）』
（弘文堂，2019年）260頁参照）。

　最近の裁判例として，乙山青果事件（名古屋高判平成29年11月30日労判1175
号26頁）では，先輩従業員らが被害者に対し，「てめえ。」「あんた，同じミ
スばかりして」「親に出てきてもらうくらいなら，社会人としての自覚を
持って自分自身もミスのないようにしっかりして欲しい。」等と叱責を繰り
返し，被害者がうつ病を発症し自死に至ったという事案において，先輩従業
員らによる叱責行為が不法行為に該当するとされ，加害者及び会社に対する
損害賠償請求が認容されました。

第**4**

SOGIハラスメント

1 SOGIハラスメントとは

(1) SOGI（ソジ）とは

　SOGI（ソジ）とは，性的指向（Sexual Orientation）と性自認（Gender Identity）の頭文字をとっており，特定の性的指向や性自認の人のみを対象とする表現ではなく，異性愛の人なども含んだ，人の属性の略語です。LGBTQに限らず，いずれの人もどこかに位置し得るものであり，性的指向と性自認のあらゆる形のあり方を人権の視点から尊重するための言葉として使用されています。

　SOGIハラスメント（以下「SOGIハラ」といいます。）については，法律上の定義はありませんが，性的指向・性自認に関するハラスメントをいい，LGBTQだけでなく，「男らしさ」「女らしさ」への偏った性別役割分担意識からくるものも含まれます。SOGIハラとなり得る言動の例としては，「ゲイって気持ち悪い」という発言やいわゆるホモネタで盛り上がること，LGBTQであることを理由に，対外的に人と接する仕事（営業等）から外すこと，違う部署（男ならこれくらいやれるだろうと男性でもきついと感じる肉体労働を行う部署など）に異動させることなどが挙げられます。

　なお，「いのちリスペクト。ホワイトリボン・キャンペーン」（http://profile.ameba.jp/respectwhiteribbon/）が平成26年4月29日に発表した「LGBTの学校生活に関する実態調査（2013）結果報告書」では，LGBTQをネタとして冗談やからかいを見聞きした経験があると回答したのが84％，いじめや暴力を受けた経験があると回答したのが68％，いじめや暴力を受けたことにより自殺を考えたと回答したのが32％とされています。このことから，

SOGIハラスメントが，深刻な状況にあることがうかがわれます。

(2)　LGBTQの概念

　LGBTQとは，性的マイノリティを示した用語です。「L」はレズビアン（Lesbian）（女性の同性愛者），「G」はゲイ（Gay）（男性の同性愛者），「B」はバイセクシュアル（Bi-sexual）（両性愛者），「T」はトランスジェンダー（Transgender）（生まれたときに割り当てられた性別とは異なる性別を生きる人），「Q」はクイアー（Queer）又はクエスチョニング（Questioning）（自らの性自認や性的指向が定まっていなかったり，わからない人）を示しています。LGBTQの内，LGBは性的指向を指す言葉で，Tは性自認に関する概念です。性同一性障害は，トランスジェンダーの一つとされます。なお，LGBTQ以外にも，身体的な性別を男性や女性と分類ができない性分化疾患や無性愛（男女どちらにも性的な魅力を感じない）を表すアセクシュアルなどが存在します。

2 | パワハラ指針における職場のSOGIハラの内容等について

(1)　パワハラ指針における「職場のSOGIハラ」の内容

　パワハラ指針の策定（令和2年6月1日施行）に当たり，いわゆる「SOGIハラ」の類型に当たる事項がハラスメントの例として記載されました。パワハラ指針においては，職場におけるパワハラの6つの類型（本章第3，2(1)）の内，まず，②「精神的な攻撃（脅迫・名誉毀損・侮辱・ひどい暴言）」の類型で，ハラスメントの例として「人格を否定するような言動を行うこと。相手の性的指向・性自認に関する侮辱的な言動を行うことを含む」が挙げられています。相手の性的指向・性自認のいかんは問わないとされています。また，一見，特定の相手に対する言動ではないように見えても，実際には特定の相手に対して行われていると客観的に認められる言動は含まれるとされます。

　次に，同⑥の「個の侵害（私的なことに過度に立ち入ること）」の類型で，

ハラスメントの例として「労働者の性的指向・性自認…等の機微な個人情報について，当該労働者の了解を得ずに他の労働者に暴露すること」が挙げられています。もっとも，労働者の了解を得て，当該労働者の上記のような機微な個人情報について，必要な範囲で人事労務部門の担当者に伝達し，配慮を促すことはパワハラに該当しないと考えられています。

(2)　アウティングについて

　性的指向・性自認などの機微な個人情報は，プライバシーで保護される情報と解されます。個人が性的指向・性自認に関する情報を開示していない場合に，本人の了解を得ずに当該情報を第三者に暴露することは「アウティング」と呼ばれます。アウティングは，最も気を付けなければならないことです。また，アウティングの行為者は，人格権やプライバシー権侵害を理由に，不法行為等により民事上損害賠償義務を負う可能性があります。

　本人からカミングアウト（これまで公にしてこなかった自らの性的指向等を表明すること）を受けた際は，必ず本人に対し，誰にカミングアウトしているのか，どこまで伝えてよいのかを確認することが大切です。さらに，パワハラ指針には明示されていませんが，個人の性的指向・性自認について開示するか否かは本人の判断によるものであるため，開示を強制することも，パワハラに該当する可能性があります。

3┃参考裁判例

　アウティングについては，一橋大学法科大学院アウティング事件の裁判例（東京地判平成31年2月27日，東京高判令和2年11月25日。裁判例集(iv)6，7参照）があります。一橋大学法科大学院の学生が，法科大学院の同級生で作るLINEグループで同性愛者であることを暴露された結果，心身の不調に悩まされ，大学の教授やハラスメント相談室の相談員らに相談したが，大学はクラス替えなどをせず，その後，大学の建物から転落死した件に関し，学生の遺族らが被害を申告した後の対応が不十分であったとして，同大学を相手と

して損害賠償を求めて提起した訴訟において，第一審判決は，安全や教育環境への配慮義務に違反したとは認められないとして，大学の責任を否定しました。控訴審では，第一審では触れられなかったアウティングについて「人格権ないしプライバシー権などを著しく侵害するものであり，許されない行為であることは明らか」とした上で，同級生によるアウティングは大学側の責任ではなく，教授らの対応についても安全配慮義務違反があったとはいえないとし，大学側の責任は否定しました。

　次に，戸籍上の性別は男性である性同一性障害の社員が，服務命令に違反して女性の服装・化粧等（以下「女性の容姿」といいます。）で出勤した行為が，就業規則所定の懲戒解雇事由に該当するとして，懲戒解雇されたことに対し，当該社員が使用者である会社に対し，懲戒解雇の無効，雇用契約上の地位保全と賃金支払を求めた事件（S社（性同一性障害者解雇）事件）の裁判例（東京地決平成14年6月20日，労判830号13頁。裁判例集(iv)1参照）があります。裁判所は，当該社員は，従前は男性として，男性の容姿をして就労していたところ，他部署への配転の内示を受けた翌日に，会社に対し，女性の服装での出勤，女性トイレ及び女性更衣室の使用を認めるように求める申出をした当時には，「性同一性障害として，精神的，肉体的に女性として行動することを強く求めており，他者から男性としての行動を要求され又は女性としての行動を制限されると，多大な精神的苦痛を被る状態にあった」とし，会社の業務内容，就労環境等について，本件申出に基づき，適切な配慮をした場合において，女性の容姿をした社員を就労させることが，会社における企業秩序又は業務遂行において，著しい支障を来すと認めるに足りる疎明はないとして，懲戒解雇を無効と判断しました。

第5

アカデミック・ハラスメント

1 ｜アカデミック・ハラスメントとは

　アカデミック・ハラスメント（以下「アカハラ」といいます）の定義に関する法令上の規定や裁判例などはありませんが，一般に，大学や大学院等の高等教育機関に特有のハラスメントをさします。しかし，例えば，東京大学アカデミック・ハラスメント防止宣言では，「大学の構成員が，教育・研究上の権力を濫用し，他の構成員に対して不適切で不当な言動を行うことにより，その者に，修学・教育・研究ないし職務遂行上の不利益を与え，あるいはその修学・教育・研究ないし職務遂行に差し支えるような精神的・身体的損害を与えることを内容とする人格権侵害」を指すとされています。

2 ｜アカデミック・ハラスメントの具体例
　（第2章第2の相談事例1参照）

　アカハラには，以下の通り，様々な類型があります。

- 研究中の些細なミスを過剰に叱責する。
- いうことを聞かないと学位をやらない，就職できなくするといって脅迫する。
- 長期間にわたって休日を認めず朝から深夜まで実験をさせる。
- 学生の業績を自分の研究成果として発表する。
- 学生の論文を盗用する。
- 正当な理由なく実験器具や装置を突然使用禁止にするなどの研究妨害をする。
- 研究成果や業績を不当に低く評価する等。

3 | 参考裁判例

　アカハラは，裁判上，学生による大学や教員に対する不法行為に基づく損害賠償（慰謝料）請求，教員から大学に対するアカハラを理由とする懲戒処分の無効確認などの形でその違法性が争われます。

　近時の裁判例（国立大学法人B大学（アカハラ）事件（東京高判平成25年11月13日労判1101号122頁，最二小決平成26年4月11日（上告棄却・不受理）。裁判例集(v)7参照）では，B大学の准教授が，学生に対して，「馬鹿」，「今年は単位をあげないので，大学を辞めるか，もう一年やるか，親と相談しなさい」，「論文を書いても見ない」などと発言したり，ゼミ生全員が参加する学会準備に1人だけ参加させなかったり，インターンシップ参加を希望する学生に対する中止の説得，時間割の逸脱，学生に対する不公平な扱いなどの行為について，懲戒処分の対象になるという原審の判断が維持されました。

第6 アルコール・ハラスメント，カスタマー・ハラスメント

1 アルコール・ハラスメント

(1) アルコール・ハラスメントとは

　日本では，お酒を飲む場所に参加することで，仲間同士の絆を深めるという価値観が根強くあり，お酒が飲めない人や飲む誘いを断って帰宅する人には付合いの悪い人というレッテルを貼られることもあるようです。また，組織や集団同士が関係をつくっていく際も，アルコールの力を借りて心理的な障壁を取り除くことがよく行われます。

　しかし，お酒を全くもしくはほとんど飲めない人が，サークルに加入した，あるいは新しく会社組織の一員に加わったなどの理由で，先輩や上司から一気飲みを強要されることによって，急性アルコール中毒（致死量もしくはそれに近いアルコール分が血液中に入り，呼吸などをつかさどる中枢神経が完全に麻痺してしまうこと）により，死亡する人が後を絶ちません（清水新二『酒飲みの社会学—アルコール・ハラスメントを生む構造』（素朴社，1998年）14，42，66頁）。

　このような事象について，近年，セクハラ，パワハラなどの派生語として「アルコール・ハラスメント」（以下「アルハラ」といいます）という言葉が聞かれるようになりました。

(2) 参考裁判例

　アルハラの裁判例としては，以下のようなものがあります。

　東京高判平成21年11月18日東高刑時報60巻190頁。裁判例集(vi) 7 参照

　甲府地判平成23年 6 月30日判時2123号108頁。裁判例集(vi) 8 参照

2 カスタマー・ハラスメント

(1) カスタマー・ハラスメントとは

　パワハラ指針（労働施策総合推進法第30条の2第3項に基づく指針）（令和2年厚生労働省告示第5号）のなかでは，事業主は，取引先等の他の事業主が雇用する労働者又は他の事業主（その者が法人である場合にあっては，その役員）からのパワー・ハラスメントや顧客等からの著しい迷惑行為（暴行，脅迫，ひどい暴言，著しく不当な要求等）により，その雇用する労働者が就業環境を害されることのないよう，雇用管理上の配慮として，例えば，(1)相談に応じ，適切に対応するために必要な体制の整備や，(2)被害者への配慮のための取組等の取組を行うことが望ましいとされています。

　そして，同指針を踏まえて厚生労働省が公表した「カスタマーハラスメント対策企業マニュアル」（令和4年2月25日版）では，カスタマーハラスメントは，「顧客等からのクレーム・言動のうち，当該クレーム・言動の要求の内容の妥当性に照らして，当該要求を実現するための手段・態様が社会通念上不相当なものであって，当該手段・態様により，労働者の就業環境が害されるもの」と定義されています。

(2) カスタマー・ハラスメントの具体例

　前記マニュアルでは，企業へのヒアリングを通して確認されたカスタマー・ハラスメントに類する行為として，長時間の拘束，頻繁な来店や電話，暴言，対応者の揚げ足取り，脅迫，SNSへの投稿，正当な理由のない過度な要求，セクハラ等の行為が挙げられています。

時間拘束	正当な理由のない過度な要求
・一時間を超える長時間の拘束，居座り ・長時間の電話 ・時間の拘束，業務に支障を及ぼす行為	・言いがかりによる金銭要求 ・私物（スマートフォン，PC等）の故障についての金銭要求 ・遅延したことによる運賃の値下げ要求 ・難癖をつけたキャンセル料の未払い，代金の返金要求 ・備品を過度に要求する（歯ブラシ10本要望する等） ・入手困難な商品の過剰要求 ・制度上対応できないことへの要求
リピート型	
・頻繁に来店し，その度にクレームを行う ・度重なる電話 ・複数部署にまたがる複数回のクレーム	
暴言	

・大声，暴言で執拗にオペレーターを責める ・店内で大きな声をあげて秩序を乱す ・大声での恫喝，罵声，暴言の繰り返し	・運行ルートへのクレーム，それに伴う遅延への苦情 ・契約内容を超えた過剰な要求
対応者の揚げ足取り	**コロナ禍に関連するもの**
・電話対応での揚げ足取り ・自らの要求を繰り返し，通らない場合は言葉尻を捉える ・同じ質問を繰り返し，対応のミスが出たところを責める ・一方的にこちらの落ち度に対してのクレーム ・当初の話からのすり替え，揚げ足取り，執拗な攻め立て	・マスク着用，消毒，窓開けに関する強い要望 ・マスクをしていない人への過度な注意の要望 ・顧客のマスクの着用拒否
脅迫	**セクハラ**
・脅迫的な言動，反社会的な言動 ・物を壊す，殺すといった発言による脅し ・SNSやマスコミへの暴言をほのめかした脅し	・特定の従業員へのつきまとい ・従業員へのわいせつ行為や盗撮
権威型	**その他**
・優位な立場にいることを利用した暴言，特別扱いの要求	・事務所（敷地内）への不法侵入 ・正当な理由のない業務スペースへの立ち入り
SNSへの投稿	
・インターネット上の投稿（従業員の氏名公開） ・会社・社員の信用を毀損させる行為	

(3)　裁判例

　カスタマー・ハラスメントは比較的新しい概念であるため，カスタマー・ハラスメントを直接扱う裁判例は多くないですが，近時カスタマー・ハラスメントに対する使用者の対応が，不法行為ないし安全配慮義務違反に当たるとして，使用者の損害賠償責任が争われた例があります。

　近時の裁判例では，児童宅を訪問した際，飼育されていた犬に咬まれ傷害を負った小学校の教諭が，その損害賠償に関する児童の母への発言に関して，児童の祖父及び父から理不尽な謝罪要求を受けたことに対して，校長が教諭に対し祖父及び父への謝罪を強要したことが「事実関係を冷静に判断して的確に対応することなく，その勢いに押され，専らその場を穏便に収めるために安易に行動した」との評価のもと，パワハラに該当するとしたものがあります（甲府市・山梨県（市立小学校教諭）事件・甲府地判平成30年11月13日労判1202号95頁。裁判例集(vii) 1 参照）。

　その一方，放送局（NHK）のコールセンターにおいて視聴者対応を行うコ

ミュニケーターとして勤務していた労働者が，使用者が安全配慮義務（〈1〉わいせつ発言や暴言，著しく不当な要求を繰り返す視聴者に対して現場のコミュニケーターに電話を受けさせないようにする義務，〈2〉わいせつ発言や暴言，著しく不当な要求を繰り返す視聴者に対して刑事・民事等の法的措置をとる義務）を怠ったことで精神的苦痛を受けたとして，損害賠償を請求した事案で，使用者の安全配慮義務違反を否定した裁判例（NHKサービスセンター事件・横浜地川崎支判令和3年11月30日LEX/DB25591267。裁判例集(vii)2参照）もあります。

第 **2** 章

ハラスメントの
法律相談の対応

第1　職場におけるハラスメントの具体的相
　　　談事例と法的責任

　1　セクシュアル・ハラスメント

　2　マタニティ・ハラスメント

　3　パワー・ハラスメント

　4　SOGIハラスメント

第2　アカデミック・ハラスメントの具体的
　　　相談事例と法的責任

第1 職場におけるハラスメントの具体的相談事例と法的責任

1 セクシュアル・ハラスメント

相談事例1

　私（X）は，中堅のメーカー（Y₂）に正社員として勤めています。半年前に課長として配属されてきたY₁が私の直属の上司です。Y₁は，配属当初から私の異性関係について執拗に尋ねたり，二人になったときに，私と性交渉をしたいという趣旨の発言をしたりしていました。ある取引先を接待した際に，Y₁は私に取引先の方とチークダンスをするよう命じました。私が拒否したところ，取引先と別れた後に，Y₁から「注意することがある」といわれ，カラオケボックスの個室に連れて行かれました。Y₁は，チークダンスを拒んだ件を叱責し，私にアルコール度数の強い酒を飲ませたうえ，無理やりキスし，両方の胸を触りました。次の日，私は，あまりのショックに会社を休み，精神科を受診しました。医師の勧めにより，1週間の有給休暇をとり，体調が優れなかったことからもう1週間有給休暇をとりました。その間に会社の人事部に相談し，Y₁にしかるべき処分をすることやY₁を異動させることを要望しましたが，Y₁が人事部に対し，私がY₁に積極的に交際を求めており，合意の上での行為であったなどという事実に反する説明をしたことから，人事部は何も対応しませんでした。

　私は，Y₁のセクハラ行為により，医師にPTSDと診断されるほどの多大な精神的苦痛を受けたにもかかわらず，未だにY₁の部下として働かざるを得ない状況です。このままでは到底働き続けることはできず，自

主退職を選ばざるを得ません。Y₁やY₂に対し，どのような請求ができるでしょうか。

(1) Yらの法的責任

① Y₁に対する請求

ア 不法行為責任（民法第709条）

Y₁がXに対し，(i)異性関係を執拗に尋ねたこと，(ii)Xと性交渉したいという趣旨の発言をしたこと，(iii)チークダンスを強要したこと，(iv)無理やりキスをし，Xの胸を触ったことのいずれも，Xの意思に反する性的な言動であって，セクシュアル・ハラスメント（以下「セクハラ」といいます。）指針に定める「環境型セクハラ」に該当します。しかし，これらのセクハラ行為が不法行為を構成するには，違法性を有するまでに至っていることが必要です。この点，(iv)については，性的行動を過度に要求するものであり，後述の通り，刑事責任を問われる行為であることから，違法性を有することは明らかです。他方で，(i)から(iii)については，その各行為の具体的な態様，継続性，被害者と加害者との関係等に鑑み，社会的見地から不相当とされる程度に至っている場合には違法性が認められるといえます。

また，Y₁がXに対し，アルコール度数の強い酒を飲むことを命じたことは，職務上の地位が優位にあることを背景に，業務上全く必要のない行為を命じるものですが，これが単なる迷惑行為を超えて，いわゆるパワハラとして不法行為を構成するといえるには，違法性を有するまでに至っていることが必要です。本件では，Y₁の飲酒の命令が取引先接待後になされたものであることから，Xの酩酊の程度や体調が当時どうであり，それをY₁が認識していたか（又は容易に認識し得たか），Y₁が飲酒を命じた態様などを考慮し，違法性を有するまでに至っているか判断する必要があります。

以上の事情を検討のうえ，Xは，Y₁に対し，上記一連の行為に関し，不法行為（民法第709条）に基づく損害賠償を請求することが考えられます。

イ　刑事責任

Y₁がXに対し無理やりキスをし，胸を触ったことは，有形力を行使したわいせつな行為であり，刑法第176条の強制わいせつ罪に該当します。また，Y₁の行為を原因としてPTSDを発症していることから，刑法第181条1項の強制わいせつ致傷罪にも該当し得ます。

したがって，Xは，Y₁に対し，強制わいせつ罪又は強制わいせつ致傷罪を告訴事実とする刑事告訴を行うことが考えられます。

②　Y₂に対する請求

ア　使用者責任（民法第715条）

使用者は，被用者が「事業の執行について」第三者に加えた損害について責任を負い，これを使用者責任といいます。

「事業の執行について」なされたか否かは，裁判例では，一般に，㋐事業執行とみられる行為と従業員の不法行為との時間的・場所的な関連性や，㋑従業員の不法行為が生じた原因と事業執行との関連性などにより判断されています。

本件の行為のうち(ⅰ)から(ⅲ)は職場内又は取引先の接待中になされたものですので，「事業の執行について」なされたものといえます。他方で，(ⅳ)については，取引先との接待終了後にY₁と2人でカラオケに行ったことが「事業の執行について」に該当するかどうか問題となります。これについては，Y₁がXに対し，接待時の対応について注意するとして，業務に関連させて上司としての地位を利用して行われたものですので，やはり事業執行中になされたというべきです。

したがって，Y₁のセクハラ行為について違法性が認められる場合は，Y₂は使用者責任を負い，Xは，Y₂に対し，Y₁の上記行為による損害賠償を請求することが考えられます。

イ　職場環境配慮義務違反による債務不履行責任（民法第415条）・不法行為責任（民法第709条）

使用者は，従業員に対し，労働契約上の付随義務として，信義則上働きやすい職場環境を保つよう配慮すべき義務（職場環境配慮義務）を負って

います（労働契約法第5条）。

　セクハラ行為に関しては，均等法及びセクハラ指針に基づき，使用者は，セクハラに関する対応方針を明確にし，従業員に周知・啓発したり，防止のための相談体制を整備したり，セクハラ行為が発覚した場合には迅速かつ適切な事後対応を行うなど，事案に応じて具体的な対応をすべき義務があります。また，労働者がセクハラ行為について相談を行ったこと又は使用者による当該相談への対応に協力した際に事実を述べたことを理由として，当該労働者に対して解雇その他不利益な取扱いをしない義務があります。これらの義務に違反した場合には，使用者は，債務不履行責任（民法第415条）及び不法行為責任（同法第709条）を負います。

　本件では，Y2は，他の従業員や事情を知る者からの事情聴取等を行わず，Y1による事実でない説明を鵜呑みにし，Xの相談にまともに取り合うことなく，Xが主張するY1の行為がないと判断し，適切な措置を何らとりませんでした。これらのY2の行為は，従業員のセクハラ行為について事実関係を正確に確認することを怠り，Xの犠牲により職場関係を調整しようとしたものですので，職場環境配慮義務に違反するといえます。したがって，Xは，Y2に対し，職場環境配慮義務違反を理由として，債務不履行責任（同法第415条）又は不法行為責任（同第709条）に基づき，損害賠償を請求することが考えられます。

(2)　Xの損害

　本件におけるXの損害としては，治療費・通院費，慰謝料，弁護士費用のほか，自主退職した場合には，退職による逸失利益が挙げられます。

①　治療費・通院費

　Y1のセクハラ行為とXのPTSD発症との間に因果関係がある場合は，Xは，実際に負担した治療費や通院費を損害として請求することができます。

②　慰謝料

　Y1のセクハラ行為の期間や程度に鑑み，Xが被った精神的苦痛を慰謝するに足りる金額を請求することとなります。本件のように，強制わいせつ罪

に当たるような身体的接触があった場合には，慰謝料として100万円以上が認められることが珍しくありません（裁判例集(i)参照）。

③ 弁護士費用

代理人に委任した場合には，弁護士費用も損害として請求することができます。弁護士費用については，判決では請求額の1割程度の範囲で認められることが一般です。

したがって，損害額の合計額の1割程度を目安として，弁護士費用を請求することが考えられます。

④ 退職による逸失利益

Y_1のセクハラ行為と退職との間に因果関係が認められるかが問題となりますが，Y_1のセクハラ行為（特に(iv)）はXに多大な精神的苦痛を与えるものであり，Y_2はY_1のセクハラ行為を防止する何らの対策も講じなかったことから，Y_2の具体的対応によっては，Xが職場に居づらくなり退職に追い込まれたということができる場合があります。

したがって，その場合には，Xは，退職後新たに就労するまでの期間における逸失利益（Y_2に就労していれば得られたであろう給与相当額）を損害として請求することができます。

なお，就労にかかる期間については，Xの病状など諸事情に鑑み，実際に新たに就労するまでにかかった期間ではなく，相当期間に制限される場合があります。

(3) 本件における留意点

本件のような強制わいせつに該当する行為によるセクハラは，それ自体極めて違法性が強い行為であり，不法行為に該当することは明らかです。しかし，このような行為は密室で行われることが多いことから，訴訟など法的手続の場においては，加害者が当該行為自体を否認することがよくあります。

その場合，被害者と加害者の言い分が真っ向から異なることとなり，裁判所は，いずれの主張が信用できるかを，各々の主張の一貫性，具体性，セクハラ行為前後の経緯等を考慮して判断します。この点，被害を受けた直後の

被害者の言動は，セクハラ行為を認定する一つの間接事実です。例えば，被害を受けた直後に，被害者が心療内科や精神科を受診したこと，同僚や友人等の第三者に被害を訴えたことなどです。医師に被害状況を説明した内容が記載された診療録や第三者へのメールなどがこれを基礎づける証拠となります。また，被害者が日常的に手帳に出来事を記載している場合は，当該手帳の記載の信用性も高いといえます。

　なお，被害者の主張の信用性を否定する事情として被害者がその場で明確に拒絶しなかったことや被害を受けた後に第三者に相談をした事実がないことが考慮されることがありますが，職場におけるセクハラは，上司と部下という支配従属関係を濫用した性的言動であり，対等な関係の場合の合理的行動を期待するべきではありません。そのため，性被害に遭った被害者の合理的行動を前提としてセクハラ行為の事実の有無を判断すべきです（裁判例集(i)7参照）。

(4)　労働者災害補償保険

　セクハラ行為により精神障害を発症した場合，労働災害（以下「労災」といいます）と認定されれば，労働者災害補償保険（以下「労災保険」といいます）による補償を求めることができます（詳細については，第3章第2の2参照）。補償の範囲は，療養補償給付（診察や治療，手術，薬剤など），休業補償給付，障害補償給付，遺族補償給付，葬祭料などです。

(5)　参考裁判例

①　岡山地方裁判所平成14年11月6日判決（労判845号73頁。裁判例集(i)2参照）

　使用者は，被用者に対し，労働契約上の付随義務として，信義則上被用者にとって働きやすい職場環境を保つように配慮すべき義務を負っており，セクハラ行為に関しては，使用者はセクハラに関する方針を明確にして，それを従業員に対して周知・啓発したり，セクハラ行為を未然に防止するための相談体制を整備したり，セクハラ行為が発生した場合には迅速な事後対応を

するなど，当該使用者の実情に応じて具体的な対応をすべき義務があるとさ
れた事例。

　②　岡山地方裁判所平成14年５月15日判決（労判832号54頁。裁判例集(i)3
　　参照）

　(i)上司である専務取締役による派遣会社の女性支店長２名へのセクハラ行
為（うち１名に対し肉体関係を迫る行為，両名について性的な虚偽の風評の流布
等）は，上司としての立場を利用して行われ，両名を退職に追い込むほどに
職場環境を悪化させたもので，不法行為に当たる，(ii)代表取締役による上記
支店長両名に対する言動（再婚をしないのか，子どもはまだか等）は，不快感
を持つものであるとしても，違法行為とは解せない，(iii)専務取締役の行為は，
会社の内部で，会社の役員としての立場を利用してなされたものであり，代
表取締役の１名に対する一部行為は業務の執行中になされたものであるとし
て，会社の使用者責任が認められた，(iv)女性支店長２名に対して行われた降
格・減給処分は就業規則上の根拠がなく，かつ，減給の程度が労基法に違反
すること，専務取締役の行為・言動を放置し，職場環境の悪化を放置したこ
と等に，違法性ないし過失があるとして，会社の不法行為責任が認められた，
(v)専務取締役の行為による慰謝料として，肉体関係を迫った支店長に200万
円，他方に30万円，会社固有の不法行為による慰謝料として各50万円，及び，
各々に未払給料相当損害金，退職後１年分の逸失利益，弁護士費用の損害賠
償請求が認められた事例。

　③　広島高等裁判所平成16年９月２日判決（労判881号29頁。裁判例集(i)5
　　参照）

　(i)使用者は，良好な職場環境を整備すべき法的義務を負い，これを怠った
結果セクハラを招いた場合，従業員に対する不法行為責任を免れない，(ii)
「雇用の分野における男女の均等な機会および待遇の確保に関する法律」の
改正法が施行され「事業主が職場における性的な言動に起因する問題に関し
て雇用管理上配慮すべき事項についての指針」（労働省告示第20号）が適用さ
れた日以降，セクハラ防止のための適切な措置を講じることが一層強く要請
される，(iii)会議の席上でのセクハラの注意，防止への指示にもかかわらず，

出席者の管理職が性的中傷行為に及んだことからみると十分な予防効果がなかったものとされ，公的機関から具体的な指摘を受けた以上，セクハラを実際に防止する，より強力な措置を講じる必要があった，(iv)適切な措置を講じていれば本件事態のようなセクハラにはならなかったと推認されるから，従業員の個人的問題に帰することは相当でなく，控訴人会社の職場環境整備義務違反の不作為が本件セクハラの一因になったと認められるとして，使用者に対する不法行為責任が肯定された事例。

④　秋田地方裁判所平成9年1月28日判決（判時1629号121頁。裁判例集(i)6参照）

「強制わいせつ行為の被害者の言動としては，通常でない点，不自然な点が多々存在する」ということを理由として，大学教授が出張先のホテル内において，同行した研究補助員の女性に対して強制わいせつ行為をしたとの主張が認められず，同研究補助員の教授に対する慰謝料請求が棄却された事例（なお，大学教授の女性に対する名誉毀損を理由とする損害賠償請求が一部認容された）。

⑤　仙台高等裁判所秋田支部平成10年12月10日判決（判タ1046号191頁，判時1681号112頁，労判756号33頁。裁判例集(i)7参照）

上記④の控訴審判決。「職場における性的自由の侵害行為の場合には，職場での上下関係（上司と部下との関係）や同僚との友好的関係を保つため抑圧が働くために，これらの抑圧が，被害者が必ずしも身体的抵抗という手段を採らない要因として働くであろうということが，研究の成果として公表されている」，「性的被害者の行動パターンを一義的に経験則化し，それに合致しない行動が架空のものであるとして排斥することはできない」と述べ，原審判決を破棄し，出張先のホテル内において大学教授に強制わいせつ行為をされたとする研究補助員の女性の同教授に対する損害賠償請求が認容された事例。

相談事例2

　私（X）は，Y₃社からY₂社に派遣されている派遣社員です。Y₂社の管理職であるY₁の下で働いています。

　私が派遣されてちょうど１年ほど経つのですが，私が派遣された当初から，Y₁は，私が一人で勤務している際を狙って，自分の浮気相手の女性の年齢や職業の話をし，その浮気相手と夫との間の性生活の話をしたり，「俺のは，でかくて太いらしいよ。やっぱり若い子はその方がいいんだろうねえ」とか，「夫婦間はもうセックスレスなのに，俺の性欲は年々増すよ。どうしてかなあ」とか，複数回，極めて露骨で卑猥な内容の発言を繰り返したりします。さらに，私自身のことについても，「Xはいくつになったのか」，「もうそんな歳になったのに結婚もしないでこんな所で何をしてるのか。親が泣くぞ」といったり，「毎月，収入はどれくらいなのか。時給はどれくらいなのか。社員はもっともらっているぞ」，「お給料全部使うだろう。足りないだろう。夜の仕事とかしなくていいのか。時給がいいぞ。したらいいじゃないか。独り暮らしの子は結構やってるぞ」などと繰り返しいいます。

　私は，日々のY₁の発言でノイローゼになり，精神科に通院するようになりました。Y₃社に相談しましたが，Y₂社からの仕事を打ち切られたくないので，黙って耐えてくれといわれました。Y₂社に相談したところ，Y₁に口頭で注意はしましたが，Y₁は業績アップに貢献している優秀な社員なので，減給や降格等の処分は考えていないといわれました。

　私はY₁，Y₂社，Y₃社に対し，どのような請求ができるのでしょうか。

(1)　Yらの法的責任

①　Y₁に対する請求 —— 不法行為責任（民法第709条）

Y₁のXに対する発言は，性的な事柄に関する露骨で卑猥なものであり，

Xを著しく侮辱し困惑させるものといえます。

Y₁の行為は，身体接触のない性的な発言のみにとどまりますが，1年以上にわたり繰り返しなされ，いずれもXに対して強い不快感や嫌悪感ないし屈辱感を与えるものです。職場における女性従業員に対する言動として極めて不適切なものであって，その執務環境を著しく害するものであったというべきです。女性従業員らの就業意欲の低下や能力発揮の阻害を招来するものであり，違法性を有するまでに至っているといえます（言葉のみによるセクハラ行為を認めた最高裁判例として，裁判例集(i)10参照）。

したがって，Xは，Y₁に対し，上記一連の行為に関し，不法行為（民法第709条）に基づき損害賠償を請求することが考えられます。

② Y₂に対する請求

ア 使用者責任（民法第715条）

Y₁のセクハラ行為は，いずれも勤務時間中に職場内においてなされているので，Y₁のセクハラ行為について，Y₂は使用者責任を負います。

したがって，Xは，Y₂に対し，Y₁のセクハラ行為による損害賠償を請求することが考えられます。

イ 職場環境配慮義務違反による債務不履行責任（民法第415条）・不法行為責任（民法第709条）

派遣労働者については，派遣元事業主のみならず，労働者派遣の役務の提供を受ける者（以下「派遣先事業主」といいます）についても，「労働者派遣事業の適正な運営の確保及び派遣労働者の保護等に関する法律」（以下「派遣法」といいます）第47条の2の規定により，その指揮命令の下に労働させる派遣労働者を雇用する事業主とみなされ，均等法第11条第1項の規定が適用されます。そのため，派遣先事業主は，雇用する労働者と同様に，派遣労働者に対しても，セクハラの防止等適切な就業環境を維持するために必要な措置を講ずることが求められます（職場環境配慮義務）（労働契約法第5条）。

具体的には，セクハラ行為に関しては，派遣先事業主は，セクハラに関する対応方針を明確にし，従業員に周知・啓発したり，防止のための相談

体制を整備したり，セクハラ行為が発覚した場合には迅速かつ適切な事後対応を行うなど，事案に応じて具体的な対応をすべき義務があります。

　この義務に違反した場合には，派遣先事業主は，債務不履行責任（民法第415条）及び不法行為責任（同法第709条）を負います。

　本件では，Y2におけるセクハラ行為に関する対応方針や相談体制の構築は不明ですが，XがY2に相談したにもかかわらず，Y2はY1に対し，厳正な処分をすることなく口頭の注意に留めており，適切な事後対応が行われたとはいえません。

　したがって，Y2の職場環境配慮義務違反が認められ，Xは，Y2に対し，職場環境配慮義務違反を理由として，債務不履行（同第415条）又は不法行為（民法第709条）に基づき損害賠償を請求することが考えられます。

　ウ　Y3に対する請求 —— 職場環境配慮義務違反による債務不履行責任（民法第415条）・不法行為責任（民法第709条）

派遣元事業主は，派遣先が派遣就業に関する法令を遵守し，その他派遣就業が適正に行われるよう，必要な措置を講ずる等適切な配慮をすべき義務を負います（派遣法第31条）。

　そのため，派遣元事業主は，派遣労働者がセクハラの被害を受けたと申告した場合，派遣元事業主の立場で事実関係を迅速かつ正確に調査し，派遣先に働きかけるなどして被害回復，再発防止のため，誠実かつ適正に対処する義務があります。

　本件では，Y3は，Xからセクハラ被害の申告を受けたにもかかわらず，何らの調査もしかるべき対応もしていないことから，上記義務に違反したといえます。

　したがって，Xは，Y3に対し，職場環境配慮義務違反を理由として債務不履行（民法第415条）又は不法行為（同法第709条）に基づき損害の賠償を請求することが考えられます。

　なお，均等法第11条3項において，Y3はY2から，Y1のセクハラ行為の事実確認や再発防止といったY2の雇用管理上の措置の実施に関して必要な協力を求められた場合には，Y3はこれに応じる努力義務が課されています。

(2)　Xの損害

本件におけるXの損害として，治療費・通院費，慰謝料，弁護士費用が挙げられます。

①　治療費・通院費

Y_1のセクハラ行為とXのノイローゼ発症との間に因果関係が認められる場合は，Xは，実際に負担した治療費や通院費を損害として請求することができます。

②　慰謝料

Y_1のセクハラ行為の期間や程度に鑑み，Xが被った精神的苦痛を慰謝するに足りる金額を請求することとなります。ただし，本件のように身体的接触のない事案では，判決により認められる慰謝料額は比較的低額であり，数十万円程度にとどまることが多いといえます。

③　弁護士費用

代理人に委任した場合には，弁護士費用も損害として請求することができます。弁護士費用については，判決では請求額の1割程度の範囲で認められることが一般です。

したがって，逸失利益及び慰謝料の合計額の1割程度を目安として，弁護士費用を請求することが考えられます。

(3)　本件における留意点

本件のような環境型のセクハラ行為は，密室で行われることが多い対価型のセクハラ行為に比べれば，性質上証拠の確保は比較的容易な場合が多いと思われます。加害者がまだ同じ職場にいる場合は，日々の出来事を細かく記録すること（メモ，録音テープ，写真など）が有益です。会社の対応についても同様です。同僚からの事情聴取や証人としての協力を依頼することも検討する必要があります。

(4)　労働者災害補償保険

セクハラにより精神障害を発症した場合，労災認定されれば，労災保険に

よる補償を求めることができます（詳細については，第3章第2の2参照）。
補償の範囲は，療養補償給付（診察や治療，手術，薬剤など），休業補償給付，
障害補償給付，遺族補償給付，葬祭料などです。

(5)　参考裁判例

①　大阪地方裁判所平成21年10月16日判決（公刊物未登載。裁判例集(i)8参照）

ビル管理会社に勤務する知的障害者に対するセクハラについて，これを行った上司の不法行為責任及び同社の使用者責任が認められ，また，ビル管理会社の代表取締役が，上司からセクハラの被害を受けた従業員から苦情を受けたにもかかわらず，必要な措置を講じなかったことについて，同社に会社法第350条の責任が認められた事例。

②　大津地方裁判所平成22年2月25日判決（労判1008号73頁，裁判例集(i)9参照）

派遣社員が派遣先会社での就労中に，派遣先会社の親会社からの出向社員によるセクハラを受けた事例。出向社員の一連の言動は派遣社員の人格権を侵害する違法なものといえ，派遣先会社は使用者責任に基づき損害賠償すべき立場にあったといえるが，派遣先会社と派遣社員との間において当該出向社員の異動や責任者の謝罪等を内容とする和解が成立しており，金銭的な賠償を含む一切の責任を追及しないことが確認されていたなどとして，派遣社員の損害賠償請求が棄却された（なお，親会社に対する請求についても，親会社が出向社員に対する実質的な指揮監督権がなく，職場環境配慮義務を負っていたとはいえないとして棄却された）。

③　最高裁判所平成27年2月26日判決（裁判集民249号109頁，裁時1623号2頁，判タ1413号88頁，判時2253号107頁，労判1109号5頁。裁判例集(i)10参照）

複数の管理職員が派遣社員に対し，職場において1年以上にわたり，強い不快感や嫌悪感ないし屈辱感を与える発言を繰り返したことを理由として，懲戒処分され，その効力を争った事例。

　当該セクハラ行為は職場環境を阻害し，企業秩序や職場規律に看過しがたい有害な影響を与えたものであり，当該派遣社員がセクハラ行為に対し明白な拒否の姿勢を示さなかったこと及び懲戒処分に先立ち会社が当該管理職員にセクハラ行為について警告や注意をしなかったことが，当該管理職員に有利に斟酌すべき事情とはいえず，懲戒処分が有効とされた。

2│マタニティ・ハラスメント

相談事例

　私（X）は1児の母で，Yが経営する病院のA科に配属され，副主任看護師（管理職）として業務に従事していました。第二子の妊娠中に，つわりがひどかったので，労働基準法第65条第3項に基づいて軽易な業務への転換を請求したところ，B科に異動することとなり，それに伴い副主任を免じられ，非管理職の看護師となりました。その時点では渋々了解しましたが，産前産後の休暇及び育児休暇を経て，私の希望でA科に復帰したとき，私よりも職歴の短い職員が副主任に任ぜられていたことから，再び副主任に任ぜられることなく，非管理職のまま勤務することになりました。私はYに対し強く抗議しましたが，Yから「不満なら辞めてもらって構わない。病院の方針に従えない職員は解雇せざるを得ない」といわれ，解雇されてしまいました。

　私はYに対し，どのような請求ができるのでしょうか。

(1)　Yの法的責任

　① 　均等法第9条第3項違反に基づく債務不履行責任（民法第415条）及び不法行為責任（民法第709条）

　　ア　均等法第9条第3項の強行法規性

　　均等法第9条第3項は，女性労働者の妊娠，出産，産前産後の休業，そ

の他の妊娠又は出産に関する事由であって厚生労働省令で定めるものを理由として，解雇その他不利益な取扱いをしてはならない旨を定めています。

　これを受けて，均等法施行規則第2条の2第6号は，労基法第65条第3項により他の軽易な業務に転換するよう請求をし，又は，同項の規定により他の軽易な業務に転換したことを「厚生労働省令で定める妊娠又は出産に関する事由」として定めています。

　そのため，事業主は，妊娠中の女性が他の軽易な業務に転換するよう請求し，又は軽易な業務に転換したことを理由として，不利益な取扱いをしてはならないことになります。

　また，均等法の規定の文言や趣旨等に鑑みると，均等法第9条第3項の規定は，これに反する事業主の措置を禁止する強行規定であると解するのが相当であるとされています（最一小判平成26年10月23日民集68巻8号1270頁。裁判例集(ii)1参照）。

　したがって，妊娠中の女性が他の軽易な業務に転換したことを理由として，事業主が不利益な取扱いをすることは，均等法第9条3項に違反するものとして違法であり，無効です。

　　イ　妊娠中の軽作業への転換を契機として降格させる事業主の措置

　前述の最高裁判決は，妊娠中の軽易業務への転換を契機とした降格を原則として均等法に違反するとし，例外的に，以下の事情がある場合には均等法に違反しない旨を判示しました。

　(ⅰ)　「当該労働者が軽易業務への転換および上記措置により受ける有利な影響並びに上記措置により受ける不利な影響の内容や程度，上記措置に係る事業主による説明の内容その他の経緯や当該労働者の意向等に照らして，当該労働者につき自由な意思に基づいて降格を承諾したものと認めるに足りる合理的な理由が客観的に存在するとき」

　(ⅱ)　「事業主において当該労働者につき降格の措置を執ることなく軽易業務への転換をさせることに円滑な業務運営や人員の適正配置の確保などの業務上の必要性から支障がある場合であって，その業務上の必要性の内容や程度及び上記の有利又は不利な影響の内容や程度に照ら

して，上記措置につき同項の趣旨及び目的に実質的に反しないものと認められる特段の事情が存在するとき」

したがって，本件において，上記例外事由(i)(ii)のいずれにも当たらないのであれば，妊娠中の軽易業務への転換を契機として降格させたＹの措置（以下「本件措置」といいます）は，均等法第９条第３項違反で違法，無効です。

ウ　債務不履行及び不法行為

前述の最高裁判決の差戻し審である広島高裁判決（平成27年11月17日判時2284号120頁，労判1127号５頁。裁判例集(ii)２参照）は，妊娠中の軽易業務への転換を契機とした降格（同判決においては「本件措置１」）が均等法に違反し，違法・無効であるとしたうえ，以下の通り，不法行為又は債務不履行となるとしました。

「本件措置１につき，一審被告が一審原告に対し，事前の承諾を得たと認めるに足りる証拠がないこと，事後（リハビリ科への異動の後）において，一審原告がやむなく承諾したことは認められるとしても，これが自由意思に基づくものであると認定し得る合理的理由は存在しないこと，職責者適格性についての的外れの主張に顕れているように一審被告において本件措置１をなすにつき組織上人事上の決定権を有する職責者によって十分な検討がなされたとは到底いい難いこと，本件措置１の必要性や理由について事前に一審原告に対する説明があったと認めるに足りる証拠はないこと，組織単位における主任，副主任の配置についても一審被告の従前の取扱いを墨守するのみで均等法等の目的，理念に従って女性労働者を遇することにつき使用者として十分に裁量権を働かせたとはいい難いことから考えると，一審被告には，本件措置１をなすにつき，<u>使用者として，女性労働者の母性を尊重し職業生活の充実の確保を果たすべき義務に違反した過失（不法行為），労働法上の配慮義務違反（債務不履行）がある</u>（下線は執筆者による）というべきであり，その重大さも不法行為または債務不履行として民法上の損害賠償責任を負わせるに十分な程度に達していると判断できる。」

　本事例においても，本件措置に伴うＸの業務上の負担や労働条件等の変動に関するＹのＸに対する説明の有無やその程度，Ｘがその利益・不利益を十分に理解したうえでその諾否を決定し得たか否か，Ｙの組織における業務体制や人員配置の状況に鑑み本件措置の必要があったのかどうか及びその程度が問題となります。Ｘが自由意思により本件措置に合意したことはなく，またＹの業務上の必要性も認められない場合には，使用者として女性労働者の母性を尊重し職業生活の充実の確保を果たすべき義務に違反した過失（不法行為），労働法上の配慮義務違反（債務不履行）があるとして，Ｘは，Ｙに対し，不法行為又は債務不履行を理由に，本件措置によりＸが被った損害の賠償を請求することが考えられます。

②　解雇無効に基づく地位の確認請求及び賃金請求（労契法第16条違反）

　解雇は，客観的に合理的な理由を欠き，社会通念上相当であると認められない場合は，その権利を濫用したものとして，無効とされます（労契法第16条）。

　本件では，Ｘは職場復帰後に，本件措置の前の役職へ戻すことを求めたために，解雇されました（以下「本件解雇」といいます）。本件措置が均等法第９条第３項違反である場合，Ｙは，まず，Ｘを本件措置の前の役職へ戻すことにより，違反状態を是正しなければなりません。

　そのような違反状態を是正せずに，Ｘに対して行った本件解雇は，客観的に合理的な理由を欠き，社会通念上相当であると認められず，権利濫用に該当し，無効です。

　他方，本事例において，本件措置が均等法第９条第３項違反でない場合であっても，本件措置の前の役職へ戻すことを求めたことのみを理由としてＸが本件解雇をされたのであれば，同じく，客観的に合理的な理由を欠き，社会通念上相当であると認められず，権利濫用に該当し，無効です。

　したがって，これらの場合，Ｘは，Ｙに対し，本件措置前の役職にあることの地位の確認及び当該地位に基づく賃金の支払を請求することができます。

(2)　Xの損害・解雇後の賃金

本件におけるXの損害としては，解雇前の副主任手当不支給分，出産手当等の差額，慰謝料，弁護士費用が挙げられます。また，解雇無効を主張する場合は，解雇後の賃金を請求することとなります。

ア　解雇前の副主任手当不支給分

本件措置が無効である場合，Xは，本件措置が実施されたときから解雇に至るまでの期間における副主任手当の不支給分を損害として請求することができます。

なお，前述の広島高裁判決は，この「手当の不支給分」は，「賃金請求権に基づき認容されたものである」が，「本件措置」が不法行為でもあることから，「当該手当の不支給分は不法行為に基づく損害としても評価できる」としています。

イ　出産手当等の差額

副主任手当の有無により，雇用保険組合の出産手当金額の算出の基礎となる標準報酬日額が異なります。

そのため，本件措置が無効である場合，本来支給されるべき雇用保険組合からの出産手当と現実に支給された同手当との差額を損害として請求することができます。

同様に，Xが民医連共済手当の産休見舞金や雇用保険法に基づく育児休業給付金を受けていた場合も，同様に本来支給されるべき見舞金・給付金との差額を損害として請求することができます。

ウ　慰謝料

Xは，事前に必要性や理由に関する説明がなされないまま，本件措置により副主任を免除され，職場復帰後の地位に関しても不安を払拭できる説明を受けなかったことにより，職業人としての誇りを傷つけられたこと，職場復帰後も本件措置による副主任免除が回復されることはなかったこと等に鑑み，Xが被った精神的苦痛を慰謝するに足りる金額を請求することができます。

前述の広島高裁判決では，慰謝料100万円が認められています。

エ　解雇後の賃金

本件解雇が無効である場合，Xは，Yの責に帰すべき事由により本件解雇後の労務の提供ができていないため，反対給付である賃金請求権を失わず，Xは，解雇後の賃金を請求することができます（民法第536条第2項）。

本件措置が無効の場合には，解雇後の賃金として，副主任手当を含む賃金を請求することができます。

なお，Xが解雇後に就職した場合は，Yは，Xに解雇後の賃金を支払うに当たり，就職先から得られた賃金額を控除することができます。

オ　弁護士費用

代理人に委任した場合には，弁護士費用も損害として請求することができます。弁護士費用については，判決では請求額の1割程度の範囲で認められることが一般的です。

したがって，請求額の1割程度を目安として，弁護士費用を請求することが考えられます。

(3)　本件における留意点

妊娠中の軽易な業務への転換を契機とした降格は，原則として均等法第9条第3項の不利益取扱いに当たり，違法，無効です（賃金の減額を伴う場合でなくても不利益取扱いに該当するといえます）。前述の最高裁判決が定める例外事由（前記(1)イ(i)(ii)）の該当性を判断することとなりますが，(i)の「自由な意思」に基づき降格を承諾したといえるかどうかについては慎重に検討する必要があります。妊娠中の女性は，軽易な業務への転換を求めること自体で周囲に迷惑をかけているという意識を持つことが多く，通常の場合と比較して，不利益な労働条件を拒否しづらい状況におかれていることに留意すべきです。

なお，2019年の法改正において，セクハラと同様にマタニティ・ハラスメント（以下「マタハラ」といいます。）についても，事業者に対しマタハラの防止措置義務やマタハラの相談をした際の不利益取扱いの禁止が追加されました。（均等法第11条の3，育児・介護休業法第25条参照）

参考1　労働基準法第65条

（産前産後）

第65条　使用者は，6週間（多胎妊娠の場合にあつては，14週間）以内に出産する予定の女性が休業を請求した場合においては，その者を就業させてはならない。

2　使用者は，産後8週間を経過しない女性を就業させてはならない。ただし，産後6週間を経過した女性が請求した場合において，その者について医師が支障がないと認めた業務に就かせることは，差し支えない。

3　使用者は，妊娠中の女性が請求した場合においては，他の軽易な業務に転換させなければならない。

参考2　均等法第9条

（婚姻，妊娠，出産等を理由とする不利益取扱いの禁止等）

第9条　事業主は，女性労働者が婚姻し，妊娠し，又は出産したことを退職理由として予定する定めをしてはならない。

2　事業主は，女性労働者が婚姻したことを理由として，解雇してはならない。

3　事業主は，その雇用する女性労働者が妊娠したこと，出産したこと，労働基準法（昭和22年法律第49号）第65条第1項の規定による休業を請求し，または同項若しくは同条第2項の規定による休業をしたことその他の妊娠または出産に関する事由であつて厚生労働省令で定めるものを理由として，当該女性労働者に対して解雇その他不利益な取扱いをしてはならない。

4　妊娠中の女性労働者および出産後1年を経過しない女性労働者に対してなされた解雇は，無効とする。ただし，事業主が当該解雇が前項に規定する事由を理由とする解雇でないことを証明したときは，この限りでない。

参考3　均等法施行規則第2条の2

（妊娠又は出産に関する事由）

第2条の2　法第9条第3項の厚生労働省令で定める妊娠又は出産に関する事由は，次のとおりとする。

一　妊娠したこと。

二　出産したこと。

三　法第12条若しくは第13条第1項の規定による措置を求め，又はこれらの規定による措置を受けたこと。

四　労働基準法（昭和22年法律第49号）第64条の2第1号若しくは第64条の3第1項の規定により業務に就くことができず，若しくはこれらの規定により業務に従事しなかつたこと又は同法第64条の2第1号若しくは女性労働基準規則（昭和61年労働省令第3号）第2条第2項の規定による申出をし，若しくはこれらの規定により業務に従事しなかつたこと。

五　労働基準法第65条第1項の規定による休業を請求し，若しくは同項の規定による休業をしたこと又は同条第2項の規定により就業できず，若しくは同項の規定による休業をしたこと。

六　労働基準法第65条第3項の規定による請求をし，又は同項の規定により他の軽易な業務に転換したこと。

七　労働基準法第66条第1項の規定による請求をし，若しくは同項の規定により1週間について同法第32条第1項の労働時間若しくは1日について同条第2項の労働時間を超えて労働しなかつたこと，同法第66条第2項の規定による請求をし，若しくは同項の規定により時間外労働をせず若しくは休日に労働しなかつたこと又は同法第66条第3項の規定による請求をし，若しくは同項の規定により深夜業をしなかつたこと。

八　労働基準法第67条第1項の規定による請求をし，又は同条第2項の規定による育児時間を取得したこと。

九　妊娠又は出産に起因する症状により労務の提供ができないこと若しくはできなかつたこと又は労働能率が低下したこと。

参考4　均等法第1条，第2条

（目的）

第1条　この法律は，法の下の平等を保障する日本国憲法の理念にのつとり雇用の分野における男女の均等な機会及び待遇の確保を図るとともに，女性労働者の就業に関して妊娠中及び出産後の健康の確保を図る等の措置を推進することを目的とする。

（基本的理念）

第2条　この法律においては，労働者が性別により差別されることなく，また，女性労働者にあつては母性を尊重されつつ，充実した職業生活を営むことができるようにすることをその基本的理念とする。

2　事業主並びに国及び地方公共団体は，前項に規定する基本的理念に従つて，労働者の職業生活の充実が図られるように努めなければならない。

参考５　均等法第11条の３，第11条の４

（職場における妊娠，出産等に関する言動に起因する問題に関する雇用管理上の措置等）

第11条の３　事業主は，職場において行われるその雇用する女性労働者に対する当該女性労働者が妊娠したこと，出産したこと，労働基準法第65条第１項の規定による休業を請求し，又は同項若しくは同条第２項の規定による休業をしたことその他の妊娠又は出産に関する事由であつて厚生労働省令で定めるものに関する言動により当該女性労働者の就業環境が害されることのないよう，当該女性労働者からの相談に応じ，適切に対応するために必要な体制の整備その他の雇用管理上必要な措置を講じなければならない。

2　第11条第２項の規定は，労働者が前項の相談を行い，又は事業主による当該相談への対応に協力した際に事実を述べた場合について準用する。

3　厚生労働大臣は，前２項の規定に基づき事業主が講ずべき措置等に関して，その適切かつ有効な実施を図るために必要な指針（次項において「指針」という。）を定めるものとする。

4　第４条第４項及び第５項の規定は，指針の策定及び変更について準用する。この場合において，同条第４項中「聴くほか，都道府県知事の意見を求める」とあるのは，「聴く」と読み替えるものとする。

（職場における妊娠，出産等に関する言動に起因する問題に関する国，事業主及び労働者の責務）

第11条の４　国は，労働者の就業環境を害する前条第１項に規定する言動を行つてはならないことその他当該言動に起因する問題（以下この条において「妊娠・出産等関係言動問題」という。）に対する事業主その他国民一般の関心と理解を深めるため，広報活動，啓発活動その他の措置を講ずるように努めなければならない。

2　事業主は，妊娠・出産等関係言動問題に対するその雇用する労働者の関心と理解を深めるとともに，当該労働者が他の労働者に対する言動に必要な注意を払うよう，研修の実施その他の必要な配慮をするほか，国の講ずる前項の措置に協力するように努めなければならない。

3　事業主（その者が法人である場合にあつては，その役員）は，自らも，

妊娠・出産等関係言動問題に対する関心と理解を深め，労働者に対する言動に必要な注意を払うように努めなければならない。

4　労働者は，妊娠・出産等関係言動問題に対する関心と理解を深め，他の労働者に対する言動に必要な注意を払うとともに，事業主の講ずる前条第1項の措置に協力するように努めなければならない。

COLUMN

不妊治療と仕事との両立

第二東京弁護士会弁護士 ● 橋本佳代子

　不妊の検査や治療を受けたことがあるカップルは約5.5組に1組，令和元年に出生した子のうち約14.3人に1人は不妊治療によって誕生しています。WHO（世界保健機関）によれば，男女ともに原因がある場合も含めて不妊のカップルの約半数は男性に原因があるとされています。しかし，通院や治療など不妊治療の負担は女性に偏っています。治療内容にもよりますが，月に10日以上もの頻繁な通院（予定外の通院も），連日の自己注射，薬の副作用，それでも妊娠できなかったときの精神的ショックなど，負担はとても大きなものです。厚生労働省が行った調査によれば，仕事と不妊治療の両立ができないために16％（女性では23％）の人が離職しています。不妊治療と仕事を両立している人の中でも，両立が難しいと感じた人の割合は87％に上ります。

　不妊治療と仕事の両立を可能にする制度としては，休暇制度の充実，時間単位での有給休暇，フレックスタイム制，テレワークなどが考えられます。もっとも，不妊治療をしていることを知られたくない，周囲に気遣いをしてほしくないなどの理由で，不妊治療を行っていることを職場で伝えている人の割合は38％にすぎません。しかも，その中の18％は上司や同僚からの嫌がらせ，不利益な取扱いを受けています。制度の導入だけでなく，不妊治療を行っていることを躊躇なく伝えられる職場環境の整備，不妊治療への理解促進，ハラスメント防止のための研修も必要です。また，全ての社員が理由を告げる必要なく上記制度を利用できることとし，利用者が増えれば，不妊治療を行っている社員も制度を使いやすくなるでしょう。

　令和4年度から不妊治療に保険が適用されることになりました。今後，不妊治療を受ける労働者は増加することが見込まれます。国家公務員には不妊治療の通院等に使用できる有給の「出生サポート休暇」制度が令和4年1月1日に施行されました。民間企業も早急な対応をとることが望まれます。厚生労働省は，不妊治療を受ける労働者が主治医等から治療や検査に必要な配慮事項を記載してもらい，会社の人事労務担当者に伝達するために用いる「不妊治療連絡カード」のひな形を公表しています。不妊治療中の方は，このカードの活用を考えてもよいかもしれません。

3 | パワー・ハラスメント

相談事例 1

　私（X）は，販売会社（Y₂社）の営業所で営業職（正社員）として勤務しています。私は，営業所長Y₁から，他の営業職員よりも高い営業目標を設定され，目標達成のために休日出勤や毎月80時間を超えるような残業をしていましたが，目標を達成できませんでした。私は，月初の職場の朝礼で，Y₁から，営業目標を達成できなかったことを理由に，「無能」，「給料泥棒」，「売上げが上がらない役に立たない者は辞めていい」などと，全従業員の面前で叱責されました。そして，Y₁は，私に，営業目標を達成できなかったことについて，「給料をもらっていながら仕事をしていませんでした。来月営業目標を達成できなかった場合には，来月分の給与を全額会社へ返金します」と始末書を書いて提出するよう命じました。私が始末書を提出しないでいると，Y₁は，私の席に来て，「存在自体が目障りだ，お願いだから消えてくれ」と暴言を浴びせました。私が席を外そうとすると，Y₁は，私の腕をつかみ，振り向いた私の右頬を1回殴りました。私は，やむを得ず，始末書を提出しました。その後，私は，Y₁が日常的に営業職員を怒鳴りつけたり，暴行を行っていることをY₂の本社に通報しました。これに対して，Y₂社は，Y₁に事実関係の確認を求めたため，Y₁は，営業所内に通報者がいると知り，犯人捜しを始めました。私は，Y₁から通報したか厳しく追及されましたが，回答しなかったところ，「営業所のがん」，「早く辞めろ」などといわれ，以前にもまして達成困難な営業目標を設定され，「達成できない場合には退職しろ」と迫られました。そのため，私は，今まで以上の残業をしましたが，営業目標を達成できず，頭痛，吐き気，不眠などの症状が出て体調を崩し，精神科でうつ病と診断され，休職しました。

　Y₁やY₂社に対し，どのような請求ができるでしょうか。

(1)　Yらの法的責任

①　Y₁に対する請求 —— 不法行為責任（民法第709条）

　Y₁の一連の行為は，全体として見れば，Xに多大な精神的負担を与えることにより，退職に追い込むことを目的としてなされたものといえ，違法といえます。

　すなわち，Y₁が，職場の朝礼において，Xに対し，「無能」「給料泥棒」などと叱責したことは，叱責の内容に鑑みれば，営業目標未達成について指導する目的でなされたものとはいえず，多人数の面前でXの人格を否定する言動であって，Xに多大な精神的負担を感じさせるものといえます。

　次に，Y₁が，Xに対し，営業目標未達成を理由として，「給料をもらっていながら仕事をしていませんでした」旨の始末書の作成を指示したことは，そもそも営業目標未達成についてXに非があるのかどうか疑問があるうえ，Xの人格を傷つけるものであり，また，目標達成できなかった場合に給与返還を誓約させることは，法律上の理由なく，業務の結果に対しXに給与返還義務があることを自認させて精神的負担を与えるものです。

　また，Y₁がXに対し，「存在自体が目障りだ」，「お願いだから消えてくれ」と暴言を浴びせたことは，上司が職務とは関係ない事項について，部下に対し嫌悪の感情を示すものであって，社会的に許容される限度を超えるものです。なお，Y₁の暴行については，職務とは無関係であることは明らかであり，正当化される余地はありません。

　さらに，Y₁が，本社への通報に関し犯人捜しをし，回答しないXに対し「早く辞めろ」などと述べたことは，Xに義務なきことを強要して精神的負担を与えるものです。そして，Xに対し，達成困難な目標を与え，目標達成できない場合に退職を迫ったことは，業務上遂行不可能なことを強制して，目標不到達を理由に退職に追い込むことを目的としたものといえます。

　したがって，Xは，Y₁に対し，上記一連のパワー・ハラスメント（以下「パワハラ」といいます。）行為に関し，不法行為（民法第709条）に基づく損害賠償を請求することが考えられます。

② Y₂に対する請求

ア　使用者責任（民法第715条）

　使用者は，被用者が「事業の執行について」第三者に加えた損害について責任を負い，これを使用者責任といいます。

　本件では，Y₁がXに対し，(i)朝礼で社会通念に照らし許容されない叱責をしたこと，(ii)業務命令権を濫用して始末書の作成を指示し，有形力を行使して強いて作成させたこと，(iii)「存在自体が目障りだ」などと暴言を浴びせ，暴行したこと，(iv)目標不到達の場合に退職を迫ったことは，いずれも業務遂行中にされたものであることから，これらの行為が違法とされる場合には，Y₂は使用者責任を負います。

　したがって，Xは，Y₂に対し，Y₁の上記行為によりXが被った損害賠償を請求することが考えられます。

イ　安全配慮義務違反（職場環境配慮義務違反）に基づく債務不履行責任（民法第415条）・不法行為責任（民法第709条）

　令和2年6月に施行された改正労働施策総合推進法第30条の2第1項は，パワハラについて「職場において行われる優越的な関係を背景とした言動であつて，業務上必要かつ相当な範囲を超えたものによりその雇用する労働者の就業環境が害されること」と定義し，使用者に対して，「労働者からの相談に応じ，適切に対応するために必要な体制の整備その他の雇用管理上必要な措置」を講じる義務を課しています。同法第30条の2第3項を踏まえて規定された，パワハラ指針（「事業主が職場における優越的な関係を背景とした言動に起因する問題に関して雇用管理上講ずべき措置等についての指針」，令和2年厚生労働省告示第5号）は，パワハラとは，「職場において行われる①優越的な関係を背景とした言動であって，②業務上必要かつ相当な範囲を超えたものにより，③労働者の就業環境が害されるものであり，①から③までの要素を全て満たすものをいう。」としています。

　使用者は，従業員に対し，雇用契約に基づき，信義則上，労務を提供する過程において，従業員の生命及び身体を危険から保護するように安全配慮義務を尽くす債務を負っているというのが判例法理です。すなわち，使

用者は，物的に良好な作業環境を形成するとともに，精神的にも良好な状態で就業できるように職場環境を保持する義務があります（労働契約法第3条・第5条等）。上記のようなパワハラについて，セクハラで述べたのと同様に，事業主は職場環境配慮義務を負っているといえます。そのため，パワハラ行為が発覚した場合には迅速かつ適切な是正措置（事実調査・被害拡大回避・回復措置など）を講ずる義務があります。安全配慮義務ないし職場環境配慮義務に違反した場合には，使用者は，債務不履行責任（民法第415条）及び不法行為責任（同法第709条）を負います。本件では，Y₂は，Y₁から被害状況の報告を受けていますので，これに対し何ら是正措置を講じなかったのであれば，安全配慮義務（職場環境配慮義務）に違反したというべきです。その場合，Xは，Y₂に対し，安全配慮義務（職場環境配慮義務）違反を理由として，債務不履行（同法第415条）又は不法行為責任（同法第709条）に基づき損害賠償を請求することが考えられます。

③　その他の請求（Y₁が代表取締役である場合）

　ア　代表者の行為についての損害賠償責任（会社法第350条）

　Y₁が会社の代表取締役である場合，Xは，Y₂社に対し，会社法第350条により，Xに与えた損害につき賠償請求することが考えられます。裁判例においても，代表取締役のパワハラ行為について，会社法第350条の責任が認められています（名古屋地判平成26年1月15日判時2216号109頁，労判1096号76頁。裁判例集(iii)11参照）。

　イ　役員等の第三者に対する損害賠償責任（会社法第429条第1項）

　代表取締役が業績向上を目指すあまり，上司による相当性の範囲を逸脱した指導監督の事実を認識し，又は容易に認識することができたにもかかわらず，パワハラなどを防止するための適切な労務管理ができる体制を何らとっていなかった場合には，Xは，代表取締役に対し，会社法第429条第1項による損害賠償を請求することが考えられます。裁判例においても，このような場合に，代表取締役の会社法第429条第1項による損害賠償責任が認められています（東京地判平成26年11月4日判時2249号54頁，労判1109号34頁。裁判例集(iii)20参照）。

(2)　Xの損害

本件におけるXの損害としては，治療費・通院費，休業損害，慰謝料，弁護士費用が挙げられます。

①　治療費・通院費

Y_1の殴打行為によりXが通院して治療を受けた場合には，治療費・通院費を損害として請求できます。

また，Y_1のパワハラ行為とXのうつ病発症との間に因果関係が認められれば，Xは，精神科の治療費や通院費を損害として請求することができます。

②　休業損害

Y_1のパワハラ行為と休職との間に因果関係が認められるかが問題となりますが，Y_1のパワハラ行為はXに多大な精神的苦痛を与えるものであり，Y_2はY_1のパワハラ行為を防止する何らの対策も講じなかったことから，Xが休職するに至ったということができます。

したがって，Xは，休職による損害（休業期間，すなわち休職後復職するまでの期間における給与減額分相当額）を損害として請求することができます。なお，休業期間については，Xの病状など諸事情に鑑み，実際にかかった期間ではなく，相当期間に制限される場合があります。

③　慰謝料

Y_1のパワハラ行為の期間や程度に鑑み，Xが被った精神的苦痛を慰謝するに足りる金額を請求することとなります。ただし，パワハラ行為により休業，退職に至ったケースにおける判決により認められる慰謝料額は比較的低額であることに留意した方がよく，1か月の休職に至った事案（東京地判平成22年7月27日労判1016号35頁。裁判例集(iii)1参照）では慰謝料60万円が，代表取締役が暴言を吐き，始末書の作成を指示し作成させた事案（東京地判平成27年1月15日。裁判例集(iii)15参照）では慰謝料50万円がそれぞれ認められています。これに対し，パワハラ行為により精神障害となり自殺に至った事案では，高額な慰謝料（直接の加害者に対し慰謝料1000万円，使用者に対し慰謝料500万円，500万円の範囲で連帯責任）を認めた裁判例があります（さいたま地判平成16年9月24日労判883号38頁。裁判例集(iii)8参照）。

④　弁護士費用

代理人に委任した場合には，弁護士費用も損害として請求することができます。弁護士費用については，判決では請求額の1割程度の範囲で認められることが一般です。

したがって，損害の合計額の1割程度を目安として，弁護士費用を請求することが考えられます。

(3)　本件における留意点

上司が部下を指導・叱責する行為は，業務を遂行していくうえで必要かつ合理的なものであり，その態様が社会通念上相当であれば，違法とされることはありません。しかしながら，本件のような多人数の前でのXの人格を否定するような叱責は，過去の裁判例においても，従業員に過重な心理負荷を与えるものとされています（大阪地判平成19年11月12日労判958号54頁。裁判例集(iii)4参照）。パワハラについては，被告側から，行為自体の存在を否定され，あるいは，他人に心理的負荷を過度に蓄積させるものではなく，正当な業務の範囲内の行為であるとの反論がなされることが多いため，パワハラを立証する証拠の確保が重要となります（同僚等の証言，録音記録等）。

(4)　労働者災害補償保険

ア　セクハラと同様に，パワハラにより精神障害を発症した場合，労災認定されれば，労災保険による補償を求めることができます（要件については，第3章第2の4(2)参照）。補償の範囲は，療養補償給付（診察や治療，手術，薬剤など），休業補償給付，障害補償給付，遺族補償給付，葬祭料などです。

イ　パワハラ行為による自殺

パワハラ行為により自殺に至った場合，自殺が労災認定されるためには，パワハラ行為と自殺との間に相当因果関係が認められることが必要です。

まず，(i)被災者（自殺者）がうつ病などの精神疾患であったことが必要です。医師の診断書があれば問題ないですが，医師の診断を受けないまま自殺に至るケースもあります。この場合は，遺書，日記，メモ，メールや同居の

家族などの言動から立証していくことになります。精神科の医師から意見書を取得することも有効です。

　次に，(ii)精神疾患の原因が業務や職場にあったことが必要です。パワハラによる暴言，暴行などが繰り返されていたことなどを立証することになります。もっとも，パワハラ行為は言葉や態度によるものであることが多いことから，証拠として残りにくく，裁判では立証に困難が伴います。さらに，(iii)業務や職場以外で精神疾患の原因となる重大な悩みがなかったと認められることが必要です。例えば，離婚，親の介護，子の不登校などの家庭の事情や借金などの生活苦などによる悩みにより，精神疾患を発症したとは認められないことです。

　なお，労災保険法第12条の2の2第1項によれば，労災事故の発生が労働者の「故意」に基づく場合，保険給付は行わないとされています。しかしながら，平成11年9月14日基発第545号「精神障害による自殺の取扱いについて」では，精神障害を有する者が自殺した場合の取扱いについて，「業務上の精神障害によって，正常の認識，行為選択能力が著しく阻害され，又は自殺行為を思いとどまる精神的な抑制力が著しく阻害されている状態で自殺が行われたと認められる場合」には，同条項の「故意」には該当しないとしています。

　また，令和2年6月に施行された改正労働施策総合推進法により，職場におけるパワハラの定義が法律上規定されたこと等を踏まえ，労災認定基準における「業務による心理的負荷評価表」にパワハラが明示されるようになりました（令和2年5月29日基補発0529第1号）。同改正により，上司や同僚等との人間関係の優越性等に着目し，加害者に優位性がある場合には，「上司等から，身体的攻撃，精神的攻撃等のパワハラを受けた」という具体的出来事に，加害者に優位性がない場合には「同僚等から，暴行又は（ひどい）いじめ・嫌がらせを受けた」という具体的出来事に当てはめた上で，被害者の心理的負荷を判断することになります。

　ウ　過失相殺

従業員の自殺においては，会社から過失相殺の主張がされることが多くみ

られます。本人の資質ないし心因的要因も加わって自殺に至ったと認められた場合には，過失相殺（民法第722条第2項）の規定の類推適用により，損害額の減額がなされることがあります（横浜地川崎支判平成14年6月27日労判833号61頁，判時1805号105頁，裁判例集(iii)18参照）。

(5) 参考裁判例

① 東京地方裁判所平成28年12月20日判決（労判1156号28頁。裁判例集(iii)26参照）

Y₁で勤務していた原告（以下「X」といいます。）が，Y₁の代表者であるY₂及びY₂の店長であるY₃から，(i)火の付いたタバコを押し付けられるなどの暴力的な被害を受けたこと，(ii)時間外手当等の支払を受けられないままサービス残業（時間外勤務や休日出勤）を強要されたこと，(iii)根拠なく金員の支払を求められたこと等を理由として，Y₁，Y₂及びY₃に対して不法行為に基づく損害賠償請求等を求めた事案。裁判所は，Y₂及びY₃による行為は，Xに対する注意，指導をしようとしたことがきっかけになっていることがうかがわれるものの，いずれも適正な業務上の注意，指導の範疇を超え，暴力を伴うなど，相手方たる原告に過度の心理的負荷を与えるものとして，いじめ・パワハラに当たり，不法行為を構成するとした。また，Y₂及びY₃の行為は，Y₁の店舗外でのものも含めて，業務との関連性を有するものであり，客観的にみてY₁の支払領域内の事柄であると認められるとして，Y₁は使用者責任を負うと判示した。

② 東京高裁平成29年10月26日判決（労判1172号26頁。裁判例集(iii)27参照）

職場の上司による暴行等を原因として自殺した市職員の遺族が市に対して，安全配慮義務違反による債務不履行又は国賠法第1条第1項に基づく損害賠償を求めた事案。裁判所は，地方公共団体である市は，「その任用する職員が生命，身体等の安全を確保しつつ業務をすることができるよう，必要な配慮をする義務（安全配慮義務）を負う」とした上で，(i)「労働安全衛生法70条の2第1項に基づき，同法69条1項の労働者の健康の保持増進を図るための必要な措置に関して，適切かつ有効な実施を図るための指針として，労働

者の心の健康の保持増進のための指針が策定され……心の健康問題により休業した労働者の職場復帰支援を求めていることに鑑みると，上記の安全配慮義務には，精神疾患により休業した職員に対し，その特性を十分理解した上で，病気休業中の配慮，職場復帰の判断，職場復帰の支援，職場復帰後のフォローアップを行う義務が含まれる」こと，(ii)「安全配慮義務のひとつである職場環境調整義務として，良好な職場環境を保持するため，職場におけるパワハラ，すなわち，職務上の地位や人間関係などの職場内の優位性を背景として，業務の適正な範囲を超えて，精神的，身体的苦痛を与える行為又は職場環境を悪化させる行為を防止する義務を負い，パワハラの訴えがあったときには，その事実関係を調査し，調査の結果に基づき，加害者に対する指導，配置換え等を含む人事管理上の適切な措置を講じるべき義務を負う」ことを判示した。その上で，市には，市職員がパワハラ被害を訴えていたにもかかわらず，これに適切に対応しなかったこと等を踏まえ，安全配慮義務を理由に国家賠償責任を肯定した。

　なお，市には安全配慮義務違反があると判断されたものの，自殺した市職員にはうつ病の既往症があり，かつて89日間の病気休暇を取得したことがあったことから，当該市職員の自殺には，当該うつ病の既往症による脆弱性が重大な素因になっていたこと，当該市職員と同居していた遺族にはうつ病の症状が悪化しないように配慮する義務があったことを踏まえ，過失相殺がなされた（7割減額）。

　③　福岡地方裁判所平成31年4月15日判決（労判1205号5頁，労経速2385号
　　　18頁，ジュリスト1550号132頁。裁判例集(iii)28参照）

　Y社の代表者A₁及び従業員A₂から受けたパワハラにより精神的苦痛を被ったとして，Xが労働契約上の就業環境配慮義務違反による債務不履行責任，不法行為責任に基づく損害賠償を求めた事案。裁判所は，A₁がXのミスを怒鳴って，肘でXの胸を突いた行為や背中を叩いた行為はXに対する違法な攻撃として不法行為に当たるとし，また，A₁がXに対して「給料を下げるぞ」，「いつまでたっても進歩がない。いよいよできなければ辞めてもらうしかない」等と発言した行為は業務指導の範囲を超えて，Xの名誉感情を

害する侮辱的な言辞や威圧的な言動を繰り返したものといわざるを得ず，Xの人格権を侵害する不法行為に当たるとして，YはA₁の行為について，会社法350条に基づき賠償責任を負うと判示した。

　また，従業員A₂がXに対し，「作業は１回しか教えない，社長に言われている」等と発言した行為についてもXの人格権を侵害する行為として不法行為に当たるとして，Yの使用者責任を肯定した。

参考１　労働者災害補償保険法第12条の２の２

> **第12条の２の２**　労働者が，故意に負傷，疾病，障害若しくは死亡又はその直接の原因となつた事故を生じさせたときは，政府は，保険給付を行わない。

参考２　会社法第350条第１項

> （代表者の行為についての損害賠償責任）
> **第350条**　株式会社は，代表取締役その他の代表者がその職務を行うについて第三者に加えた損害を賠償する責任を負う。

参考３　会社法第429条第１項

> （役員等の第三者に対する損害賠償責任）
> **第429条**　役員等がその職務を行うについて悪意又は重大な過失があったときは，当該役員等は，これによって第三者に生じた損害を賠償する責任を負う。

相談事例２

　私（X）は，金融機関（Y₂）に30年間勤務し，複数回の支店長勤務を経た後，本社の管理職（部長）として勤務していました。昨今，Y₂では，経営体質の強化のための人員削減等が急務とされ，取締役会にて組織改編が決定されました。すると，私は，取締役兼人事部長（Y₁）から「協調性に欠ける」などとの理由で退職勧奨を受けるようになり，私が

これを拒否すると，Y₁は，私に対し，「この先給料が上がると思うな，はいつくばって生きていけ」などと罵倒しました。その後，私は，新たに設置された市場情報室への配転命令を受け，部長職を免じられ，給料が大幅に減少しました。市場情報室は，私に対する配転命令の直前に設置された部署であり，さしたる業務はなく，従来倉庫として使用されていた部屋に私一人で勤務することとなりました。その1年後，私は，市場情報室において実績を上げていないことを理由に，再び退職勧奨を受け，Y₁に会議室に呼び出され，4か月の内に30数回も面談をされ，時には8時間に及ぶこともありました。私は，Y₁に，「寄生虫」といわれ，大声で罵倒されたり，机を叩かれたりしました。私が退職を拒否すると，今度は，従来，20代前半の契約社員が担当していた受付業務（総務課）への配転命令を受けました。総務課の受付業務は，書類の各課への発送のほか，来客の取次も担当しており，私の旧知の外部者が来訪することも少なくない職場ですが，私が受付業務を行っていると，Y₁がやってきて，「エンジョイしてるか」などと話しかけてきました。私は，社内の人々の衆目にさらされ，いたたまれなくなり，退職しました。

　Y₁やY₂に対し，どのような請求ができるでしょうか。

(1)　Yらの法的責任

①　Y₁に対する請求 ── 不法行為責任（民法第709条）

　Xは，Y₁に対し，以下のアからウの行為が不法行為に該当するとして，損害賠償を請求することが考えられます。

ア　退職強要

　使用者は，雇用契約について自由に合意解約を申し入れることができますが，それを受けるか否かは労働者の自由です。そのため，退職勧奨は，労働者の自由な意思の形成を促すという限度で認められるものであり，その態様が労働者の自由な意思決定を困難にするものである場合には，違法

となり不法行為に当たることとなります。

　本件では，取締役兼人事部長であるY₁は，Xに対し，4か月で30数回も面談し，面談時間が8時間にも及ぶことがあったこと，大声で罵倒したり，机を叩くという威圧的な言動をしたことから，社会通念上許容し得る範囲を超え退職を強要するものとして，違法であり，不法行為に当たるといえます。

　イ　市場情報室への配転命令及び降格処分

　使用者は，就業規則上の根拠に基づき，人事権の行使として，労働者に対し配置転換を命ずることができますが，無制限に認められるものではありません。業務上の必要性及び合理性なくなされた配転命令は，配転命令権の濫用として違法です。

　本件では，Xは，2度の配転命令を受けていますが，1度目の市場情報室への配転命令は，部長職を免じられ，大幅な給与減額という降格処分を伴うXにとって極めて不利益な処分です。また，さしたる業務もない市場情報室にXを配転させる業務上の必要性があるのか，疑問があります。Xが退職勧奨を拒否し，配転される直前に新設された部署であることに鑑みても，退職勧奨を拒否したことに対する報復として，Xを孤立させ，退職に追い込む目的でなされたものと推認されます。それは，Xが退職勧奨を拒否した際に，Y₁がXに対し，「この先給料が上がると思うな，はいつくばって生きていけ」などと罵倒したことからも裏付けられます。

　そのため，Y₁の市場情報室への配転命令及び降格処分は，人事権を濫用したものとして，無効であり，さらには，不当な動機・目的によりなされたことから，違法といえます。

　ウ　総務課への配転命令

　Xに対する総務課受付業務への配転命令についても，業務上の必要性に疑問があり，その業務内容に鑑みても，30年間勤務し，支店長経験も有するXにふさわしいものとは到底いえません。そのため，市場情報室への配転命令及び降格処分の延長として，これも，Xが退職勧奨を拒否したことを契機として，Xを退職に追い込む目的でなされたものと推認されます。

Y₁がわざわざ総務課受付にやってきて，Xに対し，「エンジョイしてるか」などとの発言をしたことも，Y₁の目的や動機を裏付けるといえます。

そのため，Y₁の総務課への配転命令についても，上記イと同様に，違法，無効と考えられます。

② Y₂に対する請求 ── 使用者責任（民法第715条）

Y₁による①の一連の不法行為は，Y₂の職務を執行するにつきなされたものです。そのため，Xは，Y₂に対し，Y₁の上記行為によりXが被った損害賠償を請求することが考えられます。

(2) Xの損害

本件におけるXの損害としては，退職による逸失利益，降格前の給与との差額の支払請求，慰謝料，弁護士費用が挙げられます。

① 退職による逸失利益

退職強要，降格・配転と退職との間に因果関係が認められるかが問題となりますが，上記一連の行為の態様や降格処分による不利益の度合い及び配転後の処遇により，退職との因果関係が認められる場合があるといえます。

上記因果関係が認められる場合には，退職後新たに就労するまでの期間における逸失利益を損害として請求することができます。この場合の逸失利益については，降格及び減給の処分が無効であるという主張であれば，受付業務に配転後の給与ではなく，降格前の部長職での給与相当額を基準として算定します。

② 降格前の給与との差額の支払請求

降格処分が違法，無効の場合，支払額と降格前の給与との差額が損害となります。

③ 慰謝料

Xが被った精神的苦痛を慰謝するに足りる金額を請求することとなりますが，パワハラ行為により休職，退職に至った場合に，判決により認められる慰謝料額は比較的低額です。本件と類似した事案では慰謝料100万円が認められています（東京地判平成7年12月4日労判685号17頁。裁判例集(ⅲ)13参照）。

④　弁護士費用

弁護士に委任した場合には，弁護士費用も損害として請求することができます。弁護士費用については，判決では請求額の1割程度の範囲で認められることが一般です。

したがって，損害の合計額の1割程度を目安として，弁護士費用を請求することが考えられます。

(3)　本件における留意点

本件と類似した事案では，課長補佐への降格に伴う業務と配転後の受付業務のいずれについても，Xの知識や経験をいかすのにふさわしい業務ではないことを認めながら，会社の経営環境の悪化や同様に降格された管理職らが異議を唱えていないこと等から，受付業務への配転についてのみ不法行為が成立すると判断されました（東京地判平成7年12月4日労判685号17頁。裁判例集(iii)13参照）。裁判例においては，配転について，配転命令の業務上の必要性や，労働者の受ける不利益の程度，配転の目的・動機などを考慮して不法行為の成否について判断されています。本件では，Y1が退職勧奨の際及び配転後に，「はいつくばって生きていけ」，「寄生虫」，「エンジョイしているか」などと発言していることが不当な目的の存在を基礎づけるといえます。

(4)　参考裁判例

①　東京高等裁判所平成29年10月18日判決（労判1179号47頁，労働判例ジャーナル70号2頁，労経速2332号16頁。裁判例集(iii)29参照）

Y1社に勤務していたX1〜X4が，Y1社の代表取締役であるY2から，同社の在職中に退職を強要されるパワハラを受けたこと等を主張し，Y2に対して不法行為，Y1に対して会社法350条に基づき慰謝料等の支払を求めた事案。

裁判所は，Y2がX2に対して，正当な理由なく批判，非難を続け，賞与を正当な理由なく減額し，無効な降格処分を行うなどした結果，X2が退職願を出して退職するに至った事情等を考慮して，Y2の一連の行為はX2に退職を強要する違法な行為であると判示した。そして，Y2がX1に対して，賞与

を正当な理由なく減額し，「X1の給与が高額に過ぎる。50歳代の社員は会社にとって有用ではない。」と述べたこと等の事情を考慮して，X1に対する一連の行為もX1の退職を強要する違法な行為であると判示した。また，X3，X4については，Y2によるX1及びX2に対する言動を見聞きしていることから，今後X1やX2に対するものと同様の対応が自身らにもなされると受け止めることは当然であり，X3，X4が退職願を出して退職した事情を踏まえ，Y2によるX1及びX2に対する一連の退職強要行為は，X3及びX4に対しても間接的に退職を強いるものであるとして，X3及びX4との関係でも違法な行為に当たるとした。

　以上のとおり，Y2による一連の行為は違法であり，Y2には不法行為が成立し，Y1は会社法350条の責任を負うと判断された。なお，本件では，Y2の言動のパワハラ該当性のほか，賞与の減額，退職金の算定，降格処分の有効性も争点となった。

　Y1及びY2は上告提起及び上告受理申立てをしたが，上告棄却，上告不受理決定がなされた（最高裁平成30年5月15日決定労働判例ジャーナル80号62頁）

　②　大阪高等裁判所平成31年1月31日判決（労判1210号32頁。裁判例集(ⅲ)30参照）

　Yに勤務していたXが，上司であったAから継続的にパワハラを受けてうつ病に罹患し，退職を余儀なくされたと主張して，Yに対して使用者責任又は債務不履行（安全配慮義務違反）に基づく損害賠償請求をした事案。

　裁判所は，AがXの勤務態度を問題視して降格的配置をしたり，叱責を繰り返したりしたこと，反抗に対する懲罰として，Xを約1時間にわたって，カウンター横に立たせたこと等は，業務指導の域を超えたXに対する嫌がらせ，いじめに該当し，Aの発言は，Xの人格を否定するような内容であって，パワハラに該当するとし，Aの行為はYの事業の執行についてなされたとして，Yの使用者責任を肯定した。

　なお，第一審（大阪地方裁判所平成30年5月29日労判1210号43頁）は，Aによるパワハラによる心理的負荷が極めて強度とまではいえないこと，Xのうつ病が5年半という長期に及ぶものの改善の目途が立っていないことから，

Xの脆弱性がうつ病の発症及び長期化の素因になっているとして，素因減額を行った（損害額の25％）。他方で，本判決は，「労働者の性格が，……同様の業務に従事する労働者の個性の多様さとして通常想定される範囲を外れるものでない場合には，裁判所は，上司からパワハラを受けて，うつ病にり患したことを原因とする損害賠償請求において使用者の賠償すべき額を決定するに当たり，その性格及びこれに基づく業務遂行の態様等を，心因的要因として考慮することはできないというべきである」（最二小判平成12年3月24日民集54巻3号1155頁）とした上で，Xの性格等が同種の業務に従事する労働者の個性の多様さとして通常想定される範囲を外れるものではないと判示して，素因減額を否定した。

相談事例3

　私（X）は，コンピューターネットワークの構築等を行う会社（Y₂）に契約社員として勤務しています。私が配属されたIT業務部の業務は主にパソコン作業によるものですが，私は，パソコン作業があまり得意ではありません。IT業務部には，正社員，契約社員がいます。契約社員にはランクがあり，私はIT業務部にいる他の契約社員よりも給与が高いため，パソコン作業が得意でない私に対して不満を持っている契約社員もいます。契約社員（Y₁）からの引き継ぎの際，業務手順を一度説明してもらいましたが，知らないパソコン用語があったため質問すると，「こんなことも知らないの」といわれ，メモをとることや再確認することを嫌がられました。その結果，私はミスが多くなり，業務に対する習熟度が低いと評価されました。その後，私がミスをすると，Y₁ら契約社員のメンバーらがお互いに目配せして冷笑し，陰口をいうようになりました。また，私がコピー作業をしていると，Y₁らから目の前で「私らと同じコピーの仕事をしていて，高い給料をもらっている」等といわれました。その1か月後，職場の席替えがあり，いじめの中心人物であったY₁の席が私の席の近くになりました。私は，Y₁から「これから本格的

にいじめてやる」と脅されました。Y₁らは，私のことを「パソコン技術がないのに，嘘の申告をして契約社員となった」などと正社員らに告げ口をしました。そのため，私は，正社員らからも信用を失い，部内で孤立するようになりました。また，IT業務部の部内勉強会に参加した際，部内の全員が参加していたにもかかわらず，私は，Y₁から「あなたが参加して何の意味があるの」などと文句をいわれました。このような状態が半年ほど続いたことから，私は，Y₁らの言動に耐えかねて，意を決して，直属の上司にY₁らの行為を報告しました。上司は，Y₁らから聞き取りをした結果，私に対するいじめはなかったと判断しました。その後，上司は，部内の会議で，私に対して，「パソコン技術がないから皆に迷惑をかけている。もっと，パソコンの習熟度を上げるように」と叱責しました。

　私は，契約社員だけでなく正社員との人間関係も回復せず，上司からも叱責され，抑うつ状態となり，うつ病と診断され，休職しました。私は，休職期間満了前に，上司に復職及び所属部署の変更希望を申し出ました。ところが，上司から会社の方針として休職後復職する場合には，同じ職場に復帰することが前提であると告げられました。私は，Y₁らがいる職場に復帰しなければならないことに絶望し，休職期間が満了した後も出社できませんでした。私は，その後休職期間満了を理由に雇用契約を打ち切られました。

　Y₁，Y₂に対し，どのような請求ができるでしょうか。

　相談事例3は，同僚又は部下からのいじめ・嫌がらせの事例です。パワハラの定義の「優越的な関係を背景とした」言動には，「同僚または部下からの集団による行為で，これに抵抗又は拒絶することが困難であるもの」も含まれます。

(1)　Yらの法的責任

①　Y₁に対する請求

ア　不法行為責任（民法第709条）

　Y₁が，Xに対し，半年間以上にわたり，(i)Xが犯したミスを他の契約社員らとともに目配せして冷笑し，陰口をいったこと，(ii)本格的にいじめてやると脅したこと，(iii)正社員に虚偽の事実を告げたこと，(iv)部内勉強会の参加に文句をいうなどしてXを孤立させたことは，言葉や態度，身振りなどによって，Xの人格や尊厳を傷つけ，精神的に傷を負わせて，Xが職場を離れざるを得ない状況に追い込むものであり，違法な行為といえます。

　したがって，Xは，Y₁に対し，上記一連の行為に関し，不法行為（民法第709条）に基づく損害賠償を請求することが考えられます。

②　Y₂に対する請求

ア　使用者責任（民法第715条）

　使用者は，被用者が「事業の執行について」第三者に加えた損害について責任を負い，これを使用者責任といいます。

　本件では，(i)Y₁及び他の契約社員らが，集団で，Xに対し，冷笑・陰口等の嫌がらせをしたこと，(ii)Y₁が本格的にいじめてやると脅したこと，正社員らにXに関する虚偽の事実を告げたこと，部内勉強会の参加に文句をいったことなどの一連の行為は，Xの人格や尊厳を傷つけ，精神的苦痛を与える違法な行為です。Y₁らの上記行為が業務に関連してなされたものであるのか，業務と無関係の単なるいじめ・嫌がらせなのかどうかが問題となりますが，業務関連性が認められる場合は，Xは，Y₂に対し，使用者責任に基づき，Y₁の上記行為によりXが被った損害賠償を請求することが考えられます。

イ　安全配慮義務違反に基づく債務不履行責任（民法第415条）・不法行為責任（民法第709条）

　使用者は，従業員に対し，雇用契約に基づき，信義則上，労務を提供する過程において，従業員の生命及び身体を危険から保護するように安全配慮義務を尽くす債務を負っています。具体的には，使用者は，職場の上司

及び同僚からのいじめ行為を防止して，労働者の生命及び身体を危険から保護する安全配慮義務を負っており，この義務に違反した場合には，使用者は，債務不履行責任（民法第415条）及び不法行為責任（同法第709条）を負います。

　本件では，Y₁らのXに対する半年以上にわたる職場でのいじめや嫌がらせについて，Xから相談を受けた上司が，その当事者であるY₁らの聞き取り調査をしたのみで，何らの防止策もとっていません。少なくとも上司が相談を受けた後においては，Y₂は，Y₁らのいじめや嫌がらせの有無や態様について適切な調査をして事実関係を把握し，いじめや嫌がらせがあると認められる場合には再発を防止するための措置を講じる義務を負っていたといえます。そのため，Xは，Y₂に対し，安全配慮義務違反を理由として，債務不履行（同法第415条）又は不法行為（同法第709条）に基づく損害賠償を請求することが考えられます。

　ウ　雇用契約の地位の確認請求及び賃金請求

　労働契約法第17条第1項では，使用者は，期間の定めのある労働契約について，やむを得ない事由がある場合でなければ，その契約期間が満了するまでの間において，労働者を解雇することができないとしています。本件では，Xは，休職期間満了後に出社できなかったことから，就労不能を理由として雇用契約を打ち切られたと思われますが，これがやむを得ない事由に該当するかどうかが問題となります。

　使用者は，労働者が，うつ病等により休職した以後に復職の意思を表示した場合，使用者はその復職の可否を判断することになります。その際，使用者は，雇用契約における信義則により，その企業の規模や社員の配置，異動の可能性，職務分担，変更の可能性から能力に応じた職務を分担させる工夫をすべき義務があります。

　本件では，Xが休職に至った原因がY₁らのいじめや嫌がらせであり，Xが上司へ相談したことによりY₂も知ったことから，Xが復職を求めた場合には，Y₂は，Xの職種，職務内容を考慮し，他部署への異動等を検討すべき義務を負っていたといえます。しかしながら，上司は，Y₂の方

針に従い，元の職場への復帰のみを指示し，他部署への異動等を検討していません。XとY₂の雇用契約の内容やY₂の規模等にもよりますが，Y₂の義務違反が認められる場合には，労契法第17条第1項の「やむを得ない事由」がないとされることもあります。その場合，Xは，Y₂に対し，雇用契約の打切りが違法，無効であるとして，雇用契約上の地位の確認の請求及び賃金の請求をすることが考えられます。

(2)　Xの損害・雇用契約打切り後の賃金

　本件におけるXの損害としては，治療費・通院費，休業損害，慰謝料，弁護士費用が挙げられます。また，雇用契約打切りが違法，無効であることを主張する場合には，雇用契約打切り後の賃金の支払を請求することとなります。

①　治療費・通院費

　Y₁らの一連のいじめや嫌がらせとXのうつ病発症との間に因果関係がある場合には，Xは，実際に負担した治療費や通院費を損害として請求することができます。

②　休業損害

　Y₁らの一連のいじめや嫌がらせはXに多大な精神的苦痛を与えるものであり，Y₂がY₁らのいじめや嫌がらせを防止する何らの対策も講じなかったことから，Xが休職するに至ったということができます。

　したがって，Xは，休職による損害（休業期間，すなわち休職後復職するまでの期間における給与減額分相当額）を損害として請求することができます。なお，休業期間については，Xの病状など諸事情に鑑み，実際にかかった期間ではなく，相当期間に制限される場合があります。

③　慰謝料

　Y₁らの一連のいじめや嫌がらせの期間や程度に鑑み，Xが被った精神的苦痛を慰謝するに足りる金額を請求することとなります。

　裁判例では，先輩らによる長期間のいじめ行為により准看護師が自殺したケースにおいて，いじめ行為を主導していた先輩准看護師に対し慰謝料1000

万円，病院に対し慰謝料500万円（500万円の範囲で連帯責任）が認められています（さいたま地判平成16年9月24日労判883号38頁。裁判例集(iii)8参照）。

④　雇用契約打切り後の賃金

雇用契約の打切りについて「やむを得ない事由」がないとされる場合，Xは，Y2の責に帰すべき事由により，雇用契約打切り後契約期間終了に至るまでの期間における労務を履行することができていないため，反対給付である賃金請求権を失わず，雇用契約打切り後契約期間終了に至るまでの賃金の支払を請求することができます（民法第536条第2項）。

⑤　弁護士費用

代理人に委任した場合には，弁護士費用も損害として請求することができます。弁護士費用については，判決では請求額の1割程度の範囲で認められることが一般です。

したがって，請求額の1割程度を目安として，弁護士費用を請求することが考えられます。

(3)　本件における留意点

職場内での仕事とは関連しないいじめや嫌がらせは，その当事者以外が気付かないような陰湿な態様でなされることが多く，その立証には困難が伴います。被害者が医師や臨床心理士のカウンセラーにいじめや嫌がらせについて相談している場合は，カルテ，面談記録等が証拠となります。

また，Xは，契約社員であることから，その職種や業務内容が限定されたものであるか否かが，復職の際には問題となります。厚生労働省は，「心の健康問題により休業した労働者の職場復帰支援の手引き」を作成しており，事業者は，個々の事業場の実態に即した形で，職場復帰支援プログラムを策定し，同プログラムに基づき，個々の労働者ごとに具体的な職場復帰支援プランを作成することが必要であるとしています。

(4)　参考裁判例

① 高松高等裁判所令和2年12月24日判決（判時2509号70頁，労働判例
ジャーナル98号10頁。裁判例集(ⅲ)31参照）

　Y₁に勤務していたAが長時間労働による心理的負荷がかかっている中で，
Y₁の代表取締役であるY₂，常務取締役であるY₃による嫌がらせ・いじめに
よって，業務上強度の心理的負荷を受け，精神障害を発病し，自死したとし
て，Aの遺族であるXらが，Y₁に対しては安全配慮義務違反に基づき，Y₂
及びY₃に対しては安全配慮義務違反又は会社法429条1項に基づき損害賠償
請求を求めた事案。

　裁判所は，Y₃がAに対して，Aの有給休暇取得について激しい剣幕で怒
鳴りつけたことは，客観的にみて理不尽なものであり，指導の範疇を超える
ものであったとし，また，その翌々日に，特段の緊急性がなかったにもかか
わらず，休日であったAを呼び出し，激しい口調で改善指導を行ったことは
業務指導の範囲を逸脱する内容が含まれていたと判示した。そして，Y₃に
よるこれら行為が一連一体の嫌がらせであると評価した上で，いずれの行為
も短時間で終了し，回数も2回に留まり，人格攻撃に至っているとはいえな
いことを踏まえ，Aに対する心理的負荷の強度を「中」と判示した。

　そして，上記Y₂による行為の約3か月前には，Aは月100時間を超える時
間外労働に従事し，その後も相当程度の時間外労働や連続勤務を行っていた
ことを踏まえ，Aの時間外労働は，上記一連一体の嫌がらせ行為による心理
的負荷を全体として増加させるものであり，Aに対する心理的負荷の強度を
「強」と判示した。

　以上の点のほか，裁判所は，Aが時間外労働によって相応の心理的負荷を
受けていたこと，Y₃の行為によって相応のストレスを受けていたことは，
Y₂及びY₃において認識しまたは認識することができたとして，Y₁の安全配
慮義務違反を認め，また，Y₂及びY₃に会社法429条1項の責任を認めた。

② 　名古屋高等裁判所平成29年11月30日判決（労判1175号26頁，労働判例
　　ジャーナル72号２頁，労経速2336号３頁，判タ1449号106頁，判時2374号78頁。
　　裁判例集(ⅲ)32参照）

　Y₁で勤務していたＡの遺族が，(i)Ａの先輩従業員であったY₂及びY₃が，
Ａに対して長期間にわたり，いじめ・パワハラを繰り返し行ったこと，(ii)
Y₁が(i)の事態を放置した上で，十分な引継ぎをすることなくＡの配置転換
を実施して，Ａに過重な業務を担当させたことにより，Ａが自殺するに至っ
たとして，Y₂及びY₃に対しては，民法709条に基づき，Y₁に対しては，債務
不履行（安全配慮義務違反），民法709条及び715条に基づき，損害賠償を求め
た事案。

　裁判所は，Y₂及びY₃がＡに対して強い口調で指導・叱責を行ったことは
社会通念上許容される業務上の適正な指導の範囲を超えて不法行為に該当す
るとした。

　Y₁については，これらのY₂及びY₃による指導・叱責について，これを制
止ないし改善するように注意・指導するなどすべき義務があったにもかかわ
らず，かかる義務を怠ったとし，また，Ａの配置転換を行うに当たって，Ａ
の業務内容や業務分配の見直し等を検討し，必要な対応をとるべき義務が
あったにもかかわらず，かかる義務を怠ったとして，当該義務の懈怠は不法
行為に該当するとした。

　その上で，Y₁の不法行為によるＡの心理的負荷は，社会通念上，客観的
に見てうつ病という精神障害を発症させる程度に過重なものであったと評価
することができ，また，Ａの自殺との間には，相当因果関係があるとした。
他方，Y₂及びY₃の不法行為については，心理的負荷の程度は相応に大きい
ものであり，認定基準に当てはめると「中」と評価できるものであるが，そ
れのみでうつ病を発症させる程度に過重なものであったと評価することはで
きず，自殺との間に相当因果関係を認めることはできないとした。

4 | SOGIハラスメント

相談事例

　私（X）は，身体的性は男性，性自認は女性であるトランスジェンダーであり，医師から性同一性障害の診断を受けています。タクシー会社（Y2）で正社員として勤務して3年目になり，勤務先には入社当初より私が性同一性障害であることを説明しています。私生活では化粧をし女性的な衣服を着用するなどして女性として生活しており，タクシー乗務員として勤務中もいつも化粧をしていました。

　ある日出社すると突然営業所長（Y1）に呼び出され，私が化粧をして乗務をしていることについて乗客から苦情が寄せられたので，今後は乗務中の化粧をやめるようにと言われました。私は，私にとって化粧は生活に欠かせないものであり乗務中も身だしなみの範囲で化粧をしただけであることや，女性乗務員の化粧が許されて男性乗務員の化粧が許されないのはおかしいことなどを理由に抗議しました。しかしY1には全く聞き入れられず，化粧がやめられないなら乗務させられないと言われました。さらにY1から，「乗務員がオカマだったら乗客が不快に思うのは当然だろ。気持ち悪いから化粧なんてやめて普通の男に戻ったらいい。」と言われ，大変傷つきました。そしてその日から乗務を禁止され，賃金が支払われなくなりました。

　私はY1とY2に対してどんな請求ができるでしょうか。

(1)　Yらの法的責任

①　Y1に対する請求 —— 不法行為責任（民法第709条）

　Y1は，Xの性自認に関して「オカマ」「気持ち悪い」と発言しており，差別的発言・差別的呼称を使用していることが明らかです。また，「普通の男に戻ったらいい」との発言は，Xの性自認を否定するものといえます。

　Y₁による差別的発言は 1 回きりであるものの極めて不適切な内容であり，Xが自身の性自認に即した社会生活を送ることのできる法的利益の重要性に鑑みれば，違法性を有するものと考えられます。東京地判令和 1 年12月12日（労判1223号52頁，判タ1427号121頁。裁判例集(iv) 4 参照）では，上司による「なかなか手術を受けないんだったら，もう男に戻ってはどうか」という 1 回きりの発言について，性自認を否定する内容であり，個人がその自認する性別に即した社会生活を送ることができることの法的利益としての重要性に鑑みれば，当該発言は法的に許容される限度を超えているとして違法と判断しています。

　したがって，Xは，Y₁に対し，上記発言について不法行為（民法第709条）に基づき損害賠償を請求することが考えられます。

　②　Y₂に対する請求

　ア　使用者責任（民法第715条）

　Y₁による上記差別的発言が「事業の執行について」行われたと言える場合，使用者であるY₂もY₁の差別的発言について責任を負います（使用者責任。同法第715条）。

　本件では，Y₁による上記発言は業務遂行中に行われたものであり，「事業の執行について」行われたといえるため，Y₁の発言が違法とされる場合，Y₂は使用者責任を負います。

　したがって，Xは，Y₂に対し，Y₁の上記発言によりXが被った損害の賠償を請求することが考えられます。

　イ　職場環境配慮義務違反に基づく債務不履行責任（民法第415条）・不法行為責任（民法第709条）

　使用者は，従業員に対し，労働契約の信義則上の付随義務として，働きやすい職場環境を保つよう配慮すべき義務（職場環境配慮義務）を負います（労働契約法第 5 条）。

　改正労働施策総合推進法（令和 2 年 6 月施行）に基づき，使用者は，パワハラ防止のため，労働者からの相談に応じ，適切に対応するために必要な体制の整備その他の雇用管理上適切な措置を講じなければなりません

（同法第30条の2）。具体的にはパワハラ指針に基づき，パワハラに関する
対応方針を明確にし，従業員に周知・啓発したり，防止のための相談体制
を整備したり，パワハラ行為が発覚した場合には，迅速かつ適切な事後対
応を行う等の対応が使用者に求められます。

　パワハラ指針では，パワハラに該当すると考えられる例として，「人格
を否定するような言動を行うこと。相手の性的指向・性自認に関する侮辱
的な言動を行うことを含む」と明記され，パワハラにSOGIハラスメント
（以下「SOGIハラ」といいます。）が含まれることとなりました。したがって，
使用者はパワハラ同様にSOGIハラの防止についても上記義務を負うもの
であり，この義務に違反した場合，使用者は，債務不履行責任（民法第
415条）又は不法行為責任（同法第709条）を負うと考えられます。

　ウ　賃金支払請求

　乗務拒否に正当な理由が認められない場合，乗務拒否は債務者である
Y₂の責めに帰すべき事由によるものであるといえることから，Xは，Y₂
に対し，民法第536条2項に基づき，賃金支払請求権を有します。

　したがって，Xは，Y₂に対し，民法第536条2項に基づき，未払賃金を
請求することが考えられます。

(2)　Xの損害，未払賃金

　①　慰謝料

Xが被った精神的苦痛を慰謝するに足りる金額を請求することとなります。
東京高判令和3年5月27日（労判1254号5頁。裁判例集(iv)5参照）は，上司に
よる「なかなか手術を受けないんだったら，もう男に戻ってはどうか」とい
う1回きりの発言について，慰謝料10万円を認めています。

　②　未払賃金

　乗務拒否について正当な理由が認められない場合，Xは，Y₂の責めに帰
すべき事由により，乗務拒否以降，労務を履行することができなかったとい
えます。この場合，民法第536条2項により，Xは反対給付である賃金請求
権を失わず，乗務拒否以降の未払賃金の支払を請求することができます。

③　弁護士費用

代理人に委任した場合，弁護士使用を損害として請求することができます。弁護士費用については，判決では請求額の1割程度の範囲で認められることが一般です。

したがって，請求額の1割程度を目安として，弁護士費用を請求することが考えられます。

(3)　本件における留意点

性的指向や性自認（SOGI）に関する差別的な言動や嘲笑，いじめや暴力などの防止・根絶・啓発を目指すキャンペーン団体である『「なくそう！SOGIハラ」実行委員会』では，SOGIハラを，①差別的な言動や嘲笑，差別的な呼称，②いじめ・暴力・無視，③望まない性別での生活の強要，④不当な異動や解雇，不当な入学拒否や転校強制，⑤誰かのSOGIについて許可なく公表すること（アウティング）の5類型に分類しています（http://sogihara.com/）。相談事例は，差別的言動や差別的呼称が使われ，勤務中の化粧を禁じられ，それに従わないと就労を拒否された事案ですので，上記類型のうち①，③，④に該当するものといえます。

SOGIハラによって被害者の受ける精神的苦痛は深刻であり，うつ病等の精神疾患にり患することが少なくありません。仮にSOGIハラを受けて精神的不調を来し休職した場合は，治療費・通院費，休業損害の請求も検討を要します。

令和2年6月施行の改正労働施策総合推進法において事業主に対しパワハラ防止のための措置義務が課されました。パワハラ指針では，パワハラの類型である「精神的な攻撃」の例として，「人格を否定するような言動を行うこと。相手の性的指向・性自認に関する侮辱的な言動を行うことを含む」と明記され，また，「個の侵害（私的なことに過度に立ち入ること）」の例として，「労働者の性的指向・性自認や病歴，不妊治療等の機微な個人情報について，当該労働者の了解を得ずに他の労働者に暴露すること」と明記され，つまりパワハラにSOGIハラやアウティングを含むことが明記されました。法改正

やLGBT・SOGIハラについての社会的認知度の高まりにより，今後SOGIハラが訴訟等で争われるケースは増加するものと予想されます。

(4)　参考裁判例

①　東京地判令和１年12月12日（判タ1479号121頁。裁判例集(iv)４参照）

　トランスジェンダー（身体的性別及び戸籍上の性別は男性，性自認は女性）であり経済産業省職員であるＸが，女性用トイレの使用制限等は違法であるとして，国に対し，処分の取消しや損害賠償を求めた事案。

　裁判所は，女性用トイレの利用を制限する処遇は，Ｘがその真に自認する性別に即した社会生活を送ることができるという重要な法的利益を制約するものであり，庁舎管理権の行使に当たって尽くすべき注意義務を怠ったものであり違法であるとして，女性用トイレ使用に関する人事院の判定の一部を取り消した。また，トイレ利用制限により，個人がその自認する性別に即した社会生活を送ることができるという重要な法的利益等を違法に制約されるとともに，上司からＸの性自認を否定する発言（「なかなか手術を受けないんだったら，もう男に戻ってはどうか」との発言）を受け多大な精神的苦痛を被ったものとし，国に対して132万円（慰謝料120万円，弁護士費用相当額12万円）の支払を命じた。

　なお，上記事件の控訴審である東京高判令和３年５月27日（労判1254号５頁。裁判例集(iv)５参照）は，自らの性自認に基づいた性別で社会生活を送ることは法律上保護された利益であるが，経済産業省において，Ｘとの関係において，公務員が職務上通常尽くすべき注意義務を尽くすことなく漫然と権利又は法的利益を侵害する行為をしたと認め得るような事情があるとは認め難いとし，女性用トイレの使用制限にかかる処遇などは違法なものではないとした。一方，上司による性自認を否定する発言は，国賠法上違法であるとし，国に対して11万円（慰謝料10万円，弁護士費用１万円）の支払を命じた。

②　大阪地決令和２年７月20日（判時2471号105頁。裁判例集(iv)８参照）

　身体的性別は男性，性自認は女性であり性同一性障害との診断を受けているタクシー乗務員Ｘは化粧をして勤務していたところ，乗客から苦情があっ

たことや化粧を理由に，勤務先であるY社からタクシー乗務を禁止されたことは不当であるとして，賃金の支払を求めた事案。

　裁判所は，性同一性障害者であるXが，外見を可能な限り性自認上の性別である女性に近付け，女性として社会生活を送ることは，自然かつ当然の欲求であるというべきであり，Xに対しても女性乗務員と同等に化粧を施すことを認める必要があるとし，Xに対する就労拒否は苦情を理由とする点，化粧を理由とする点いずれにおいても正当な理由を有するものではないとし，賃金の仮払いを認めた。

第2

アカデミック・ハラスメントの
具体的相談事例と法的責任

相談事例1

　私（X）は，私立Y₂大学大学院の博士後期課程に所属しています。博士論文の指導担当のY₁教授は，質問に丁寧に答えるなど親切でしたが，私がパソコンに向かっていると，「分からないことはないか？」といいつつ手を私の肩や背中に置いてくることが何度かあり，不快に思っていました。

　ある日，論文の指導を依頼したところ，食事をしながらであればよいというので，学外で2人で食事をしました。酒を飲んだY₁教授は上機嫌になり，私の手を握ったり太ももを触ったりしました。とても不快でしたが，拒否や抗議をすると今後の指導や評価に悪影響が出るかもしれないと思い，何もいえませんでした。

　後日，Y₁教授から再度食事に誘われましたが，前回不快な思いをしたので丁重に断りました。すると，Y₁教授の態度が明らかに冷たくなり，質問をしても「今忙しい」といって応じてもらえなくなりました。さらに，提出した論文の骨子を酷評され，「このテーマで論文を書くのはきみには無理だから，テーマを変更しなさい」といわれました。私は納得できず，変更したくないと伝えると，「テーマを変更しないなら，きみの指導はできない」といわれました。

　その後もY₁教授は，「私の意見に従えない学生の指導はできない。他の先生にみてもらいなさい」などというばかりで，3か月間全く指導を受けられない状況です。

　今後の学生生活や論文作成が大変不安です。私は，Y₁教授やY₂大学に対し，どのようなことができるでしょうか。

(1) Y₁の法的責任

① アカハラの特徴・具体例

大学などの高等教育機関は，構成員（教員・職員・学生）間の立場の違いが大きく，閉鎖的な組織・人間関係であること，成績を決定する権限を持つ教員に対し学生が抗議できず問題が発覚しにくいことなどから，ハラスメントが発生しやすい環境にあります。

教員から学生に対するアカデミック・ハラスメント（以下「アカハラ」といいます）として，以下の(ア)から(キ)が挙げられます。

(ア) 学習・研究活動の妨害（必要な文献や機器類を使わせない，実験機器や試薬などを勝手に廃棄する，研究費の助成を妨害するなど）。

(イ) 卒業・進級の妨害（学生の進級・卒業・終了を正当な理由なく認めない，正当な理由なく単位を与えないなど）。

(ウ) 指導の放棄や指導上の差別（研究指導やアドバイスをせずゼミも開かない，添削すべき原稿を長期間放置する，嫌いな学生の指導をしないなど）

(エ) 選択権の侵害（学生の希望に反する研究テーマを押し付ける，就職等に必要な推薦書を書かないなど）。

(オ) 研究成果の搾取（学生の作成した論文について教員を第一著者や共著者にするよう強要する，アイデアを盗用するなど）。

(カ) 精神的虐待・誹謗中傷（「バカだ」，「死ね」，「頭がおかしい」などと人格を否定する発言を行う，些細なミスを大声で叱責するなど）。

(キ) 身体的暴力（ミスをすると殴る，学生の座る椅子を蹴ったりゴミ箱を蹴り倒すなど）。

学生・教員間のハラスメントは，特に，ゼミや研究室に所属する学部生や大学院生に対して多くみられます。

教員間（教授から准教授・助教に対するものなど）のアカハラでは，上記に加え，昇進についての不当な扱いや退職勧奨などもみられます（以上につき，第1章第5参照）。

② Y₁の不法行為（民法第709条）

本件において，Y₁は，Xに対し，肩や背中に手を置いたり，手を握った

り太ももを触ったりして不快な思いをさせています。これらのYの行為は，いずれもXの望まない（意に反する）性的な言動であり，セクハラに該当しますが，違法性が認められるかどうかはその具体的な態様やXに与えた不快感の程度等により判断する必要があります。

さらに，Y₁は，Xが食事の誘いを拒否したことをきっかけに，一方的に論文のテーマを変更するよう命じ，これに従わないXの指導を拒否しました。その結果，Xは，3か月間，論文指導を受けられませんでした。Y₁による論文テーマの変更の強要や指導の放棄は，教員の優越的地位を利用してXの研究活動を妨害する不適切な行為であり，Xが有する良好な環境で研究を行う法的利益を侵害するものといえます。なお，食事への誘いをXが拒否をしたことにより，Xに対し研究活動上の不利益を与えていると見れば，対価型セクハラともいえる事案です。

Xは，Y₁に対し，これらのハラスメント行為を理由として，不法行為（民法第709条）に基づく損害賠償請求を行うことが考えられます。

③ 裁判例

本件のような学生・教員間のハラスメントの裁判例としては，大阪地判平成14年4月12日（裁判例集(v)1参照）があります。国立大学の大学院生が，指導教授から，通勤の車に同乗させられたり，デートに誘われたりしたことなどから嫌悪感を抱き，車への同乗を断ると，教授から指導の拒否や誹謗中傷をされたり，他の大学院への転学につき受験妨害をされるなどした事案です。大学院生は，名誉，信用及び学問・研究の自由や教育を受ける権利を含む人格権を侵害されたとして，指導教授及び大学を設置する国に対し，損害賠償を求め，大阪地方裁判所は，指導教授の不法行為を認定し，国の賠償責任を認めました（指導教授の個人責任については認められませんでした）。

そのほかにも，教員から学生へのアカハラがあったとされた裁判例としては，名古屋高判平成22年11月4日（中国人留学生の大学院生が指導担当の講師から休学を強要された事例。裁判例集(v)5参照），東京高判平成25年11月13日労判1101号122頁（准教授が学部及び大学院の学生の指導において，ゼミで長時間にわたり叱責したり，インターンシップへの参加を阻止妨害しようとするなど，

威圧的な言動を繰り返した事例。裁判例集(v) 7 参照)，神戸地判姫路支部平成29年11月27日（大学院生がゼミの指導教授からアカハラを受けたとして，教授と大学に対し慰謝料等の支払を求めた事例。裁判例集(v)11参照)，東京地判平成31年4月24日（公立大学教授が複数のゼミ生に対し，「金魚のフン」「馬さん鹿さん」「大バカ野郎」「本日ゼミ 1 年生 1 名を斬捨御免」などとメールしたこと等を理由として減給の懲戒処分を受けた事例。裁判例集(v)13参照）などがあります。

(2)　Y₂の法的責任

①　使用者責任（民法第715条）

　使用者責任とは，被用者が第三者に加えた損害について使用者も責任を負担することをいいます。その根拠には，使用者は被用者の活動によって利益を上げているので，利益の存するところには損失も帰するべきであるという報償責任の考え方や，人を使用して自己の活動範囲を拡大している以上，その危険を支配する者がその責任も負うべきであるという危険責任の考え方があります。

　使用者責任が認められるには，不法行為が「事業の執行について」なされたことが必要です（同法第715条第 1 項)。本件での，Y₁が作業中のXに対して，「何か分からないことはないか？」といいつつXの肩や背中に触った行為や，論文指導をするという理由で行った学外での食事の場においてXの手を握ったり太ももを触った行為は，指導と密接に関連する行為であり，「事業の執行について」なされた行為といえますので，Y₂は使用者責任を負います。ハラスメント行為が行われた場所が学外であったとしても，論文指導を目的（ないし口実）とした場であったことから，「事業の執行について」なされたと考えるべきです。

　また，Y₁がXの指導を一方的に放棄したことについても，「事業の執行について」なされた行為といえ，Y₂は使用者責任を負います。

　以上より，Xは，Y₂に対し，使用者責任に基づく損害賠償請求をすることが考えられます。

② 教育・研究環境配慮義務違反による債務不履行責任（民法第415条）・不法行為責任（民法第709条）

大学は，学生に対し，在学契約の信義則上の付随義務として，教育・研究環境配慮義務を負います。そして，この教育・研究環境配慮義務の一内容として，大学は，ハラスメント防止義務（ハラスメントの対応方針を明確にし，構成員に周知・啓発したり，相談体制を整備したり，ハラスメント問題が生じた場合には迅速かつ適切な対応を行うなど，事案に応じた具体的な対応をする義務）を負います。

本件では，Y₂において，ハラスメントについての対応方針や相談体制の構築がされていない場合，また，Y₂がXの受けたハラスメント被害を認識したにもかかわらず迅速・適切な対応を怠ったり，放置・黙認した場合には，教育・研究環境配慮義務違反となり，Xは，Y₂に対し，在学契約の債務不履行ないし不法行為に基づき，損害賠償を請求することが考えられます。

(3) 相談・受任に際し注意すべきこと

① 相談の注意点

ア 被害状況の確認

ハラスメントの被害者は精神的に混乱・疲弊しているため，相談内容が整理されていなかったり，重要な事実関係の説明が欠けていることがあり得ます。まずは，丁寧な事情聴取を心がけ，相談者の受けたハラスメント行為の時期や内容を具体的に確認し，問題点を整理する必要があります。

事実関係の確認を行う際，被害者にも非があると受け取られるような発言（例えば，「どうして抵抗しなかったの」，「あなたにも隙があったんじゃないの」などの発言）をしないよう気をつける必要があります。

イ 証拠の有無

加害者はハラスメント行為に及んだことを否定することが多いため，交渉や訴訟提起などに備えて証拠の確保が重要となります。しかし，ハラスメント行為の立証は容易ではなく，特にセクハラの場合は，密室で行われることが一般的であることから，証拠の確保が困難である場合が多くみら

れます。

　証拠となり得るものとしては，被害者作成の被害状況のメモや日記，行為者とのメール，加害者とのやりとりを録音した音声，関係者の証言，精神科の通院歴・診療録などが考えられます。これらの証拠を早期に確保し，ハラスメントの立証が可能か検討する必要があります。

② 受任後に何をすべきか

　ア　方針の決定

　ハラスメント行為が深刻であったり，比較的軽微でも被害が継続し被害者の教育・研究環境に影響が生じている場合は，受任してできる限り迅速に対応する必要があります。

　被害者の置かれた状況や要望は様々です。金銭（慰謝料など）を得ることよりも，環境の速やかな改善や行為者の謝罪などをより強く希望する場合が少なくありません。そのため，受任に当たっては，被害者の希望をよく確認したうえで，方針を立てる必要があります。

　イ　行為者・大学との交渉

　ハラスメントの責任は，加害者のみならず，使用者責任や教育・研究環境配慮義務違反として大学にも生じます。そのため，交渉をする際は，加害者のみならず大学も相手とすることで，大学からも行為者に対しハラスメント行為を中止するよう要請すること等により，被害回復のための環境調整が迅速に進むことが考えられます。

　もっとも，セクハラの場合などで，行為者がハラスメント行為は認めるものの，問題を公にせずに解決したい意向である場合には，行為者のみを交渉相手とすることで速やかに謝罪や賠償が得られる可能性もありますので，事案によって検討が必要です。

　ウ　大学内の問題解決手続の利用

　大学におけるハラスメントの防止については，平成11年に国立大学を対象として制定された，「文部省におけるセクハラの防止等に関する規程（文部省訓令第4号）」などを踏まえ，国公立のみならず私立大学においても，ハラスメント防止のための啓発活動や相談・調査体制の整備などの取り組

みが進められ，現在，多くの大学で，ハラスメント防止についての規程や
ガイドラインが定められています。

　各大学の規程やガイドラインでは，その大学で禁止するハラスメント
（セクハラ，アカハラ，パワハラなど）について定義されています。また，
ハラスメント防止のために大学が行うべき責務や，ハラスメント問題が発
生した場合の相談・調査体制（相談窓口の設置，ハラスメント防止委員会に
よる調査や事実認定など）について定められています。

　当該大学の規程・ガイドラインにより，当該大学で禁止されているハラ
スメントはどういうものか，どこに相談や被害申立てをすればよいのか，
解決手続にはどのような種類があるかなどを確認したうえで，相談窓口へ
の相談やハラスメント防止委員会への被害申立てを行うことも，被害者救
済の一つの方法です。

　被害申立てを行うと，大学は，当該事案がハラスメントに当たるか否か
を調査して判断します。大学によっては，解決手続として，調査（調査委
員会を設置して事実関係の調査を行う手続）のみならず，調整（被害者・加害
者双方の主張を調整して問題解決を図る手続）や通知（特定の行為につきハラ
スメントの相談があったことを通知することで問題解決を図る手続）などの方
法を整備していますので，どの手続を選択すべきか検討する必要がありま
す。

　大学の調査委員会による被害者の事情聴取には，できる限り同席するよ
うにします。ハラスメントの被害者は深刻な精神的被害を被っていること
が少なくなく，PTSDやうつ病などの精神疾患にり患していることもあり
ます。被害者が事情聴取に耐えられるか不安があるときや，調査の適切
性・公平性に疑いがあるときには，事情聴取に弁護士の同席を認めるよう
大学へ申し入れたうえで同席するようにします。

　調査の結果，大学がハラスメントの事実を認定すると，加害者に対し懲
戒処分や教育的措置（教育・研究活動の停止など）が行われます。不当に軽
微な処分や教育的措置の不実施は被害回復の妨げになりますので，大学に
対し，適切な処分・措置を行うよう求める必要があります。

エ　法的措置

交渉や大学内の問題解決手続で解決に至らない場合，訴訟などの法的措置を検討します。

訴訟などで大学の教育・研究環境配慮義務違反（ハラスメント防止義務違反）を追及する場合には，その立証責任は原告である被害者が負います（安全配慮義務違反については，最二小判昭和56年2月16日民集35巻1号56頁参照）。そのため，被害者側は，当該事案における教育・研究環境配慮義務の具体的内容を特定し，大学の具体的な義務違反を主張立証する必要があることに注意が必要です。具体的な義務内容・違反行為の特定に当たっては，「事業主が職場における性的な言動に起因する問題に関して雇用管理上講ずべき措置についての指針（平成18年厚生労働省告示第615号）」（いわゆる「セクハラ指針」），「事業主が職場における優越的な関係を背景とした言動に起因する問題に関して雇用管理上講ずべき措置等についての指針（令和2年厚生労働省告示第5号）」（いわゆる「パワハラ指針」），人事院規則10-10，人事院規則10-16などに規定された，事業主の措置義務の具体的項目を参考にするとよいでしょう。

また，法的手段をとる場合でも，被害者が当該大学での勉学・研究を継続しているならば，大学に対し被害者の環境調整を要請する交渉を継続する必要があります。

(4)　本件でとるべき対応

Xがどのような解決や改善を希望するかをよく確認したうえで，まずはY₁やY₂を相手として交渉を行うことが考えられます。

具体的には，Y₁に対しては，内容証明郵便で通知書を出すなどして，体を触るなどのセクハラ行為や指導を放棄するなどのアカハラ行為の中止，それらの行為についての謝罪及び慰謝料の支払を求め，Y₂に対しては，Xの指導教員をY₁から別の教員へ替える措置や，XとY₁の接触を防止する措置（Y₁にキャンパス内の一定の場所への立入りを制限させるなどの措置）を速やかにとることなどを求めます。また，Y₂のハラスメント防止委員会に被害申

立てをして，Y₁に対する懲戒処分を求めることも考えられます。

　いずれの方法でも解決に至らなかった場合は，訴訟などの法的措置を検討することとなります。

相談事例2

　私（X）は，国立大学法人（Y₂）が設置する大学（Y₂）で助教をしています。私が論文を雑誌に投稿しようとした際，同じ学科の教授（Y₁）は，その論文に全く関わっていないのに，自分を著者に加えるよう要求しました。私が共著者にすることを断ると，後日，教員会議で意見を述べた際，Y₁から辛辣に批判されました。そのうえ，「大した成果もあげられていないやつは発言するな」といわれ，私は発言しづらくなりました。また，廊下で会ったときなどに，「大学に居続けられると思っているのか」，「おまえがいなければもう1人採用できるのに」などと暗に退職を迫る発言を受けるようになりました。このようなことが繰り返され，私は気分がふさぐようになり，精神科でうつ状態と診断されました。

　私は事態の改善を求めて，Y₂のハラスメント相談員へY₁から受けた被害を相談し，Y₂のハラスメント防止委員会へ調査の申立てをしました。申立てをしてから半年が経過しますが，この間，調査委員による事情聴取が一度なされただけで，まだ結論は出ていません。事情聴取では，調査委員の一人から，「素直にY₁を共著者に入れればよかったんじゃないの」などと私に責任があるかのような発言をされて不快でした。また，調査手続がどこまで進んだか，結論はいつ出るのかなどを大学側へ問い合わせましたが，「まだ時間がかかる」という曖昧な回答しかもらえません。Y₁は以前と変わらず学生指導や教員会議に出席しており顔を合わせますが，その度邪険に扱われています。

　私は転職したくないのですが，今の状態が改善しないなら他大へ移らざるを得ないと思っています。Y₁にはきちんと謝罪してもらいたいのですが，どうしたらよいでしょうか。

(1)　Y₁の法的責任

①　Y₁の不法行為（民法第709条）

XがY₁の要求（論文の共著者に加えること）を拒否したことをきっかけとして，Y₁は，Xに対し，教員会議で，「大した成果もあげられていないやつに発言するな」といって発言権を奪ったり，「大学に居続けられると思っているのか」，「おまえがいなければもう1人採用できるのに」と暗に退職を迫るなどし，そのような行為が繰り返された結果，Xは多大な精神的苦痛を被り，うつ状態となりました。

これは，Y₁が教授という教育・研究上の地位や優位性に基づき，Xに対する指導の適正な範囲を超えて，Xの人格や尊厳を侵害する不当な言動を行い，それによってXに精神的な苦痛を与えXの研究環境を悪化させたといえます。

本件において，Xは，Y₁に対し，上記のハラスメント行為が，Xの人格権を侵害するものであるとして，不法行為に基づく損害賠償請求（慰謝料等）を行うことが考えられますが（同法第709条），後記②の通り，Y₂大学が国立大学法人であるために，Y₁の個人責任を問うことができない可能性がありますので，注意が必要です。

②　裁判例

教員間のアカハラが認められた裁判例としては，東京地判平成19年5月30日判タ1268号247頁（裁判例集(v)2参照）があります。大学の主任教授が，同じ教室の講師に対し，月例教室会議の場で，講師の研究内容を否定し退職するように迫ったり，討論会から排除する発言をしたという事案です。東京地方裁判所は，「指導であればどのような方法をとっても許されるということはなく，指導をされる側の人格権を不当に侵害することがないよう，社会通念上相当な方法がとられなければならず，その相当性を逸脱した場合には，違法となり，不法行為を構成するものというべきである。殊に，被告は本件大学の主任教授であるところ，弁論の全趣旨によれば，本件大学の主任教授は，人事，学位審査及び研究費の配分等，教室内の重要な事項に関する決定権を有していることに照らせば，指導の方法，すなわち，言葉，場所，タイ

ミングの選択を誤ると，指導を受ける者に対して必要以上に精神的な苦痛を与え，ひいては人格権を侵害することになりかねないものであるから，特に注意を払うことが求められるというべきである。」としたうえで，主任教授の言動は指導として適切さを欠き講師の人格権を侵害したとして，講師による損害賠償請求のうち5万5000円（慰謝料5万円，弁護士費用5000円）を認容しました。

(2)　Y₂の法的責任

①　大学が国立大学法人である場合に国家賠償法第1条第1項が適用されるか

ア　Y₁が教員会議中に行った発言や退職を迫る行為は，業務遂行中の行為といえますので，Xは，Y₁に対しては不法行為に基づく損害賠償請求（民法第709条）を行い，Y₂に対しては使用者責任に基づく損害賠償請求（同法第715条）を行いたいところです。

しかし，本件ではY₂が国立大学法人であることから，Y₁個人に損害賠償責任を追及できるかどうかは，国立大学法人の教職員による職務行為に国賠法第1条第1項が適用されるか否かによることとなります。

イ　国賠法第1条第1項は，「国又は公共団体の公権力の行使に当る公務員が，その職務を行うについて，故意又は過失によつて違法に他人に損害を加えたときは，国又は公共団体が，これを賠償する責に任ずる」と規定しています。この規定は，公務員個人は民事上の損害賠償責任を負わないこととしたものと解されています（最三小判昭和30年4月19日民集9巻5号534頁，最二小判昭和53年10月20日民集32巻7号1367頁など）。

また，国賠法第1条第1項の「公権力の行使」は，国又は公共団体の作用のうち，純然たる私経済作用及び同法第2条の営造物の設置管理作用を除く全ての作用であって，権力的作用のほか非権力的作用も含み，公立学校における教職員の教育活動も「公権力の行使」に当たると解されます（最二小判昭和62年2月6日集民150号75頁）。

Y₂による教員会議での発言や退職勧奨行為は，教授の権限に基づいた

職務上の行為といえますので，国立大学法人設立前においては，Y_1の言動は「公権力の行使」に該当し，故意又は過失によって違法にXに損害を与えたと認められる場合には，Y_2大学を設置する国が国賠法に基づく損害賠償責任を負い，Y_1個人は民事上の損害賠償責任を負わない結果となりました。

　ウ　これに対し，本件は平成15月10月1日に国立大学法人法が施行され国立大学法人が設立された後の事案ですが，本件でもY_1による職務行為に国賠法第1条第1項が適用されるかが問題となります。

　国立大学法人法第35条は，独立行政法人通則法第51条を準用していないため，国立大学法人の教職員は，国立大学法人法第19条が規定する刑法その他の罰則の適用に関する場合を除いて，いわゆるみなし公務員には該当しません。

　しかしながら，国賠法第1条第1項所定の「公務員」には，国家公務員法，地方公務員法等の定める「公務員」だけでなく，国又は公共団体が行うべき公権力を実質的に行使する場合も含まれることから，Y_2が国家公務員法等の定める公務員に該当しないことをもって直ちにY_1の行為について国賠法第1条第1項の適用がないとすることはできません。

　エ　この問題について，名古屋高判平成22年11月4日（裁判例集(v)5参照）は，「国立大学法人が法律によって設立され，我が国における高等教育，学術研究等に関して重要な役割を担う国立大学の設置運営等の目的及び権能を付与された法人であり，国からの必要な財政措置及びこれを前提とする一定の関与を受けながら国立大学の設置運営等に当たっていること等からすれば，国立大学法人は国家賠償法第1条第1項の「公共団体」に該当する」としたうえで，「国立大学法人が設立され，国立大学の設置主体が国から国立大学法人に変更されたからといって，教職員による教育上の行為の性質が異なるとする実質的な根拠を見いだすことはできない」ことから「公権力の行使」に当たり，国立大学法人の教職員は国賠法第1条第1項の「公務員」に該当すると判示し，国賠法第1条第1項の適用を肯定しました。

　他にも国賠法の適用を肯定する裁判例には，東京地判平成21年３月24日判時2041号64頁（裁判例集(v)３参照），神戸地判平成25年６月28日労働判例ジャーナル22号30頁（裁判例集(v)８参照），福岡高判平成27年４月20日労働判例ジャーナル42号53頁（裁判例集(v)10参照）などがあり，肯定例が多数みられます。

　他方，国賠法に基づく大学の責任とは別に教授個人の責任を認めた例としては，神戸地姫路支判平成29年11月27日判タ1449号205頁（裁判例集(v)11参照）があります。

　オ　国賠法の適用を肯定する裁判例を前提とすると，本件では，Y₂に対しては国賠法第１条第１項に基づく損害賠償請求が認められる可能性があり，他方，Y₁個人に対する損害賠償請求は認められない可能性がありますので，注意が必要です。

② 　債務不履行責任（民法第415条）・不法行為責任（教育・研究環境配慮義務違反（民法第709条））

　Y₂は，Xに対し，労働契約の信義則上の付随義務として，教育・研究環境配慮義務を負います。

　Xは，Y₂のハラスメント相談員へ被害を相談し，ハラスメント防止委員会に対して調査の申立てを行いましたが，申立てから半年が経過しても調査結果は出ていません。また，Y₁の活動（学生指導や研究活動）が全く制限されていないため，Xは依然として苦痛を感じつつ職務を遂行している状況です。

　Xは，Y₂に対して，ハラスメント防止委員会が迅速な対応を怠ったこと，調査委員が「素直にY₁教授を共著者に入れればよかったんじゃないの」とXに非があるかのような発言するなど不適切な事情聴取であったこと，Xの問合せに対し調査状況などの情報を与えずに放置したこと，Y₂の活動を制限する措置などハラスメントの影響を除去するための方策がとられていないことなどの点について，教育・研究環境配慮義務違反であるとして，労働契約の債務不履行ないし不法行為に基づき損害賠償を請求することが考えられます。

大学の債務不履行を認めた裁判例には，神戸地姫路支判平成29年11月27日判タ1449号205頁（大学の安全配慮義務違反を認めた事例。裁判例集(v)11参照），大阪地判平成30年4月25日労働判例ジャーナル77号24頁（アカハラの調査を求められた大学が約2か月間適切な対処をしなかったことについて債務不履行にあたるとした事例。裁判例集(v)12参照）等があります。

(3)　本件でとるべき対応

まずはY₁やY₂を相手方として交渉を行うことが考えられますが，XはY₂での勤務継続を希望していますので，Y₂に対してXの職場環境を速やかに調整・改善するよう働きかけることがとりわけ重要となります。

具体的には，調査手続の進捗について問い合わせたうえで迅速な対応を促したり，調査結果や処分が出る前であっても暫定的にハラスメントの影響を除去するための措置（Y₁による学生への指導や教員会議への出席を暫定的に停止する措置など）をとるよう求める活動が考えられます。

また，Y₁に対しては，精神的損害についての慰謝料や精神科の受診費用の支払請求や，ハラスメント行為を認めたうえで謝罪するよう請求する通知書を送り，交渉を行うことが考えられます。

Y₁やY₂に対してこのような交渉を行っても解決に至らなかった場合は，訴訟などの法的手段を検討します。

COLUMN

アカデミック・ハラスメントの構造的問題

広島大学ハラスメント相談室 ● 北仲千里

　そもそもハラスメントとは，職場等の権力や協働の環境によって，「ノー」と言えない関係の中で起きるものですが，大学など研究の場でおきる「アカデミック・ハラスメント」や「キャンパス・セクシュアル・ハラスメント」の背後には，大学特有の権力の構造があります。それには，①研究者としての権威・業界内での影響力あるいは教育者としての学生への権力・影響力，②直接の指導学生と教員との間の師弟関係における強い（そして長い間続く）尊敬・精神的支配（とくに文系），③職業集団の上下関係と，研究者間の権力関係とが重なった強いヒエラルヒー（とくに医学系），④一人ではできない研究スタイルのため，研究室の関係から抜けることの困難さ（とくに理系），⑤講座制の研究室での教授の権力（理系の一部と医学系）などがあげられます。

　とくに④については，研究者人口の多数派（約95％）を占める理系では巨額の研究費や実験設備などが研究に必要で，チームでの研究スタイルが多く見られます。そのチームでは，下働き的な業務をする人も必要となりますが，日本の場合は，それを学生にただ働きさせている場合が多いと言われています。こきつかわれている学生たちは，「僕たちはただの手足ですか？」と疑問を抱くけれども，その研究チームの作業の一部を担わせてもらうことによって，自分の研究もでき，スキルも習得できるため，そこから逃げ出すことは難しいのです。また，研究成果は多くの場合，共著の論文等で公表されますが，その研究を中心になって行った者がファースト・オーサーになれなかったり，研究に実際に関わっていない人も著者に入れなければならない慣行や圧力があったりします。このような著者（オーサーシップ）をめぐる出来事も，アカデミック・ハラスメントの一つの典型例です。特に構造の⑤である，研究中心の大学の理系の研究室では，教授の権力が強い（小）講座制の組織を今なお存続しているところが多く，そこでは時には教授による他の研究者への研究への不当な介入やオーサーシップ不正，研究費や施設の使用などに関する権力の濫用が起きます。

　また，大学は一般にトップダウンでコントロールすることが難しいところです。独立自営業者の集まりのようなところであるので，一部の研究室で恐ろしいことが起きていても，なかなか介入・改善できないことになってしまいます。

第 3 章

ハラスメントに対し
とり得る手段・措置

第1　交　渉

　　1　交渉を行う意義

　　2　証拠の収集

　　3　依頼者への対応

　　4　行為者との交渉

　　5　事業主との交渉

　　6　交渉段階において合意が成立した場合

第2　法的措置等

　　1　民事手続(労働審判，訴訟，仮処分等)

　　2　労働者災害補償保険

　　3　刑事手続

　　4　その他の措置

交　渉

1 │ 交渉を行う意義

　ハラスメントに対しとり得る手段・措置として，ハラスメントの行為者に
対し，ハラスメント行為をやめることや慰謝料等の損害賠償を求めて交渉す
ることが考えられます。また，事業主に対し，行為者のハラスメント行為を
やめさせることや配置転換を求めるなどの職場環境の整備を求めて交渉する
ことが考えられます。ハラスメント事案においては，以下に述べる特殊性か
ら交渉を行う意義は大きいといえます。

　ハラスメント行為は，密室又は第三者がいない場所において行われること
が多く，ハラスメント行為を基礎づける客観的証拠が乏しい場合が少なから
ずあります。そのため，訴訟等の法的手続において，立証に苦戦し，時間と
費用をかけても被害者が期待した結果が得られないこともあります。客観的
証拠が乏しく立証が困難と予想される場合には，被害者にとって，訴訟等の
法的手続を経るよりも，交渉による解決が時間的にも経済的にも望ましいこ
とがあります。

　また，相手方としても，訴訟等の法的手続によることなく，交渉で解決す
ることを希望している場合もあります。すなわち，ハラスメントの行為者は，
行為を認めるかどうかを別として，ハラスメントをしたと被害者に主張され
ること自体による社内外のネガティブな影響を重視して，解決金を支払うこ
とで事件を早期に解決させたいと考える場合もあります。例えばセクハラ行
為の事案で，行為者が既婚者や社会的地位のある者である場合などでは，家
族や対外への影響を重視して交渉による早期解決を希望することは多いと思
われます。

　このように，訴訟等の法的手続による解決の見通し，それにかかる時間や費用を考慮すると，交渉により解決することで，全体として被害者により多くの利益をもたらす場合があります。

　したがって，代理人としては，訴訟等の法的手続における立証まで視野に入れたうえで，ハラスメントの行為者等との交渉に臨む必要があります。

2 証拠の収集

　ハラスメントは，職場という限定された社会の中で発生します。そのうえ，行為者は，上司や同僚などのごく身近な存在です。それだけに，セクハラにしてもパワハラにしても，第三者の目に触れにくい，記録に残らない態様で行われることが多く，客観的な証拠が少ないという特徴があります。

　それゆえ，交渉の前段階から可能な限り証拠の収集や保全をすることが重要です。証拠に照らして十分に吟味しないまま，軽率に提訴など法的手続をとった場合，逆に，行為者側から名誉毀損などを理由とした損害賠償請求をされるリスクがあるので，十分な注意を要します（裁判例集(i)6参照）。

　証拠の収集や保全の方法として，第一に，電話での会話等も含めて，行為者の言動を録音・録画しておくことは有用です。

　そして，ハラスメントの状況については，時間を置かず，いつ，どこで，誰に，何をされたかを詳細に記録しておきます。後日作成した記録よりも，その都度作成した具体的で詳細な記録は信用性が高いといえます（裁判例集(i)16・18参照）。ハラスメントの一環として長時間労働を強いられた場合なども，タイムカード・出勤簿といった事業主の記録とは別に（それらがない職場では，なおのこと），実際の勤務時間についての詳細な記録を残しておきます。

　また，ハラスメントを見聞きした社内の人間で，陳述書の作成や証言を引き受けてくれる方がいたらお願いしたいところですが，社内の人間関係が悪化することをおそれ，誰でも及び腰になってしまうのが通常です。そのため，退職して利害関係が無くなった方に，協力をお願いするのも一つの方法です。

3 | 依頼者への対応

交渉段階における被害者は，被害を受けた直後である場合はとりわけ，精神的なダメージを大きく受けており，冷静な判断をすることが難しく，かたくなに訴訟を望むケースや，多額の金額を要求し，行為者の申し出た金額や行為者の支払能力との間に大きな乖離があって，交渉による解決が難しいと思われることも多くみられます。

被害者の精神的なケアについては，臨床心理士やカウンセラー等の専門家の力を借りることも有用であり，被害者の精神状態の回復を待つとともに，当該事案における客観的資料の有無，訴訟等の法的手続による解決の見通し，それにかかる時間や費用等について十分説明し，方針を相談する必要があります。

4 | 行為者との交渉

(1) 内容証明郵便による通知

被害者から相談を受け，損害賠償等を請求する場合，通常は内容証明郵便により，代理人として受任したこと及び今後の連絡は代理人宛にすることを伝えるとともに，ハラスメントの行為を特定し，慰謝料等の支払や謝罪等の一定の行為を求めます（文例(i)～(vi)参照）。

しかしながら，ハラスメントの内容によっては（特にセクハラの場合），弁護士名での通知書を行為者の自宅に送ることで，家族に事件を知られて紛糾し，早期解決の障害となることがあります。そのようなおそれがある場合には，通知書の封筒には法律事務所名や弁護士という肩書を記載しないことも検討する必要があります。「親展」の記載も必要です。

また，法律事務所名や弁護士という肩書を記載しなくとも，女性弁護士の個人名で男性の行為者に封書を送付する場合，妻が不貞等を疑い，開封する可能性もあることから，可能な範囲で，行為者の家族関係や居住状況についても配慮する必要があります。

(2) 請求金額

請求金額については，行為態様の悪質性，ハラスメント行為の継続性，被害者の被害の程度（休職・失職の有無，精神疾患の発症の有無等），行為者の資力や地位等の諸般の事情を考慮し判断することとなります。ハラスメント行為が原因で通院したり，休業や退職を余儀なくされたりした場合等には，慰謝料だけでなく，治療費や休業損害，退職を余儀なくされた場合の逸失利益等も含めて請求金額を検討する必要があります。

この点，訴訟等の法的手続において認定される慰謝料額は，依然として低い傾向にありますが，交渉段階初期では，判決等による相場感にとらわれず，被害者が被った精神的苦痛にふさわしい金額を請求すべきです。

(3) 受領拒否が見込まれる場合

内容証明郵便により弁護士名で書面が送付された場合に，行為者が居留守を使い受け取らず，保管期間経過で返送されるケースがあります。このような受取拒否が予測されるケースでは，内容証明郵便発送と同時に，特定記録付の普通郵便にて，内容証明郵便の控えの写しを送付する方法も有効です。

(4) 行為者の自宅住所が分からない場合

行為者の自宅住所が分からない場合，弁護士からの通知を勤務先に送付せざるを得ないケースもあります。しかし，従業員宛ての郵便物の取扱いについては，事業主等によって異なり，業務関連の郵便物と誤解した勤務先の上司や同僚などが開封して，事件が知られてしまうリスクがあるため，勤務先への送付は慎重に行うべきです。

行為者の携帯電話番号を知っている場合には，弁護士会照会で契約者情報を取得する等，勤務先への送付前に，自宅住所を特定することを検討した方がよいこともあります。なお，行為者との通信の過程において電話番号を入手したことを照会申出書に記載すると，通信の秘密を理由に回答拒否される場合がありますので，照会申出書には電話番号の入手方法をあえて記載しないなど，回答拒否されないよう記載内容に留意する必要があります。(1)で述

べたことと同様に，勤務先に送る場合にも，差出人の表記については，慎重な配慮が必要です。

(5) 相手方の名誉や人格に対する配慮

行為者に対する通知には，請求の理由となる行為態様を記載することとなりますが，交渉段階や訴訟等の法的手続の際に行為者から人格権侵害や名誉毀損との反論を受けないよう，慎重に表現を吟味する必要があります。特に交渉段階では，被害を受けてから期間が経過していないことも多いことから，被害者がハラスメント行為について十分に伝えられず，事実関係の詳細を把握するのが困難なことがあるため注意が必要です。そのような場合には，拙速に行為者に対し通知することは避け，複数回にわたり被害者や同僚等の関係者から事情を聴取し，想定される行為者の反論に備えて，被害者の主張を様々な角度から検証しておくことが望まれます。

昨今は，内容証明郵便等の内容が人格権侵害又は名誉毀損であるとして，代理人弁護士に対し懲戒請求が申し立てられることもしばしばあります。そのため，被害者の気持ちに寄り添いつつも，行為者に対する通知では慎重な言い回しを心掛けるべきでしょう。

5 事業主との交渉

(1) 事業主と交渉する意義

ハラスメントを受けた被害者は，退職を選択することもありますが，職場環境が改善されるのであれば勤務継続を希望することもあります。そのため，被害者の意向によっては，損害賠償請求のみならず，今後の職場環境の改善や再発防止も検討したうえ，行為者個人のみならず，事業主とも交渉し，一体として解決することが望ましいといえます。

事業主との交渉においては，交渉の相手方として対立姿勢を示すよりも，職場環境の改善に向け協力を求める姿勢を示した方がよい場合があります。被害者と行為者が未だ同じ職場に所属する場合では，行為者の異動や処分等

の面で，事業主の協力が必要な場合が多くありますし，再発防止策の検討及び履行においても事業主の理解が必要であるからです。事案によりますが，行為者との交渉と並行して，事業主に対して事情を伝えて協力を求め，事業主がハラスメントに対し理解がない，被害者に協力的でない場合に，事業主に対する責任追及を検討する方がよいことが多いでしょう。

(2) 事業者との交渉手段

① 上級職に対する相談や交渉

例えば，ハラスメントを内部通報したことの制裁を主たる目的として懲戒処分や配置転換を命じられた場合でも，人事部門や上層部がその背景事情を理解していないこともあります。

それゆえ，信頼できる上級職がいる場合には，ある程度の証拠を示しながら，上級職に相談し交渉してみるのもよいでしょう。

② 社内苦情相談窓口の活用

社内に苦情相談窓口が設置されている場合には，その窓口に相談するという方法もあります。なお，セクハラについては，均等法によって，事業主は，労働者からの苦情の申出があった場合には，労使により構成される事業主内の苦情処理機関に苦情の処理を委ねるなど，その自主的な解決を図らなければならないとされています（均等法第15条）。

③ 労働組合による団体交渉の活用

社内に労働組合がある場合や社内に労働組合がなくても地域の合同労組（いわゆるユニオン）に加入する場合には，団体交渉によって事業主と交渉してもらう方法もあります。

6 交渉段階において合意が成立した場合

交渉段階において行為者と合意に至った場合，合意書や示談書等の書面を締結します（文例(xx)参照）。当該書面には，慰謝料等の金銭の支払義務の確認及び支払方法，謝罪文言，合意の経過や内容に関する守秘義務のほか，ス

トーカーや脅迫に相当する行為があった場合には，面会や電話，手紙やメール，SNSでのメッセージなどを含む一切の連絡や接触をしないとの誓約文言を入れることも検討しましょう。合意の対象を特定するため，行為者のいつのどのような行為に関する合意であるのかを明記する必要がありますが，行為の有無や内容自体に対立がある場合も多く，その場合には合意の対象の記載について検討する必要があります。例えば，「甲が主張する○年○月○日における乙の甲に対する言動（以下「本件言動」という。）」などとすることも考えられます。同様に，謝罪文言についても，被害者が主張する行為自体を認めないとしても，「乙は，甲に対し，○年○月○日における乙の甲に対する言動が不適切であったことを認め，謝罪する。」などとすることも考えられます。

　また，ハラスメント行為や合意書等の内容に関する第三者への開示や漏洩を禁止する文言を入れる場合には，ブログへの掲載やツイッターでの発信などSNSを利用した開示や漏洩も禁止されることを，例示的に入れた方がよい場合もあります。

　さらに，被害者が，必要に応じて勤務先や医療機関に事件の申告ができるように，正当な理由がある場合の例外規定を設けることもありますが，正当な理由について限定列挙するなど，例外規定が広くなりすぎないよう留意する必要があります。

第2 法的措置等

　ハラスメントに対する法的措置として，以下，1で民事手続（労働審判，訴訟，仮処分等）について，2で労働者災害補償保険について，3で刑事手続（被害届・告訴等）について，4でその他の措置について，それぞれ述べます。

1 民事手続（労働審判，訴訟，仮処分等）

(1)　誰を相手に訴えるのか

　被害者に対してハラスメントを行った上司，同僚などの行為者のほか，事業主，その双方に対し，民事上の法的手続をとることが考えられます。

　以下で述べる，民事手続の方法の選択と，行為者，事業主それぞれに対する請求の法的構成に従い，第1章で説明した各ハラスメントの判断基準を満たしているかを，手持ちの証拠に照らしながら十分に検討して決定します。

(2)　請求内容の確定

　まず，被害者が何を求めるのかを，被害者の話をよく聞き，確定します。

　慰謝料，治療費などの損害賠償を求めるのであれば，損害賠償を請求します。

　ハラスメントの事実を事業主に報告したところ，理由なく解雇されたという事案で，被害者が復職を求める場合には，雇用契約上の権利を有する地位の確認を求めます。

　ハラスメントの一環として配転が行われたという事案で，元の部署への復帰を求めるのであれば，配転後の部署に勤務する雇用契約上の義務がないことの確認を求めます。

　ハラスメントが戒告などの懲戒処分の形態をとっていた場合は，その懲戒処分の無効の確認を求めます。

　解雇などの処分の効力を争い，かつ，損害賠償も求める場合は，上記の請求を併合して行います。

　なお，上記のような解雇，配転，懲戒処分などの雇用関係に関する問題については，訴訟の他に労働審判の利用も検討します。

(3)　法律構成

①　損害賠償請求

　損害賠償請求は，不法行為構成と債務不履行構成（契約に基づく責任追及）の2つが考えられ，いずれか一方を，又は双方を（選択的もしくは予備的に）主張することができます。

　まず，行為者については，被害者と直接の契約関係にあることは稀であり，不法行為に基づく損害賠償請求という構成が多いと思われます。

　次に，事業主については，被害者と雇用契約を締結しており，この雇用契約に付随して，信義則上，労働者にとって快適な就業ができるように職場環境を整える義務（職場環境配慮義務）を負っています。そのため，事業主が職場環境配慮義務に違反したため，被害者が職場の中でハラスメントの被害に遭い損害を受けた場合には，被害者は，事業主に対して雇用契約上の債務不履行責任としての損害賠償責任を追及できます。上記の職場環境配慮義務違反については不法行為構成も可能です。

　また，行為者は，事業主の被用者であることから，事業の執行について，被害者に不法行為を行い損害を与えた場合には，事業主は被用者と連帯して不法行為責任（使用者責任（民法第715条））を負います。なお，民法715条ただし書では，事業主が被用者の選任・監督について相当の注意をしていた，又は，相当の注意をしても損害が生ずべきであったときは責任を負わないとされていますが，セクハラやパワハラの事案で，これに該当するという理由で事業主が免責されるケースは多くありません。上述の通り，被害者は，行為者と事業主の双方を訴え（共同訴訟）損害について連帯して賠償するよう

に請求することができます。

　行為者が事業主において，一定の権限や地位を有し，事業主が行為者を庇うなどして，事業主が行為者の主張に追随する場合は，共同訴訟の選択を検討します。もっとも，行為者と事業主の主張が異なる場合については，共同訴訟ではなく，それぞれ別個の交渉や訴訟を選択することが有効となる場合もあります。例えば，行為者又は事業主の一方がハラスメントの事実を全面的に否定しているが，一方は一部を認めるケースにおいて，一部を認める当事者と先に和解し，他方当事者との手続において証拠の提出や証言等の協力を求めるケースなどが考えられます。

②　懲戒処分・配転命令・解雇などの処分の無効確認請求

ア　懲戒処分の無効確認請求

　懲戒処分については，労働契約法第15条で「使用者が労働者を懲戒できる場合において，当該懲戒が，当該懲戒に係る労働者の行為の性質及び態様その他の事情に照らして，客観的に合理的な理由を欠き，社会通念上相当であると認められない場合は，その権利を濫用したものとして，当該懲戒は，無効とする」と規定されています。

　すなわち，懲戒処分が有効であるためには，(i)就業規則に明確な根拠規定があること，(ii)労働者の行為が当該規定に該当し，かつ懲戒処分をすることに客観的に合理的な理由があること，(iii)懲戒処分が社会通念上相当性を有すること，(iv)相当な手続を経ていることが必要とされています。これらの要件を満たしていることは，事業主が証拠を示して証明しなければなりません。

　例えば，ハラスメントについて内部通報したことの制裁として懲戒処分された場合は，当該懲戒処分は，上記(ii)や(iii)（ケースによっては(i)や(iv)）の要件を欠き無効ですので，当該懲戒処分の無効確認を求めることになります。厳重注意を受け，始末書の提出を求められる戒告処分，訓戒処分といった比較的軽い懲戒処分の場合でも，処分を受けたこと自体が将来の人事査定，昇進，昇給に悪影響を及ぼすのであれば，無効を確認する利益があるので，無効確認を提起することを検討する必要があります。また，減

給処分を受けた場合には，減給処分の無効を確認することに加えて，本来
支払われるべき賃金と減給後の賃金との差額の支払を請求することとなり
ます。

　イ　配転命令の無効確認請求

　事業主が就業規則上配転命令権を有するとしても，業務上の必要性がな
い場合，又は業務上の必要性がある場合であっても，不当な動機・目的を
もってなされたときには，その配転命令は人事権の濫用に当たり無効です
（裁判例集(ⅱ)16参照）。例えば，ハラスメントについて内部通報をした後，
業務上の必要性がないにもかかわらず，被害者の意思に反し従前の業務と
全く無関係な部署への配転を命じられた場合には，内部通報をしたことの
制裁を目的とした配転命令と推認でき，無効というべきです。その場合に
は，配転命令が無効であるとして，配転命令後の部署で勤務する義務が存
在しないことの確認を求めます。

　ウ　解雇の無効確認請求

　解雇については，労働契約法第16条で「解雇は，客観的に合理的な理由
を欠き，社会通念上相当であること認められない場合は，その権利を濫用
したものとして，無効とする」と定められています。これは，判例によっ
て形成された「解雇権濫用法理」を，労働契約法の成立を契機に条文化し
たものです。ハラスメントの一つとして解雇が行われた場合，客観的に合
理的な理由はなく，社会通念上相当性を欠くことから無効です。その場合
には，雇用契約上の権利を有する地位にあることの確認を求めます。

(4)　手続の選択①（労働審判）

①　労働審判

　裁判所を利用する紛争解決手続として，訴訟よりも簡易迅速な「労働審
判」という制度があります。平成18年から始まった労働事件を専門とした紛
争解決手続であり，労働審判法により定められています。

　労働審判は，労働契約の存否その他の労働関係に関する事項について個々
の労働者と事業主との間に生じた民事に関する紛争（以下「個別労働関係民

事紛争」といいます）に関して，各地方裁判所に設置されている労働審判委員会が，事件を審理し，調停の成立による解決の見込みがある場合には，これを試みて，調停による解決に至らない場合には，労働審判を行うことで，紛争の実情に即した迅速，適正かつ実効的な解決を図ることを目的とする制度です。

②　労働審判の特徴

労働審判の特徴は，専門性，迅速性，柔軟性の3点です。

すなわち，審理，調停，審判に携わる労働審判委員会は，労働審判官（裁判官），労使双方の民間人2名の労働審判員によって構成されます。労働関係の知識経験を有する専門家が関与するという点で，専門性が高いという特徴があります。

次に，労働審判手続は，原則として，3回以内の期日で終了することになっているため（労働審判法第15条第2項），訴訟に比べて格段に審理が迅速です。

3回の期日の過程で，労働審判委員会による調停案が提示されることが多く，解決に至らない場合，審理の結果認められる当事者間の権利関係や労働審判手続の経過を踏まえて，審判がなされます。訴訟と異なり，審判では，紛争の実情に即した柔軟な解決が可能とされています。すなわち，労働審判については，同法第20条第2項で，「当事者間の権利関係を確認し，金銭の支払，物の引渡し，その他の財産上の給付を命じ，その他個別労働関係民事紛争の解決をするために相当と認める事項を定めることができる。」と規定されています。例えば，解雇無効の確認を求めている事案で，解雇に合理性・相当性がないものの，被害者の真意としては復職の意向がないことが審理の過程で示された場合には，一定額の解決金の支払を調停で合意することはもちろん，一定額の解決金の支払を命じる審判も可能とされています。

③　審判の対象

労働審判の対象は，個別労働関係民事紛争です。つまり，解雇，雇止め，賃金不払い，損害賠償請求といった，労働者個人と事業主との間で労働に関して発生する個別的な民事事件が，審判の対象となります。

　そのため，労働組合と事業主の間の紛争，公務員である労働者と国又は地
方自治体との間の紛争（行政事件）などは，労働審判手続の対象外です。
　また，あくまでも，労働者と事業主間の紛争を対象とするため，ハラスメ
ントを行った上司，同僚などの加害者は，直接の相手方にはなりません（利
害関係人として審理に参加することはあります）。したがって，ハラスメントの
行為者に対して損害賠償を請求する場合は，労働審判を利用することはでき
ず，行為者を被告として，又は事業主と行為者を共同被告として，訴訟を提
起する必要があります。

④　手続の流れ

　手続の流れは，(ⅰ)申立人からの労働審判の申立て→(ⅱ)審理→(ⅲ)調停の試み
→(ⅳ)審判となっています。

　申立ては，相手方の所在地を管轄している地方裁判所，労働者が現に就業
し若しくは最後に就業した事業所の所在地を管轄する地方裁判所又は当事者
が合意して定めている地方裁判所のいずれかに対して行います（労働審判法
第2条第1項）。

　申立手数料は，民事調停と同じで，申立ての額が1000万円以下の場合は通
常の訴訟の2分の1，1000万円を超える場合は2分の1未満の額と，訴訟と
比較し低額です。

　審理は原則として非公開であり，労働審判官（裁判官），2名の労働審判員，
申立人，相手方，代理人が着席して進められます。労働審判委員会は心証を
開示しつつ，調停が試みられます。

　上述の通り，期日は原則として3回までであり，調停が成立しなければ，
多くの場合は，審判がなされます。なお，労働審判委員会は，事案が複雑で
あるなど，労働審判を行うことが適当でないと判断したときは，労働審判手
続を終了させて，訴訟に移行させることもあります。

⑤　審判後の手続

　審判書の送達又は労働審判の告知を受けた日から2週間以内に，不服のあ
る当事者は，裁判所に対して異議の申立てをすることができます（労働審判
法第21条第1項）。

　適法な異議申立てがなされたときは，労働審判の効力は喪失し，労働審判の申立てがあった時点で，裁判所に訴えがあったものとみなされます（当該時点で時効が中断されます）。

　訴訟に移行すると，労働審判手続申立書は訴状とみなされます（同法第22条第3項）。

(5)　手続の選択②（仮処分）

　ハラスメントの被害者が合理的理由なく解雇された場合，解雇の効力を争い訴訟を提起したとしても，訴え提起から判決まで長期間を要することが多いことから，訴訟係属期間に賃金が得られないことで，被害者が生活に困窮するおそれがあります。

　このような場合には，訴訟を提起するに先立ち，雇用契約上の権利を有する地位にあることを仮に定める地位保全仮処分や賃金仮払いの仮処分を申し立てることを検討します（文例(xi)参照）。

(6)　訴訟等の提起に当たっての留意点

　ハラスメントに関する訴訟等の提起に当たっては，特有の留意点がいくつかあります。

①　客観的な証拠の確保

　ハラスメントは，職場という限定された社会の中で発生します。そのうえ，行為者は，上司や同僚といったごく身近な存在です。それだけに，セクハラにしてもパワハラにしても，第三者の目に触れにくい，記録に残らない態様で行われることが多く，客観的な証拠が少ないという特徴があります。証拠に照らして十分に吟味しないまま，軽率に提訴など法的手続をとった場合，逆に，行為者側から名誉毀損などを理由とした損害賠償請求をされるリスクがあるので，十分な注意を要します（裁判例集(i)6参照）。そのため，被害者がハラスメントを受けた都度つけていたメモやハラスメントの言動の録音データなど，ハラスメントを基礎づける証拠の有無をまず確認する必要があります。

　客観的な証拠がある場合でも，それが事業主側に偏って存在していること
も多くあります。訴訟提起前に，起訴前の証拠保全手続をとるなど，証拠の
確保を図ることも検討する必要があります。なお，訴訟提起後は，裁判所に
対して，事業主が内部で保管している文書を提出するように文書提出命令を
申し立てる方法もあります。

　②　被害者の二次被害のおそれ

　特に，セクハラのケースでは，訴訟を提起することによって，被害者がさ
らに羞恥心，名誉を害されるおそれがあります。行為者から，「原告（被害
者）の方から誘った」，「挑発的な服装，しぐさをしていた」などと，被害者
が当該行為に同意していたとか，被害者の行動に責任があるかのような主張
をされる場合があるからです。

　被害者としては，このような主張がなされる可能性を十分に想定し，それ
に対する反論と反論を基礎づける証拠を準備しておく必要があります。

　③　訴状等における被害者住所の記載について

　裁判所に提出する訴状や訴訟委任状（弁護士に委任する場合）には，依頼
者（原告）の住所を記載する必要がありますが，事案によっては，依頼者の
住所が行為者に知られることにより，依頼者に危害が加えられるおそれがあ
る場合があります。そのような場合には，行為者から危害が加えられるおそ
れがあることを理由として，訴状等に依頼者（原告）の住所を記載しない扱
いを求める旨の上申書を提出することにより，訴状及び訴訟委任状に依頼者
（原告）の住所を記載しないことを検討する必要があります（弁護士に委任す
る場合には，弁護士が所属する法律事務所の住所を記載し，「○○法律事務所気付」
とします）。

(7)　民事訴訟における当事者保護措置

1）記録の閲覧等の制限

　訴訟記録は，誰でも閲覧することができますし，当事者又は利害関係人で
あればコピーを請求することもできます（民事訴訟法第91条）。しかし，訴訟
記録中に当事者の私生活についての重大な秘密が記載され，又は記録されて

おり，かつ，第三者が秘密記載部分の閲覧等を行うことにより，その当事者が社会生活を営むのに著しい支障を生ずるおそれがある場合には，閲覧等を制限するよう申し立てることができます（同法第92条）。閲覧等の制限が認められた場合，閲覧やコピーの交付を求めることができるのは，訴訟の当事者のみとなります。

　閲覧等の制限の申立てに当たっては，閲覧等を制限する部分を特定する必要があります。

2）尋問の際の措置

　被害者と行為者が主張する事実関係に対立がある場合には尋問を行うことになりますが，ハラスメント事件では，とりわけセクハラの場合においては，被害者にとって，公開の法廷でハラスメントについて話すことは極めて心理的負担が大きいことから，被害者が尋問により二次被害を受けないように配慮する必要があります。この点，民事訴訟法では，以下の通り，尋問の際に被害者等に配慮するための措置が定められています。

①　ビデオリンク方式

　証人や当事者が，裁判長や当事者が在席する場所で陳述をすると，圧迫を受けて精神の平穏を著しく害されるおそれがあって，裁判長が相当と認めるときには，ビデオリンク方式による尋問を利用することができます（民事訴訟法第204条第2号，第210条）。その際には，①事案の性質，②尋問を受ける者の年齢や心身の状態，③尋問を受ける者と当事者本人等との関係，④その他の事情が考慮されます。セクハラ等で被害者が行為者を強く恐れている場合などは，ビデオリンク方式の利用を裁判所に求めるべきです。

　ビデオリンク方式の利用が認められた場合，裁判官や代理人弁護士，相手方当事者等は法廷にいて，尋問を受ける者は別室に入り，その様子を法廷に置いてあるモニターに映して尋問を行います。

②　遮　蔽

　上記ビデオリンクの利用と同様に，当事者のいる場所で陳述すると圧迫を受けるおそれがあって裁判長が相当と認めるときは，当事者と尋問を受

ける者の間についたてを置く「遮蔽」の措置が利用できます（同法第203条の3第1項，第210条）。ハラスメント事件の被害者が証言台に立つとき，行為者と証言台の間についたてを置くことになります。

　また，裁判長が相当と認めるときは，傍聴人の目に被害者を触れさせないようにするため，傍聴席と証言台の間の遮蔽措置をとることができます（同法第203条の3第2項，第210条）。その際には，①事案の性質，②証人又は当事者本人が犯罪により害を被った者であること，③証人又は当事者本人の年齢，④心身の状態又は名誉に対する影響その他の事情が考慮されます。特にセクハラの被害者は，傍聴人の前で性的言動を受けたことを話さなければならない心理的負担が大きく，不特定多数人に知られることにより名誉が毀損されるおそれもありますので，傍聴人の目に触れさせない必要性が高いといえます。

　　③　付添い

　証人や当事者の年齢又は心身の状態などの事情から，尋問を受ける場合に著しく不安又は緊張を覚えるおそれがあると裁判長が認めるときは，証人等に付添いを置くことができます（同法第203条の2第1項，第210条）。性的被害を受けた被害者が未成年で，その母親が付き添う場合などが典型例です。

2 労働者災害補償保険

(1) 労働者災害補償保険とは

　ハラスメントにより精神疾患になり，休業せざるを得なくなった場合，また，不幸にも自殺に至ってしまった場合に，事業主や行為者に対して，訴訟や労働審判などにより損害賠償を請求しても，事業主や行為者の資力が乏しければ，実質的に損害は填補されません。

　その場合，労働者災害補償保険（以下「労災保険」といいます）を利用することで，損害の一部の填補を図ることができます。労災保険とは，労働者災害補償保険法に基づく制度であり，業務が原因となって発生した災害（業務

災害）などにより，労働者が被った負傷，疾病，傷害又は労働者の死亡など
について，当該労働者又はその遺族に対し，所定の保険給付を行う制度です。

(2) 給付の種類

　ハラスメントによりうつ病などを患った場合，労災認定を受けることにより，治療費に関し療養補償給付を，休業せざるを得ない場合には休業補償給付を，後遺症が残った場合には障害補償給付を，それぞれ受けることができます。なお，労災指定病院以外の病院，労災指定薬局以外の薬局で治療していた場合は，医師・歯科医師，薬剤師の証明を受けて療養の費用を請求するという形をとります。

　ハラスメントが原因で自殺に至ったと認定される場合は，遺族は遺族補償給付や葬祭料を受けることができます。

(3) 窓　口

　申請の窓口は，被害に遭った労働者が勤務する事業主の所在地を管轄する労働基準監督署で，申請の相手は労働基準監督署長です。

　請求書などの書式は，厚生労働省のホームページからダウンロードできますし，各労働基準監督署にも備え置かれています（文例(xiii)～(xvi)参照）。労災指定病院以外の病院，労災指定以外の薬局で治療していた場合は，書式が異なるので注意してください。詳しくは，労働基準監督署の担当窓口で確認してください。

(4) 休業補償給付と休業特別支給金

　休業による損害を填補する給付には，休業補償給付と休業特別支給金があり，給付申請は同時に行います。

　休業補償給付と休業特別支給金は，いずれも休業4日目から支給されるものであり，支給額は以下の通りです。

　　　休業補償給付＝（給付基礎日額の60％）×休業日数

　　　休業特別支給金＝（給付基礎日額の20％）×休業日数

　給付基礎日額とは，原則として，業務上又は通勤による負傷や死亡の原因となった事故が発生した日又は医師の診断によって疾病の発生が確定した日（賃金締切日が定められているときは，傷病発生日の直前の賃金締切日）の直前 3 か月間に支払われた賃金総額をその期間の暦日数で割った 1 日当たりの賃金額です。

　なお，労災保険の対象とならない休業の初日から 3 日目までは，労基法第 76 条に基づき，事業主から 1 日につき平均賃金の60％が支払われます。

(5)　精神障害の労災認定

　労働者が精神障害を患った場合，常に労災と認定され，療養補償給付等を受けられるわけではありません。給付を受けるためには，以下の 2 つの要件を満たす必要があります。

① 　労働者が労働契約に基づいた事業主の支配下にある状態にあること（業務遂行性）

② 　業務と精神障害との間に社会通念上相当な因果関係があること（業務起因性）

　上記②の相当な因果関係（業務起因性）とは，業務に内在又は随伴する危険性が現実化して労働者が精神障害を発症した場合に認められます。従来，心理的負荷による精神障害の労災認定における「業務起因性」については，平成11年 9 月14日の労働基準局長通達「心理的負荷による精神障害等に係る業務上外の判断指針」（基発第544号）に基づいて，業務上かどうかが判断されていました。しかし，平成19年に，上司の言動が原因で発病した精神障害の労災認定について，労働基準監督署長の不支給処分決定が裁判所で取り消されることが相次ぎました（日研化学事件（東京地裁平成19年10月15日判タ1271号136頁，労判950号 5 頁，裁判例集(iii)14参照），中部電力事件（名古屋高判平成19年10月31日判タ1294号80頁，労判954号31頁））。これを受けて，厚生労働省は，「上司の『いじめ』による精神障害等の業務上外の認定について」（平成20年 2 月 6 日基労補発第0206001号）では，上司のひどいいじめによる心理的

負荷の強度の評価を引き上げ，さらに，「心理的負担による精神障害等に係る業務上外の判断指針について」（平成21年4月6日基労補発第0406001号）では，「職場における心理的負荷評価表」の見直しを行い，業務上の範囲を拡大しました。しかし，精神障害の労災請求件数が大幅に増加し，また，認定の審査にも長い期間を要していたことから，厚生労働省は，「心理的負荷による精神障害の認定基準について」（平成23年12月26日基発1226第1号，以下「認定基準」といいます。）を公表しました。具体的には，(i)分かりやすい「心理的負荷評価表」（ストレスの強度の評価表）を定め，(ii)いじめやセクハラのように出来事が繰り返されるものについては，その開始時からの全ての行為を対象として心理的負荷を評価することとし，(iii)これまで全ての事案について必要としていた精神科医の合議による判定を判断が難しい事案のみに限定することで，審査と決定の迅速化を図っています。なお，令和2年6月から改正労働施策総合推進法が施行され，職場における「パワーハラスメント」の定義が法律上規定されたことなどを踏まえ，認定基準の別表1「業務による心理的負荷評価表」に「出来事の類型」⑤として「パワーハラスメント」が追加されました。

　認定基準では，以下の3要件が満たされていれば業務上の疾病として取り扱うとされています。

(i)　認定基準の対象となる疾病を発病していること。

(ii)　認定基準の対象となる疾病の発病前おおむね6か月の間に，業務による強い心理的負荷（ストレス）が認められること。

(iii)　業務以外の心理的負荷や個体的要因により発病したとは認められないこと。

　上記3要件についてどのように判断すべきかについては，認定基準の「第4　認定要件の具体的判断」に詳細に記載されています。

　(ii)の「業務による強い心理的負荷」の評価が実務上最も問題となるものですが，認定基準では，セクハラ事案の場合，特に次の事項に留意するとされ

ています。

- セクハラを受けた者（以下「被害者」といいます）は，勤務を継続したいとか，セクハラを行った者（以下「行為者」といいます）からのセクハラの被害をできるだけ軽くしたいとの心理などから，やむを得ず行為者に迎合するようなメール等を送ることや，行為者の誘いを受け入れることがあるが，これらの事実がセクハラを受けたことを単純に否定する理由にはならないこと。
- 被害者は，被害を受けてからすぐに相談行動をとらないことがあるが，この事実が心理的負荷が弱いと単純に判断する理由にはならないこと。
- 被害者は，医療機関でもセクハラを受けたということをすぐに話せないこともあるが，初診時にセクハラの事実を申し立てていないことが心理的負荷が弱いと単純に判断する理由にはならないこと。
- 行為者が上司であり被害者が部下である場合，行為者が正規職員であり被害者が非正規労働者である場合等，行為者が雇用関係上被害者に対して優越的な立場にある事実は心理的負荷を強める要素となり得ること。

また，(iii)については，仕事以外によるストレス（業務以外の心理的負荷：家庭や親族間の問題，個人的金銭トラブルなど），その人の特性（個体的要因：既往症，アルコール依存症など）が総合的に考慮されます。

(6)　時　効

給付申請の時効期間は，療養補償給付，休業補償給付，葬祭料は 2 年，障害補償給付，遺族補償年金・一時金は 5 年です。前者の時効期間は短いので，注意を要します。

(7)　不支給処分に対する不服申立て

給付を申請したものの労災と認定されずに，不支給処分がされた場合，3 か月以内に，都道府県労働局に対して審査請求によって不服を申し立てることができます。ここで審査をするのは，労働者災害補償保険審査官です。

審査請求が棄却された場合は，2 か月以内に，厚生労働省の労働保険審査

会に対して，再審査請求を行うことができます。なお，審査請求をした日から3か月を経過しても審査請求についての決定がなされない場合には，労働者災害補償保険審査官が審査請求を棄却したものとみなすことができ，再審査請求又は以下に述べる通り再審査請求を経ずに取消訴訟を提起することができます。

　再審査請求が棄却された場合には，6か月以内に，地方裁判所に対して，不支給決定の取消しを求めて提訴することができます。このように，再審査請求を経て取消訴訟を提起する方法に加え，再審査請求を経ずに，地方裁判所に対し，不支給決定の取消しを求めて提訴することもできます。

(8)　裁判所による解決が必要な場合

①　行政訴訟（労災給付不支給決定取消訴訟）

　パワハラに関する労災給付不支給決定取消訴訟では，労災認定のための要件である「業務遂行性」と「業務起因性」のうち，多くのケースにおいて，「業務起因性」，つまり，うつ病などの精神疾患や自殺が上司の言動などによるものかどうかが争点になっています。

　この点について，最近の裁判例で，「認定基準は，行政処分の迅速かつ画一的な処理を目的として定められたものであり，裁判所を拘束するものではないものの，精神医学，心理学及び法律学等の専門家により作成された平成23年報告書に基づき，上記医学的専門的知見を踏まえて策定されたものであって，その作成経緯及び内容等に照らしても合理性を有するものと認められる。そこで，精神障害に係る業務起因性の有無を判断するに当たっては，認定基準を参考にしつつ，個別具体的な事情を総合的に考慮して行うのが相当というべきである。」としたものがあります（国・伊賀労基署長（東罐ロジテック）事件（大阪地判平成30年10月24日労判1207号72頁，裁判例集(iii)38参照）。国・伊丹労基署長〔金井重要工業〕事件（大阪地判平成30年9月26日判例秘書L07350828，裁判例集(iii)39参照）も同旨。）。

②　民事訴訟（損害賠償請求訴訟）

　労災保険の給付を受けた場合においても，別途，会社やハラスメント行為

の行為者に対し，損害賠償を求めて提訴することも検討する必要があります。すなわち，労働災害の認定と労災保険の給付には，使用者の故意・過失を問わず，一定の金額が迅速に支払われるという長所があるものの，労災保険の給付には精神的苦痛に対する慰謝料は含まれておらず，また，休業補償給付などによって，逸失利益の一部が填補されますが，その全てが填補されるわけではありません。そこで，会社やハラスメント行為の行為者に対してこれらの損害賠償を求めるには，別途民事訴訟を提起する必要があります。

　③　被害者側の要因をどの程度考慮すべきか

　ハラスメントに関する裁判では，しばしば，被害者側にもともとストレスに弱い要素がある，あるいは，業務以外に強いストレスを感じる原因があったことから，会社・上司などによる行為と精神疾患，自殺等との間に因果関係が認められないと主張されることがあります。

　ハラスメント行為が被害者に身体的・精神的苦痛を与える行為である以上，被害者の主観を出発点とすべきと思われますが，労災保険制度の趣旨に照らし，無制限な労災認定を防ぐ必要があることから，当該労働者と同種の業務に従事し遂行することを許容できる程度の心身の健康状態にある「平均的労働者」が基準とされます。

　しかし，被害者側に業務以外の精神的負荷又は個体側の要因があったとしても，「平均的労働者」にとって，当該労働者の置かれた具体的状況における心理的負担が一般に精神障害を発病させる危険性を有し，当該業務による負荷が他の業務以外の要因に比して相対的に有力な要因となって精神障害を発病させたと認められれば，業務と精神障害・発病との間に相当因果関係が認められると解するのが相当とされています（国・八王子労基署長（京王電鉄バス）事件（東京地判平成27年2月25日労判1117号23頁））。

3 ｜ 刑事手続

(1)　被害届・告訴

　ハラスメント行為の態様と程度，行為者の事後の対応によっては，被害届

の提出や告訴（文例⒳参照）により，行為者に対する刑事責任の追及を検討する必要があります。被害届は，被害事実の申告に留まるものであるのに対し，告訴は，被害事実の申告のみならず行為者に対する処罰を求める意思表示であるという違いがあります。強制性交等罪や強制わいせつ罪などの親告罪といわれる犯罪については，裁判により行為者を処罰するためには，告訴が必要とされています。告訴は，行為者が起訴されるまでは取り消すことができますが（刑事訴訟法第237条第1項），一度告訴を取り消した場合は，再度告訴をすることはできません（同法第2項）。

　行為者に対する捜査が進むと，加害者は，起訴されるのを避けたいという動機で示談に応じることもあります。一方で，被害者が警察に被害届の提出又は告訴をする際や捜査の過程では，思い出すのも苦痛な被害の内容について，細部まで詳細に何度も事情聴取されることになります。最近は，捜査機関では，女性被害者に対しては，女性警察官が聞き取りを担当するなどの配慮をするようになってきていますが，捜査機関の不用意な対応による二次被害のおそれは否定できません。

　また，行為者が起訴された後，公判で行為者が起訴事実を否認する場合には，後述する被害者保護の制度があるとはいえ，被害者は，公開の法廷での証人尋問を強いられ，厳しい反対尋問にもさらされることとなります。

　刑事責任の追及については，ハラスメント行為の態様や程度，被害者の処罰感情に加えて，刑事処分の見通し，被害者に予想される困難さや精神的負担の大きさ等を説明し，被害者と十分に相談のうえ，被害者の意思を尊重して，方針を決定することが必要です。

(2)　ハラスメント行為に関する犯罪

①　強制性交等・強制わいせつ等に該当する事案

ア　公訴時効

　行為者が，「暴行・脅迫」行為により，被害者の反抗を抑圧し性交等した場合は「強制性交等罪」（刑法第177条前段）を，被害者の「心神喪失・抗拒不能状態に乗じて」性交等した場合には，「準強制性交罪」（同法第

178条第2項，第177条前段）の成立を検討します。

　また，性交等に至らない場合には，強制わいせつ罪（同法第176条前段）又は準強制わいせつ罪（同法第178条第1項，第176条前段）を検討します。

　強制性交等罪・強制わいせつ罪は，平成29年7月13日施行の刑法改正により，従前の親告罪から非親告罪とされました。もっとも，犯罪行為が終わった時点から数えて，強制性交等は10年，強制わいせつは7年，強制性交等やわいせつ行為により被害者が怪我をした場合は15年で公訴時効になります（刑事訴訟法第250条）。

　イ　告訴の手続

　告訴状の提出先は，検察庁又は警察署です。どこの検察庁又は警察署に提出してもよいのですが，ハラスメント行為が行われた場所を管轄する警察署に配転されることが多いことから，捜査を効率的に進めてもらうことを考えると当該警察署に提出することが望ましいでしょう。

　しかしながら，告訴状を提出したとしても，警察が「事実確認のうえで受理したい」とか「証拠が不十分である」などとの理由で，即日の受理を断ることが多くみられます。

　その場合には，被害者の陳述書や弁護士作成の報告書，被害者側で補充可能な証拠の提出等を行ったうえ，実況見分の日程や被害者の事情聴取の日程等の設定を促すことにより，早期の受理を働きかけます。

　なお，取調べには，被害者代理人弁護士の立会いは原則として認められませんが，被害者の心身の状況によっては，取調べに同行し，待機することも検討しましょう。また，実況見分には被害者代理人弁護士の立会いが可能です。

　②　その他の成立し得る犯罪について

　ハラスメント行為に際し，暴行が行われ，傷害を負った場合には傷害罪（刑法第204条）の成否を，傷害に至らない場合には暴行罪（同法第208条）の成否を検討します。また，ハラスメント行為の一環として，脅迫行為がなされた場合には，脅迫罪（同法第222条）の成否も検討します。

　さらに，暴行・脅迫により，義務のないことを行うよう強いられた場合

（例えば，強制性交等・強制わいせつの成立までに至らない脅迫行為等により性的
関係を強要された場合や，性的関係に至らない行為を強要された場合等）には，
強要罪（同法第223条）の成否を検討します。

　そのほか，ハラスメント行為により，公然と事実を摘示して名誉を毀損さ
れた場合には，名誉毀損罪（同法第230条），事実を摘示せずに侮辱した場合
には侮辱罪（同法第231条）の成否も検討します。これまで，侮辱罪の法定刑
は，拘留又は科料とされ，刑法上最も軽い罪とされていました。しかし，令
和4年6月の法改正により，侮辱罪の法定刑は，1年以下の懲役若しくは禁
錮もしくは30万円以下の罰金又は拘留若しくは科料に引き上げられました。
改正法は，令和4年7月7日から施行され，その後に行われた行為に適用さ
れます。

(3)　捜査への協力

　ハラスメント（特にセクシュアル・ハラスメント）は，密室で行われること
が多いため，行為者が否認しているケースでは捜査が難航することもよくあ
ります。被害者代理人としては，警察の求めに応じて，以下の証拠を提出す
るなど積極的に捜査に協力する必要があります。

- （強制性交等・強制わいせつ被害の場合）被害当時身に着けていた衣類
- 診断書・カルテ等の診療記録
- 電話録音・メール・メッセージ等の履歴
- 日記等

(4)　刑事手続における被害者保護制度

　刑事手続における犯罪被害者保護制度については，平成12年に成立した
「犯罪被害者等の権利利益の保護を図るための刑事手続に付随する措置に関
する法律」（以下「犯罪被害者保護法」といいます）や刑事訴訟法の改正により，
徐々に整備が進んでいます。以下に概要を記載しますが，詳細については，
裁判所のホームページ掲載の刑事手続における犯罪被害者のための制度の説
明や法務省のホームページ掲載の被害者支援の説明を参照して下さい。

①　被害者参加制度（刑事訴訟法第316条の33）

殺人・傷害・強制性交等・強制わいせつ等一定の刑事事件の被害者等もしくはその法定代理人又はこれらの者の代理人弁護士は，裁判所の許可を得て，被害者参加人として刑事裁判に参加することができます。あらかじめ，検察官に申し出ることが必要です。

なお，被害者参加をする場合で，資力が一定の基準額（預貯金などの資産の合計額から6か月以内に支出することとなると認められる費用の額を差し引いた額が200万円）に満たない被害者参加人は，国が弁護士の費用や報酬を負担する国選被害者参加弁護士の選定を求めることができます。被害者参加の許可を得た後，日本司法支援センター（法テラス）に申し出る必要があります。

②　裁判の優先的傍聴（犯罪被害者保護法第2条）

裁判の傍聴希望者が多いことが予想され，傍聴券が必要となるような事件でも，被害者やその親族等が事前に傍聴を裁判所に申し出ることで，優先的に傍聴席が確保されるよう，配慮を受けることができます。

③　事件記録の閲覧・謄写（犯罪被害者保護法第3条）

第1回公判期日後，事件の終結まで，裁判所に申し出ることで事件記録の閲覧・謄写が可能です。なお，閲覧・謄写しようとする事件の被告人等により行われた，その事件と同種の犯罪行為の被害者は，損害賠償を請求するために必要と認められる場合には，事件記録の閲覧・謄写が可能です。

④　被害者特定事項を明らかにしない措置（刑事訴訟法第290条の2）

公開の法廷で，被害者が自身の氏名や住所等を明らかにしないように求めることが可能です。あらかじめ検察官に申し出る必要があります。

⑤　意見陳述（刑事訴訟法第316条の38）

被害者又はその委託を受けた弁護士は，法廷で自分の意見を述べることができます。あらかじめ検察官に申し出る必要があります。

⑥　証言する場合の不安等緩和の措置（刑事訴訟法第316条の39）

法廷で証人として証言する際の被害者保護の措置として，裁判所の判断により，保護者やカウンセラーが証人に付き添ったり（証人への付添い），証人と被告人や傍聴人との間についたてを置いたり（証人の遮蔽），証人は別室に

いて，法廷にいる裁判官や検察官，弁護人などとの間でテレビモニターを通して証人尋問を行う（ビデオリンク方式による証人尋問）といった制度が設けられています。

⑦　刑事和解（犯罪被害者保護法第19条）

　行為者に対し刑事訴訟が係属している間に示談が成立した場合，審理終結までの間に，被害者と行為者が共同して，その刑事事件を担当している裁判所に申し立てることにより，示談による合意内容を公判調書に記載してもらうことができます。この公判調書には，民事訴訟で裁判上の和解が成立したのと同じ効力が与えられますので，行為者が公判調書に従った支払をしない場合には，公判調書に基づき強制執行の手続をとることができます。

⑧　損害賠償命令（犯罪被害者保護法第23条）

　殺人，傷害，強制性交等，強制わいせつ等の一定の刑事事件が地方裁判所に係属している場合，審理終結までの間に，被害者はその刑事事件を担当している裁判所に対し，被告人に損害賠償を命じる旨の申立てをすることができます。当該裁判所は，有罪判決の言渡し後，刑事事件の訴訟記録を証拠として取り調べ，原則として4回以内の審理期日で審理を終わらせて損害賠償命令の申立てについて決定をします。この決定に対して当事者のいずれからも異議の申立てがなく，確定した場合には，民事訴訟の確定判決と同一の効力を有することとなり，加害者が当該決定に沿った支払をしない場合には強制執行の手続をとることができます。

　当事者が異議を申し立てたときは，通常の民事訴訟の手続に移ります。異議の申立てがなされた場合でも，審理に必要な刑事裁判の訴訟記録が民事訴訟の担当裁判所に送付されますので，被害者としては個別に民事訴訟を提起するよりも簡便です。

　しかしながら，本手続をとる場合には，刑事事件の弁論の終結時までに，事件が係属している地方裁判所に損害賠償命令の申立てをすることが必要です。検察庁に連絡し，被害者として起訴状の内容の開示を受け，申立書を作成します。その上で，裁判所の担当部に被害者として訴訟記録の開示手続を行う形で進めますが，タイトなスケジュールとなりますので，注意が必要で

す。

(5) 犯罪被害者援助制度

日本司法支援センター（法テラス）には，犯罪被害者法律援助制度があり，生命，身体，自由又は性的自由に対する犯罪（殺人，傷害，監禁，強制わいせつ等）及び配偶者暴力，ストーカー行為による被害を受けた方又はその親族もしくは遺族の方が，刑事裁判，少年審判等手続，行政手続に関する活動を希望する際に，弁護士費用等を援助する制度があります。資料要件等の利用要件はありますが，法律相談をした弁護士が各要件を判断し，申込者と連名で法テラスに援助申込書を提出することで，援助の申込みが可能であり，援助開始の決定は法テラスの地方事務所長が行います。被害者の資力が乏しい場合には，この制度の利用も検討しましょう。

(6) ストーカー事案の場合

セクハラの場合には，行為者がストーカー行為に及ぶケースがあります。その場合には，ストーカー行為等の規制に関する法律に基づく警告や禁止命令の発令を求めることも検討しましょう。

4 その他の措置

(1) 労働基準監督署への申告

労働者は，ハラスメントに関連し，残業代未払いなどの労基法関連法令に違反する疑いがある場合には，労働基準監督官に申告することができます（労基法第104条第1項）。この申告を理由として，使用者が労働者を不利益に扱うことは禁止されています（同法第104条第2項）。

申告に相当な理由があると判断されれば，使用者に対する臨検監督として事業所への立入り検査が実施されることがあります。その結果，法令違反の事実が認められれば，使用者に対して是正勧告書が，法令違反には至らないが是正が望まれる場合には指導票が，それぞれ交付されます。

(2)　都道府県労働局の総合労働相談センターへの相談，あっせん

　都道府県労働局には無料の「総合労働相談コーナー」が設けられ，社会保険労務士等の専門家が「総合労働相談員」として常駐しています。「総合労働相談コーナー」は，(i)労働に関する相談，(ii)都道府県労働局長による助言・指導，(iii)紛争調整委員会によるあっせんの窓口となっています。

　(iii)は，申請に費用を必要とせず，原則として1回で終了する一種のADR（裁判外紛争解決手続）です。紛争調整委員会は，労働問題に精通した弁護士等の専門家から構成され，その委員の中から3名が指名されてあっせんに当たります。訴訟と比較し，費用負担なく，かつ短期間で紛争を解決できる可能性があります。ただし，あくまでも当事者の任意の話合いを促進する制度ですので，使用者側が出頭しない場合や，出頭しても合意に至らない場合にはあっせんが打ち切られます。

(3)　均等法，育児・介護休業法，労働施策総合推進法上の手続

　セクハラ，妊娠・出産等を理由とする解雇などの不利益な取扱いに対しては，均等法に基づき，育児休業等に関するトラブルに対しては育児・介護休業法に基づき，パワハラについては労働施策総合推進法に基づき，それぞれ紛争解決の援助及び調停を利用することができます。

　解決の援助を求められた都道府県労働局長は，関係当事者に対して必要な助言，指導又は勧告をすることができます。都道府県労働局長の勧告に従わなかった使用者に対しては，厚生労働大臣が報告を求め，助言，指導，勧告をすることができ，勧告に従わない使用者名を公表することができます。

　また，都道府県労働局長は，関係当事者の一方又は双方から調停の申請があったとき，紛争解決のため必要があると認めれば，紛争調整委員会に調停を行わせることができます。調停申立てに費用はかからず，原則として1回で終了します。関係当事者が同意すれば，性的な言動を行ったとされる者等の出頭を求め，紛争調整委員会が意見を聴取することができます。

　なお，調停が打ち切られた場合，調停不調の通知を受けた日から30日以内に，調停の目的となった請求について訴えを提起したときは，時効の中断に

関しては，調停申請のときに訴えの提起があったものとして取り扱われます。

(4)　単位弁護士会による労働法律相談の活用

　多くの単位弁護士会では，労働問題に関する法律相談の窓口を設けています。法テラスの無料法律相談の資力基準を満たしている方の場合，相談料が無料になることもあります。

第 4 章

ハラスメントに対して事業主がとるべき具体的対応策

第1　ハラスメント指針

第2　事業主の方針の明確化及びその周知・啓発

第3　相談・苦情への対応

第4　事件が発生した場合の迅速・適切な対応

第5　マタハラ，育児休業等に関するハラスメントの原因や背景となる要因を解消するための措置

第6　その他併せて講ずべき措置

第7　事業主が行うことが望ましい取組の内容

　　1　一元的に相談に応じることのできる体制の整備

　　2　ハラスメントの原因や背景となる要因を解消するための取組

　　3　運用状況の的確な把握や措置の見直し

　　4　事業主が自らの雇用する労働者以外の者に対する言動に関し行うことが望ましい取組の内容

　　5　他の事業主の雇用する労働者等からのパワー・ハラスメントや顧客等からの著しい迷惑行為に関し，行うことが望ましい取組の内容

第8　特殊な事情がある場合の対応

　　1　労働組合が関与する場合

　　2　高等教育機関でハラスメントが発生した場合

　　3　SOGIハラの場合

第1 ハラスメント指針

　セクハラ，マタハラ，育児休業等に関するハラスメント及びパワハラについては，下記のとおり，法律により事業主が雇用管理上の措置を講ずる義務が定められており，各ハラスメントについて事業主が講ずべき措置の内容は指針により示されています。

	雇用管理上講ずべき措置の根拠規定	指針の根拠規定	指　針
セクハラ	均等法第11条第1項及び第2項	均等法第11条第4項	「事業主が職場における性的な言動に起因する問題に関して雇用管理上講ずべき措置等についての指針」 （セクハラ指針）
マタハラ	均等法第11条の3第1項及び第3項	均等法11条の3第4項	「事業主が職場における妊娠・出産等に関する言動に起因する問題に関して雇用管理上講ずべき措置等についての指針」 （マタハラ指針）
育児休業等に関するハラスメント	育児・介護休業法第25条	育児・介護休業法第28条	「子の養育又は家族の介護を行い，又は行うこととなる労働者の職業生活と家庭生活との両立が図られるようにするために事業主が講ずべき措置等に関する指針」第2，第14 （育児休業等に関するハラスメント指針）
パワハラ	労働施策総合推進法第30条の2第1項及び第2項	労働施策総合推進法第30条の2第3項	「事業主が職場における優越的な関係を背景とした言動に起因する問題に関して雇用管理上講ずべき措置等についての指針」 （パワハラ指針）

　以下では，セクハラ，マタハラ，育児休業等に関するハラスメント及びパワハラについて，これらの指針に沿って事業主がとるべき具体的対応策を検討します。なお，これらの指針には，相互に共通する記載も多いため，特にことわらない限り，ハラスメントの種類を区別することなく「ハラスメント」又は「職場におけるハラスメント」といい，各指針についても「ハラスメント指針」と総称して論じます。

事業主の方針の明確化及び
その周知・啓発

　職場におけるハラスメントを事業主が防止するためには，まず，職場における
ハラスメントを許さないという明確な方針を策定し，それを労働者に対して周知・啓発することが重要です。

　ハラスメント指針では，事業主に対して，事業主の職場におけるハラスメントに関する方針の明確化及びその周知・啓発の措置を講ずることを義務付けています。

　具体的には，事業主の方針の明確化及びその周知・啓発に関する措置として，以下の内容を義務付けています。

①　ハラスメントの内容及びハラスメントがあってはならない旨の方針を明確化し，管理監督者を含む労働者に周知・啓発すること。

②　ハラスメントに係る言動を行った者については，厳正に対処する旨の方針及び対処の内容を就業規則等に規定し，管理監督者を含む労働者に周知・啓発すること。

　また，ハラスメント指針は，職場におけるハラスメントの防止の効果を高めるためには，その発生の原因や背景について労働者の理解を深め，問題を解消していくことが重要であるとし，ハラスメントの発生の原因や背景について以下の要因を例示しています。

- セクハラ指針：性別役割分担意識に基づく言動がセクハラの発生の原因や背景となり得る。
- パワハラ指針：パワハラの発生の原因や背景には労働者同士のコミュニケーションの希薄化などの職場環境の問題もあると考えられる。
- マタハラ指針：(i)妊娠，出産等に関する否定的な言動（不妊治療に対する否定的な言動を含め，他の女性労働者の妊娠，出産等の否定につながる言

動（当該女性労働者に直接行わない言動も含む。）をいい，単なる自らの意思の表明を除く。）が頻繁に行われるなど制度等の利用又は制度等の利用の請求等をしにくい職場風土や，(ⅱ)制度等の利用ができることの職場における周知が不十分であることなどもあると考えられる。

- 育児休業等に関するハラスメント指針：(ⅰ)育児休業等に関する否定的な言動（他の労働者の制度等の利用の否定につながる言動（当該労働者に直接行わない言動も含みます）をいい，単なる自らの意思の表明を除く。）が頻繁に行われるなど制度等の利用又は制度等の利用の申出等をしにくい職場風土や，(ⅱ)制度等の利用ができることの職場における周知が不十分であることもあると考えられる。

  　※マタハラ指針において，「制度等」とは，母子健康管理措置，坑内業務の就業制限及び危険有害業務の就業制限，産前休業，軽易な業務への転換，変形労働時間制がとられる場合における法定労働時間を超える労働時間の制限，時間外労働及び休日労働の制限並びに深夜業の制限をいいます（均等法施行規則第2条の3第3号から第8号）。

  　※育児休業等に関するハラスメント指針において，「制度等」とは，育児休業，介護休業，子の看護休暇，介護休暇，所定外労働の制限，時間外労働の制限，深夜業の制限，育児のための所定労働時間の短縮措置，始業時刻変更等の措置，介護のための所定労働時間の短縮措置をいいます（育児・介護休業法施行規則第76条）。

以下，①②の措置について順に述べます。

① 　ハラスメントの内容及びハラスメントを行ってはならない旨の方針の明確化

ハラスメント指針によれば，以下のような場合には，ハラスメントの内容及びハラスメントを行ってはならない旨の方針の明確化及び周知・徹底の措置を尽くしていると認められます。

- 就業規則その他の服務規律等を定めた文書において，職場におけるハラスメントを行ってはならない旨の方針を規定し，併せて，ハラスメントの内容及びハラスメントの発生の原因や背景等（例えば，セクハ

ラについては性別役割分担意識に基づく言動がセクハラの発生の原因や背景となり得ること）を労働者に周知・啓発すること。

- 社内報，パンフレット，社内ホームページ等広報又は啓発のための資料等に，職場におけるハラスメントの内容及びハラスメントの発生の原因や背景並びに事業主の方針（例えば，セクハラについては性別役割分担意識に基づく言動がセクハラの発生の原因や背景となり得ることや，セクハラを行ってはならない旨の方針）を記載し，配布等すること。
- 職場におけるハラスメントの内容及びハラスメントの発生の原因や背景並びに事業主の方針（例えば，セクハラについては性別役割分担意識に基づく言動がセクハラの発生の原因や背景となり得ることや，セクハラを行ってはならない旨の方針）を労働者に対して周知・啓発するための研修，講習等を実施すること。
- マタハラ及び育児休業等に関するハラスメントについては，上記に加え，制度等が利用できる旨を明確化し，管理監督者を含む労働者に周知・啓発すること。

② ハラスメントに対する厳正な対処の方針の明確化

ハラスメント指針によれば，以下のような場合には，ハラスメントに対する厳正な対処の方針の明確化及び周知・徹底の措置を尽くしていると認められると考えられます。

- 就業規則その他の職場における服務規律等を定めた文書において，ハラスメントに係る言動を行った者に対する懲戒規定を定め，その内容を労働者に周知・啓発すること。
- ハラスメントに係る言動を行った者は，現行の就業規則その他の職場における服務規律等を定めた文書において定められている懲戒規定の適用の対象となる旨を明確化し，これを労働者に周知・啓発すること。

どのような対処がなされるかを労働者に認識させることで，ハラスメントの発生を防止することが目的であるため，具体的なハラスメントに該当する言動と処分の内容を直接対応させた懲戒規定を定めることのほか，どのようなハラスメントの言動がどのような処分に相当するのかについて判断要素を明らかにする方法も考えられます。

第3

相談・苦情への対応

　職場におけるハラスメントに関する相談や苦情の窓口を設置することも，ハラスメントの発生を未然に抑止し，ハラスメントの再発を防止することにつながります。

　ハラスメント指針においても，労働者からの相談に応じ，適切に対応するための必要な体制の整備として，以下の措置を事業主に義務付けています。

① 　相談への対応のための窓口（以下「相談窓口」といいます）をあらかじめ定め，労働者に周知すること。

② 　相談窓口の担当者が，相談に対し，その内容や状況に応じて適切に対処できるようにすること。また，相談窓口においては，被害を受けた労働者が委縮するなどして相談を躊躇する例もあること等も踏まえ，相談者の心身の状況や当該言動が行われた際の受け止めなどその認識にも配慮しながら，職場におけるハラスメントが現実に生じている場合だけでなく，その発生の恐れがある場合や，ハラスメントに該当するか微妙な場合であっても，広く相談に対応し，適切な対応を行うようにすること。

　以下，①②の措置について順に述べます。

① 　相談窓口の設置

　ハラスメント指針によれば，相談窓口については，以下のような形で設置する場合は措置を尽くしていると認められると考えられます。

・相談に対応する担当者をあらかじめ定めること。

・相談に対応するための制度を設けること。

・外部の機関に相談への対応を委託すること。

　相談窓口は，形式的に設置するだけでなく，実質的な対応が可能な窓口が設けられていること，また，相談窓口の存在を周知し，労働者が利用しやすい体制を整備しておくことが必要です。面談だけでなく，電話やメール等でも相談を実施できるようにすること，相談の結果必要に応じて人事担当者や相談者の上司と連携をとれるようなフォロー体制を構築しておくこと等も求められます。

　②　相談窓口での適切な対応

　相談窓口を設置するだけでなく，相談窓口の担当者が実際に適切な対応を行うことができる体制となっていなければ，事業主として適切な相談対応体制の措置を講じたとはいえません。

　ハラスメント指針では，相談窓口の担当者が適切に対応することができる体制と認められる例として，以下を挙げています。

- 相談窓口の担当者が相談を受けた場合，その内容や状況に応じて，相談窓口の担当者と人事部門とが連携を図ることができる仕組みとすること。
- 相談窓口の担当者が相談を受けた場合，あらかじめ作成した留意点等を記載したマニュアルに基づき対応すること。
- 相談窓口の担当者に対し，相談を受けた場合の対応についての研修を行うこと。

　内容や状況に応じた対応とは，具体的には，一律に何らかの対応をするのではなく，労働者が受けているハラスメントの性格・態様等によって，状況を注意深く見守る程度のものから，上司，同僚などを通じ，行為者に対し間接的に注意を促すもの，直接注意を促すものなど事案に即した対応を行うことを意味します。そのため，事業主は相談窓口の担当者向けのマニュアルを作成しつつも，担当者の対応が一律のものに終始しないように留意することが必要となります。

　対応に当たっては，公正な立場に立って，真摯に対応しなければなりません。相談担当者が相談を受けて終わりなのではなく，事業主としてどのように判断したのか，今後組織としてどのように対応していくのか等を相談者本

人にフィードバックすることも大切です。

　相談担当者による二次的なハラスメント（相談担当者の言動等によってさらに相談者が被害を受けること）が発生しないよう，相談担当者に対して研修を行い，マニュアルに対応の留意点を記載することも重要です。第6において詳述するとおり，相談担当者は，ハラスメントに係る情報は当事者のプライバシーに属することを理解し，プライバシーを保護するために必要な措置を講じる必要があります。特に，性的指向・性自認や病歴，不妊治療等の機微な個人情報が相談担当者から流出した場合，当該行為自体が「個の侵害」としてパワハラに該当し得る可能性があることに留意しなければなりません。

　また，ハラスメントには該当しなくても，放置すれば就業環境を害するおそれがある場合や，ハラスメントの発生の原因や背景にとなる言動に関する場合も，幅広く相談の対象とすることが必要です。

　具体的には，セクハラについては性別役割分担意識に基づく言動に関する相談等も対象とすべきです。

　パワハラについては労働者同士のコミュニケーションの希薄化などの職場環境の問題についての相談等も対象とすべきです。例えば，一見，特定の労働者に対するものと思われる言動であっても，周囲の労働者に対しても威圧するために見せしめとして行われていると客観的に認められるような場合には，周囲の労働者に対するパワハラと評価できる場合もあることに留意しましょう。

　マタハラ，育児休業等に関するハラスメントについても，放置すれば就業環境を害するおそれがある相談や，ハラスメントの原因や背景となるおそれがある妊娠・出産・育児休業等に関する否定的な言動に関する相談も，幅広く対象とすることが必要です。なお，妊娠・出産・育児休業等に関するハラスメントの対象となる労働者は，妊娠・出産した女性労働者及び制度等を利用する男女労働者ですが，妊娠・出産・育児休業等に関する否定的な言動の相手は，本人に限られないため，事業主は，対象となる労働者以外に対する言動についての相談も受け付ける必要があります。

事件が発生した場合の
迅速・適切な対応

　実際にハラスメント事件が発生した場合，迅速・適切な対応をとることが重要です。

　ハラスメント指針においては，事後の迅速かつ適切な対応として，事業主に対し，以下の措置をとることを義務付けています。

①　事案に係る事実関係を迅速かつ正確に確認すること。[注1]

②　①により職場におけるハラスメントが生じた事実が確認できた場合においては，行為者に対する措置及び被害者に対する措置をそれぞれ適正に行うこと。

③　改めて職場におけるハラスメントに関する方針を周知・啓発する等の再発防止に向けた措置を講ずること。[注2]

注1　セクハラについては，行為者が他の事業主が雇用する労働者又は他の事業者（その者が法人である場合にあっては，その役員）である場合には，必要に応じて他の事業主又は事業者に事実関係の確認への協力を求めることも含まれます。

注2　セクハラについては，行為者が他の事業主が雇用する労働者又は他の事業者（その者が法人である場合にあっては，その役員）である場合には，必要に応じて他の事業主又は事業者に再発防止に向けた措置への協力を求めることも含まれます。

　以下，①から③の措置について順に述べます。

①　事実関係の迅速かつ正確な確認

　ハラスメント指針によれば，事業主が以下のような対応を行っている場合には，事実関係を迅速かつ正確に確認していると認められると考えられます。

・相談窓口の担当者，人事部門又は専門の委員会等が，相談者及び行為者

とされる者の双方から事実関係を確認すること。その際，相談者の心身
の状況や当該言動が行われた際の受け止めなど，その認識にも適切に配
慮すること。また，相談者と行為者とされる者の間で事実関係に関する
主張に不一致があり，事実の確認が十分にできていないと認められる場
合には，第三者からも事実関係を聴取する等の措置を講ずること。

- 事実関係の確認が困難な場合等においては，労働施策総合推進法第30条
の６（パワハラ及びマタハラの場合），均等法第18条（セクハラの場合），
育児・介護休業法第52条の５（育児休業等に関するハラスメントの場合）
に基づく調停の申請を行うことその他中立な第三者機関に紛争処理を委
ねること。

　事実確認は，被害の継続や拡大を防止するための第一歩となります。相談
があったら迅速に事実確認を開始することが非常に重要です。また，いざ相
談があってから誰がどのような対応を行うか検討を開始するのでは，対応が
遅くなってしまうため，相談が寄せられた場合の担当部署や対応手順等をあ
らかじめ検討して定めておく必要があります。対応を担当する部署の役職員
向けにマニュアルを作成したり，研修を実施したりすることも有効であると
考えられます。
　また，事実確認を行うに際して，セクハラやSOGIハラについては，性的
な言動が行われたか否かの確認が主となるのに対し，パワハラ，マタハラ及
び育児休業等に関するハラスメントについては，その言動を行うことについ
ての業務上の必要性や，その言動に至るまでの経緯等も含めた確認が重要と
なる点に，留意する必要があります。
　被害の拡大を防ぐためには，問題となっている言動が速やかに中止され，
良好な就業環境が回復されることが重要となるため，事実確認に時間を要す
る場合等には，事実確認の完了を待つことなく，当事者の状況や事案の性質
に応じて，被害者の立場を考慮して臨機応変に対応することも考えられます。

② 行為者及び被害者に対する適正な措置の実施

(i) 行為者に対する適正な措置の実施

ハラスメント指針によれば，以下の場合には，行為者に対し適切な措置が行われていると認められます。

- 就業規則その他の職場における服務規律等を定めた文書等におけるハラスメントに関する規定等に基づき，行為者に対して必要な懲戒その他の措置を講ずること。あわせて事案の内容や状況に応じ，被害者と行為者の間の関係改善に向けての援助，被害者と行為者を引き離すための配置転換，行為者の謝罪等の措置を講ずること。
- 労働施策総合推進法第30条の6（パワハラの場合），均等法第18条（セクハラ及びマタハラの場合），育児・介護休業法第52条の5（育児休業等に関するハラスメントの場合）に基づく調停その他中立な第三者機関の紛争解決案に従った措置を行為者に対して講ずること。

ハラスメントの事実が認定された場合には，企業の信用や体裁を気にして秘密裏に処理したりうやむやにしようとしたりせず，事前に策定・公表したルールに従って，行為者に適切な制裁措置を行うことが必要です。

(ii) 被害者に対する適正な配慮措置の実施

ハラスメント指針によれば，以下の場合には，被害者に対し適切な措置が行われていると認められると考えられます。

- 事案の内容や状況に応じ，

（パワハラ，セクハラの被害者への対応の場合）

　被害者と行為者の間の関係改善に向けての援助，被害者と行為者を引き離すための配置転換，行為者の謝罪，被害者の労働条件上の不利益の回復，管理監督者又は事業場内産業保健スタッフ等による被害者のメンタルヘルス不調への相談対応等の措置を講ずること。

（マタハラの被害者への対応の場合）

　被害者の職場環境の改善又は迅速な制度等の利用に向けての環境整備，被害者と行為者の間の関係改善に向けての援助，行為者の謝罪，管理監

督者又は事業場内産業保健スタッフ等による被害者のメンタルヘルス不調への相談対応等の措置を講ずること。

- 労働施策総合推進法第30条の6（パワハラの場合），均等法第18条（セクハラ又はマタハラの場合），育児・介護休業法第52条の5（育児休業等に関するハラスメントの場合）に基づく調停その他中立な第三者機関の紛争解決案に従った措置を被害者に対して講ずること。

ハラスメントに関する相談に対して，人間関係がうまくいかないのは個人間の問題であるなどとして当事者に解決を委ねると，問題が深刻化し，解決が困難になることがしばしばあります。そのため，相談の段階から，事業主が主体的に関与し，真摯に上記のような配慮措置を講じていくことが必要となります。

なお，被害者に対しては，個人情報の保護に配慮しつつ，可能な範囲で会社による対応の進捗状況を共有することが望ましいと考えられます。

③　再発防止措置の実施

ハラスメント指針によれば，以下の場合には，再発防止措置を講じていると認められると考えられます。

- 職場におけるハラスメントを行ってはならない旨の方針及びハラスメントに係る言動を行った者について厳正に対処する旨の方針を，社内報，パンフレット，社内ホームページ等広報又は啓発のための資料等に改めて掲載し，配布等すること。
- セクハラの場合には，必要に応じて，他の事業主に再発防止に向けた措置に協力を求めること。
- 労働者に対して職場におけるハラスメントに関する意識を啓発するための研修，講習等を改めて実施すること。

ただし，ハラスメントの具体的な内容をどこまで詳細に職場内で周知するか，また研修や講習等においてどの程度実際の事例を取り上げるかを検討する際には，行為者・被害者双方のプライバシーに慎重に配慮することが必要

です。

　また，ハラスメントに関する相談があった場合には，たとえ当該相談に関してはハラスメントが行われた事実が認定できなかった場合においても，これまでの防止対策に問題がなかったか再点検し，改めて周知を図る機会とすることが求められます。

第5

マタハラ，育児休業等に関する ハラスメントの原因や背景となる 要因を解消するための措置

マタハラや育児休業等に関するハラスメントについては，その発生の原因や背景となる要因を解消するため，業務体制の整備など，事業主や妊娠等した労働者その他の労働者の実情に応じ，必要な措置を講ずることが求められます。

職場におけるマタハラ，育児休業等に関するハラスメントの背景には妊娠，出産等に関する否定的な言動もありますが，当該言動の要因の一つには，妊娠した労働者がつわりなどの体調不良のため労務の提供ができないことや労働能率が低下すること（マタハラの場合），労働者が所定労働時間の短縮措置を利用することで短縮分の労務提供ができなくなること（育児休業等に関するハラスメントの場合）等により，周囲の労働者の業務負担が増大することもあることから，(i)周囲の労働者の業務負担等にも配慮すること，(ii)妊娠等した労働者/育児休業等の制度等を利用する労働者の側においても，制度等の利用ができるという知識を持つことや，周囲と円滑なコミュニケーションを図りながら自身の体調等に応じて適切に業務を遂行していくという意識を持つことのいずれも重要であることに留意することが必要です。

業務体制の整備などの原因や背景となる要因を解消するための必要な措置の例としては，以下のような例が挙げられています。

- 妊娠等した労働者/制度等の利用を行う労働者の周囲の労働者への業務の偏りを軽減するよう，適切に業務分担の見直しを行うこと。
- 業務の点検を行い，業務の効率化等を行うこと。

第6

その他併せて講ずべき措置

　ハラスメント指針は，これまで述べてきた措置義務と併せて，以下のような措置についても講ずべきと定めています。

- 相談者・行為者等のプライバシー保護のための措置の実施と周知。
- 相談，協力等を理由に不利益な取扱いを行ってはならない旨の定めと周知・啓発。

　職場におけるハラスメントに係る相談者及び行為者等の情報は，当該相談者及び行為者等のプライバシーに属する情報となります。そのため，相談への対応又は当該セクハラに関する事後の対応に当たっては，相談者及び行使者等のプライバシー保護のために必要な措置を講ずるとともに，その旨を労働者に対して周知し，労働者が安心して相談できるようにする必要があります（なお，このプライバシーには，性的指向・性自認や病歴，不妊治療等の機微な個人情報も含まれます。）。

　以下の場合には，プライバシーの保護のための措置を講じていると認められると考えられます。

- 相談者・行為者等のプライバシー保護のために必要な事項をあらかじめマニュアルに定め，相談窓口の担当者が相談を受けた際には，当該マニュアルに基づき対応するものとすること
- 相談者・行為者等のプライバシーの保護のため，相談窓口の担当者に必要な研修を行うこと
- 相談者・行為者等のプライバシー保護のために必要な措置を講じていることを，社内報，パンフレット，社内ホームページ等広報又は啓発のための資料等に掲載し，配布すること

　また，実質的な相談や，事実関係の確認をしやすくするために，相談者や事実関係の確認に協力した人がそれを理由に不利益な取扱いをされない旨を定め，労働者に周知・啓発することが必要です。

　具体的には，以下の場合，不利益な取扱いをされない旨の定め及びその周知・啓発のための措置を講じていると認められると考えられます。

- 就業規則その他の職場における服務規律等を定めた文書等において，労働者がハラスメントに関して相談をしたこと，又は事実関係の確認に協力したこと等を理由として，当該労働者が解雇等の不利益な取扱いをされない旨を規定し，労働者に周知・啓発すること
- 社内報，パンフレット，社内ホームページ等広報又は啓発のための資料等に，その旨を記載して労働者に配布すること

　相談，協力等を理由に不利益な取扱いを行ってはならない旨の周知は，これまで述べてきた事業主のセクハラに関する方針の周知・啓発の際や，相談窓口の設置の際に，併せて労働者に周知することが効果的といえます。

第7 事業主が行うことが望ましい取組の内容

1│一元的に相談に応じることのできる体制の整備

　パワハラ，セクハラ，マタハラ，育児休業等に関するハラスメントその他のハラスメントは，複合的に生じることも想定されることから，事業主は，例えば，セクハラの相談窓口と一体的にパワハラの相談窓口を設置する等により，各種のハラスメントの一元的に相談に応じることができる体制を整備することが望ましいとされています。

2│ハラスメントの原因や背景となる要因を解消するための取組

①　パワハラの場合

　パワハラ指針は，ハラスメントの原因や背景となる要因を解消するため，コミュニケーションの活性化や円滑化のために研修等の取組や，適正な業務目標の設定等の職場環境の改善のための取組を行うことが望ましいとしています。なお，労働者個人のコミュニケーション能力の向上は，労働者がハラスメントの行為者・被害者双方になることを防止するうえで重要であること，業務上必要かつ相当な範囲で行われる適正な業務指示や指導については，職場におけるパワーハラスメントには該当せず，労働者が，こうした適正な業務指示や指導を踏まえて真摯に業務を遂行する意識を持つことも重要であることに留意すべきであるとしています。

(i)　パワハラ指針は，コミュニケーションの活性化や円滑化のために必要な取組の例として以下を上げています。

- 日常的なコミュニケーションをとるように努めることや定期的に面談やミーティングを行うことにより，風通しの良い職場環境や互いに助け合える労働者同士の信頼関係を築き，コミュニケーションの活性化を図ること，
- 感情をコントロールする手法についての研修，コミュニケーションスキルアップについての研修，マネジメントや指導についての研修等の実施や資料の配布等により，労働者が感情をコントロールする能力やコミュニケーションを円滑に進める能力等の向上を図ること

(ⅱ)　パワハラ指針は，職場環境の改善のための取組例として以下を挙げています。

- 適正な業務目標の設定や適正な業務体制の整備，業務の効率化による過剰な長時間労働の是正等を通じて，労働者に過度に肉体的・精神的負荷を強いる職場環境や組織風土を改善すること

② 　マタハラの場合

　マタハラ指針は，妊娠等した労働者/制度等の利用の対象となる労働者の側においても，制度等の利用ができるという知識を持つことや，周囲と円滑なコミュニケーションを図りながら自身の体調等に応じて適切に業務を遂行していくという意識を持つこと等を妊娠等した労働者に周知・啓発することが望ましいとしています。

　マタハラ指針は，妊娠等した労働者/制度等の利用の対象となる労働者への周知・啓発の例として以下を挙げています。

- 社内報，パンフレット，社内ホームページ等広報又は啓発のための資料等に，妊娠等した労働者/労働者の側においても，制度等を利用していくという意識を持つこと等について記載し，妊娠等した労働者/制度等の利用の対象となる労働者に配布等すること
- 妊娠等した労働者/労働者の側においても，制度等の利用ができるという知識を持つことや，周囲と円滑なコミュニケーションを図りながら自身の体調等に応じて適切に業務を遂行していくという意識を持つ

こと等について，人事分門等から妊娠等した労働者/制度等の利用の
対象となる労働者に周知・啓発すること

3 運用状況の的確な把握や措置の見直し

　事業主は，上記第1から第5の措置を講じる際に，必要に応じて，労働者
や労働組合等の参画を得つつ，アンケート調査や意見交換等を実施する等に
より，その運用状況の的確な把握や必要な見直しの検討等に努めることが重
要であるとされています。なお，労働者や労働組合等の参画を得る方法とし
て，例えば，労働安全衛生法第18条第1項に規定する衛生委員会の活用など
も考えられます。

4 事業主が自らの雇用する労働者以外の者に対する言動に関し行うことが望ましい取組の内容

　取引先等の他の事業者が雇用する労働者，就職活動中の学生等の求職者，
労働者以外の者（個人事業主などのフリーランス，インターンシップを行ってい
る者，教育実習生等）に対する言動についても，以下の取組を行うことが望
ましいとされています。

① 雇用管理上の措置として職場におけるハラスメントを行ってはならな
い旨の方針の明確化等を行う際に，これらの者に対する言動についても
同様の方針を示すこと。

② これらの者から職場におけるハラスメントに類すると考えられる相談
があった場合に，その内容を踏まえて，自らの雇用する労働者に対する
言動に関して講ずべき措置も参考にしつつ，必要に応じて適切な対応を
行うように努めること。

5 | 他の事業主の雇用する労働者等からのパワー・ハラスメントや顧客等からの著しい迷惑行為に関し，行うことが望ましい取組の内容

　パワハラ指針において，事業主は，取引先等の他の事業主が雇用する労働者又は他の事業者からのパワー・ハラスメントや顧客等からの著しい迷惑行為（暴行，脅迫，ひどい暴言，著しく不当な要求等）により，その雇用労働者が就業環境を害されることのないよう雇用管理上の配慮として，例えば以下のような取組を行うことが望ましいとされました。また，顧客による迷惑行為，いわゆるカスタマー・ハラスメントも指針の対象とされたことが報道でも取り上げられており，事業主には社内のみならず社外の者によるハラスメントについても，労働者から相談があった場合には適切に対応することが求められていると考えられます。

①　相談に応じ適切に対応するための体制の整備

　(i)　相談先をあらかじめ定めこれを労働者に周知すること。

　(ii)　相談を受けた者が相談に対し，その内容や状況に応じ適切に対応できるようにすること。

　(iii)　労働者が当該相談をしたことを理由として，解雇その他不利益な取扱いを行ってはならない旨を定め，労働者に周知・啓発すること。

②　被害者への配慮のための取組

　相談者から事実関係を確認し，他の事業主が雇用する労働者等からのパワー・ハラスメントや顧客等からの著しい迷惑行為等が認められた場合には，速やかに被害者に対する配慮のための取組を行うこと。具体的な取組の例としては，事業の内容や状況に応じ，被害者のメンタルヘルス不調への相談対応，著しい迷惑を行った者に対する対応が必要な場合に労働者一名で対応させない等の取組を行うこと。

③　他の事業者が雇用する労働者等からのハラスメントや顧客等からの著しい迷惑行為への対応に関するマニュアルの作成や研修の実施等の取組を行うこと。

第8 特殊な事情がある場合の対応

1 労働組合が関与する場合

　労働者が社内外の労働組合にハラスメントの被害について相談した場合，相談を受けた労働組合が交渉の窓口になる場合があります。当該労働者が労働組合に加盟した場合，組合員の労働条件や団体的労使関係の運営に関する事項であって，使用者に処分可能なもの（義務的団交事項）について，使用者が労働組合との団体交渉を拒否することは，不当労働行為に該当します（労働組合法第7条第2号）。組合員である被害者についてのハラスメント問題の解決やハラスメント対策の改善等も労働条件の維持改善に関する事項に当たり，正当な理由なく使用者が交渉に応じないと不当労働行為に該当すると考えられます。

　労働組合にはいくつかの種類があります。社内に労働組合があり，使用者と労働組合との間に日頃から信頼関係が醸成されている場合，労働組合を介することにより，被害者が冷静に使用者の提案を聞くことができたり，事情聴取に労働組合の担当者が同席することで被害者が安心して聴取に応ずることが可能となったりするなど，個別のハラスメント事案の解決に資する場合があります。また，使用者と労働者がともに，ハラスメントを許さず職場環境の改善のために必要なハラスメント対策を講じるという価値観を共有し，同じ方向を目指して協力することができる関係にある場合は，適切な再発防止策の策定について建設的な協議ができることもあります。

　他方，労働組合が介入してきた場合等には，労働者自身ではなく労働組合が交渉の主体となり，事実関係や本人の意向の確認が困難になる可能性もあります。そのような場合は，理由を説明して本人の同席を求めたり，書面で

の意思確認を求めたりすることが考えられます。また，社外の労働組合の場合，被害者が労働組合の組合員であることを名簿で確認するなどの何らかの方法で組合員であることを確認する必要があります。義務的団交事項について団体交渉を拒絶すると不当労働行為に当たることは，社外の労働組合でも変わりはありません。

労働組合と交渉する場合には，複数名が出席し，記録を作成すること，プライバシーの保護に配慮することが必要です。

交渉に当たっては，労働組合側の要求内容の説明を求め，本人の希望及び労働組合の意向を早期に把握することが望まれます。社外の労働組合が介入し，労働者本人が交渉に出席しない場合であっても，理由を説明して事実確認や本人の意向確認のために本人の同席が望ましいと思われる場合は，同席を求めることが考えられます。

労働組合が，インターネット等を利用し，随時活動報告をしている場合がありますから，会社が適切に対応しない場合，SNS等を用いてその様子が拡散され，会社の評判に悪影響が出ることが考えられます。そのようなことを防ぐためにも，迅速誠実に対応する必要があります。他方，解決を急ぐあまり，本人の意向も確認できないうちに，団体交渉の場で相手方の求める書面に署名するようなことは避けるべきです。

2 高等教育機関でハラスメントが発生した場合

①　特有の権力関係と閉鎖性

ここでは，大学などの高等教育機関に特有のハラスメントであるアカハラについて論じます。大学などの高等教育機関の中での教員と学生，教授と下位の教員といった関係には，師弟関係という側面があり，学生や下位の教員は，上位にある教授，教員に抗議することが難しく，権力関係が強く働いてしまうことがあります。また，ハラスメントの行為者である教員や教授の異動は少なく，高等教育機関が閉鎖的な場所であること，行為者が教授等の地位を有していたり，研究者として有能であったりすることが，権力関係を助

長させる可能性があります。特に，大学については，学問の自由を保障するため不可欠の制度として大学の自治が認められており，これに資するものとして学部の自治（部局の自治），講座・研究室の自治が尊重されてきたことから，それぞれの組織が高い自律性を有し閉鎖性が高くなる傾向にあることが指摘されています。

　このように，高等教育機関においては権力関係と閉鎖性が背景にあることから，被害者が被害を申し出ることができず，被害者が劣悪な学習環境に長期間甘んじることとなる場合があります。その結果，被害者に身体的精神的な被害を発生させるだけでなく，教育機関にとっても，良好な学習環境，研究環境，職場環境を提供できないことが教育機関としての質・魅力を失わせることになる等，多大な損失を生じることがあります。被害者が被害を申し出ることをためらっている間に被害が深刻化し自殺に至るという，取り返しのつかない結果となった例も報道されています。

　さらに，ハラスメントの行為者側に徒弟制度的な師弟関係を前提とする研究室運営を当然とする意識が残っていることから，問題のある行為を教育指導上必要な行為と思い込み，自らの行為がハラスメントに当たることを理解できていないことがあります。しかしながら，近年，ハラスメントの被害者側，特に学生は学費を支払って教育・指導を受けていると認識するようになっておりますし，研究者同士でも，職務上下位の教員が教授に奉仕するのが当然という意識は通用しなくなっています。その結果，例えば，教授の研究の手伝いを長時間無償でさせられることに不満，苦痛を感じる学生又は下位の教員がハラスメントを訴える例も少なからず存在します。こうした状況を生み出さないため，高等教育機関全体でハラスメントについて理解し対応する仕組みを設ける必要があります。

　②　規則・規程・ガイドラインの整備

　そこで，まずは規則や規程においてハラスメントに該当する行為を定義し，許されない行為を明確にすることが必要となります。大学では，アカハラについての規則・規程・ガイドラインを設けるところが多くなっています。規則・規程・ガイドラインには，後述する相談窓口，解決手続，解決手続を担

う委員会その他組織の権限・構成についても定めを置きます。

　また，教員に対し，定期的にハラスメント研修を行い，出席を義務付けることが有効です。

　加えて，学生等の被害者の側でも，師として尊敬すべき教員・教授から自らが受けている行為がハラスメントと認識できない，認識したくないということがありますから，規則・規程・ガイドラインにハラスメントの定義を設けるだけでなく，ハラスメントの具体例を示し，どのような場合がハラスメントに当たるのかにつき，入学時のオリエンテーション等の様々な機会を捉え周知を図る必要があります。

　③　相談窓口

　被害が深刻化する前に被害の緩和・解決を図るために，ハラスメントと思われる行為にあった場合には，すぐに相談できるよう，相談しやすいシステムを構築しておくことが重要です。アカハラについても相談窓口を設ける（又はセクハラ及びパワハラに加えアカハラについてもハラスメント相談窓口の取扱対象であることを明示する）大学が多くなりましたが，被害者が利用できなければ意味がありません。入学時のオリエンテーション，パンフレットの配布，ポスターの掲示，相談事例の公表等の様々な方法で相談窓口の周知を図る必要があります。また，規則・規程・ガイドラインには，相談者のプライバシーが保護されること，相談や申立てを理由とする不利益な取扱いが禁止されることを明記し，パンフレットやポスターでもその旨明示する必要があります。解決手続の申立て前の当初の相談については，電話，メール，手紙，FAX等での匿名の相談を受け付けるという工夫も考えられます。

　面談での相談には，規則・規程・ガイドラインを熟知し，相談業務の経験を有する相談員が少なくとも一名は立ち会うことが必要です。プライバシーの保護が図られることや申立てによって不利益を被らないことを相談者に説明し相談者に安心感を持ってもらったうえで相談を受け，当該高等教育機関が用意している解決手続（後記④参照）やその利用方法について説明をし，被害者が解決手続を選択するのを援助する必要があるからです。

　相談を複数名で受けることが望ましいこと，記録を作成すること，プライ

バシーに配慮し守秘を徹底することが必要であることは，セクハラ等の事実聴取の場合と同じです。

④　解決手続──調整手続・調査手続・緊急措置

　大学では，相談を受けての事実確認及び解決は，相談窓口とは別に学内に委員会を設置し，この委員会が対応する例が多くなっています。相談員は，あくまでも被害者に寄り添って被害者から事情を聴取し，意向を確認し，被害者を援助することに専念する役割を担うものとし，より中立的な立場での関与が必要となる解決手続は別の構成員が担うことが予定されているわけです。

　なお，大学に関しては，前述の組織の閉鎖性を打破するため，学部レベルではなく，全学レベルでの窓口，調査委員会を設けることが望ましいという考えもありますが，他方，各学部の特徴を他の学部が把握し，適切な判断をなし得るかについては不安があるという指摘もあります。

ア　調整手続

　解決のための手続としては，「調査」を経て行為者を処分するという流れに加え，「調整」というインフォーマルな手続が活用されています。

　被害者は，必ずしも調査をして事実関係を明確にし，行為者の処分を行うという手続を望むとは限らず，むしろ，できるだけハラスメントの行為者に知らせたくない，大事にしないで穏便迅速な解決をしてほしいと望む場合が少なくありません。そこで，必ずしも調査によって事実関係を明確にして行為者を処分することを目指すのではなく，インフォーマルな調整により被害の最小化を図ることを主眼に解決を図る取組がなされており，このような手続を一般的に「調整手続」と呼んでいます。「インフォーマル」と記しましたが，教育上の指導については多様な考え方があり，指導を受ける側の感受性も一様ではなく，アカハラの認定は非常に難しいこと，また学問研究の場では継続的な人間関係及び信頼関係を維持する必要性が高いことから，調整手続をむしろ原則的な解決的な手続としている大学もあります。また，アカハラについての相談があったことを行為者に通知して，注意喚起を行うことで解決に至る場合もないわけではありません。こ

のような場合について，調整手続とは別に，「通知」手続という分類を設けている大学もあります。

　調整手続においては，例えば，教授の嫌がらせによって十分な指導を受けられていない学生について指導教授を変更し，卒業をサポートする等の措置をとることにより，被害者の学習権，研究権を保障するといった環境調整が試みられています。このような調整を行うには，担当する調査委員会等のみならず，被害者の属する学部・部局の協力が必要となります。また，様々な調整に時間がかかるうえ，利用できる選択肢や資源が限られていることから，必ずしも被害者が満足できる解決ができるとは限りませんが，被害者にとってできるだけ納得のいく結果となるよう，被害者に十分な説明を行い被害者の意思を確認しながら手続を進める必要があります。

　イ　調査手続

　ハラスメントの行為者を処分する場合には，規則や規程・ガイドラインに則って調査を行い，事実認定を行うことが不可欠です。調査を実効性のあるものにするためには，規則・規程・ガイドラインにおいて，調査を担当する学内の委員会の権限，構成及び調査に応ずる義務を明確に定めておく必要があります。

　ハラスメントの事実が確認できた場合は，就業規則に則って適切な処分を行います。行為者は，前述のように自らの行為がハラスメントに当たるとの認識がないことが多いため，処分に対し，反発することが予想されます。そのため，規則や規程に則り，手続を慎重に進め，社会通念上相当な処分を行うようにすべきです。社会通念上相当といえるためには，処分の対象となった行為と処分のバランスがとれていることが必要となる点は，通常の職場におけるハラスメント事案の場合と同じです。

　ウ　緊急措置

　被害者に心身の健康状態やその他状況から被害者を緊急に保護する必要がある場合，正式に調整手続や調査手続がとられる前に，緊急措置をとり得るように規則・規程・ガイドラインに定めをおく必要があります。この場合の判断権者についても規則・規定・ガイドラインに定めます。

3 | SOGIハラの場合

　第1章第4（29頁参照）のとおり，SOGIハラに該当し得る言動の一部は，パワハラ，セクハラ等，その他の類型のハラスメントにも該当することから，必要な対応も上述したハラスメント対応一般に求められるものと共通する部分が多くあります。しかし，SOGIハラは，個人の性的指向・性自認といったこれまであまり意識されてこなかった概念にかかわるものであることから，その内容や必要な対応について事業主・労働者共に理解が十分でない場合も多いと考えられます。そのため，SOGIハラ対応に当たっては，まずは，性的指向・性自認がどのような概念であるかや，どのような言動がSOGIハラに該当するかといったSOGIハラそのものに係る基礎的な事項に加え，なぜ労働者の性的指向・性自認に配慮する必要があるのか等についても，具体例を交えてわかりやすく解説する研修を実施したり，社内ガイドライン，ハンドブック等を作成したりするなどして，企業全体で労使双方が性的指向・性自認を含む性の多様性についての理解を深めることが重要です。また，就業規則等において性的指向・性自認に係る差別やハラスメントを禁止する旨を明確にすることや，企業として多様性の尊重に係る指針等を策定することも，労使双方の意識改革に有効であると考えられます。

　相談窓口の設置・運営に当たっては，第4章第6（158頁参照）にも記載したとおり，プライバシーの保護が最も重要となります。性的指向・性自認に係る情報は個人情報の中でも特に機微なものと考えられており，本人の許可なくそれらの情報を暴露することは，アウティングと呼ばれており，それ自体がハラスメントとなり得ます。相談担当者によるアウティングを防ぐためには，相談に係る情報に触れることのできる担当者の範囲や情報の取扱い方法を事前に明確に規定し，担当者に対して研修を実施するなどして周知徹底を図ることが重要です。また，相談担当者による不用意な言動がハラスメント被害を申し出た労働者を委縮させたり，場合によっては当該言動自体がSOGIハラを構成したりすることがないよう，適切な対応を確保することも必要です。

　上記のとおり，SOGIハラは比較的新しい概念に係る問題であることから，適切な対応を確保するためには外部の専門家を効果的に活用することが特に重要になります。具体的には，外部の専門家に対し，相談担当者向け研修の実施や相談対応マニュアル等の監修を依頼するなどの方法に加え，相談窓口自体をその他のハラスメントに係る相談窓口とは別に設置し，外部の専門家に運営を委託することも考えられます。

　万一SOGIハラが発生した場合，早急な事実確認と良好な就業環境の回復が最優先事項であることは，その他の類型のハラスメントと同様ですが，事実確認やハラスメント該当性の検討，就業環境回復のための措置の実施に当たっても情報管理には特に留意が必要です。被害を申し出た労働者やその他の関係者の性的指向・性自認に係る情報を不用意に流出させることなくSOGIハラに対応するためには，相談の受付時だけでなくその後の対応の各段階において，当事者に対し，どのような情報をどの範囲まで共有して良いか，きめ細かく確認し，当事者の意思を最大限尊重することが求められます。また，SOGIハラについては，その性質上，社内で実際の事例を共有し，再発防止に役立てることが難しい場合も多いと考えられます。そのため，担当者は報道等で公表されている事例や，厚生労働省等が公表している他社の取組例等にも気を配り，自社において啓発活動等に利用できるものがあれば適切に取り入れることが有効です。

第 **5** 章

マスコミ対応策と活用法

第1　被害者側のマスコミ対応

　1　マスコミからの保護を必要とする場合

　2　マスコミを活用する場合

第2　事業者側のマスコミ対応

　1　基本的方針

　2　モデルケースにおけるマスコミ対応例

第1 被害者側のマスコミ対応

1 マスコミからの保護を必要とする場合

(1) 法的措置の際における被害者のプライバシー保護の必要性

　ハラスメントの被害者からの相談では，加害者に対する責任追及はしたいが，自分のプライバシーが公表されないか心配だという懸念が示されることがよくあります。被害者が加害者等の責任追及に踏み切るかどうかを決断するうえで，プライバシー保護がなされるかどうかは，重要な関心事です。

　職場でハラスメントを受けて法的措置をとろうという段階では，被害者は会社を退職していることが比較的多く，社会的にも精神的にも不安な状況にある方が少なくありません。実際に，うつ病等の精神疾患にり患している方も相当程度います。退職したことで，ハラスメントに対する法的措置をとることが再就職に対する障害となるのではないか恐れている方もいます。これらの被害者の不安をできるだけ減らすということも重要です。

　特にセクハラの場合には，プライバシーが漏れないようにしてほしいという相談者がほとんどです。また，性的被害全般にみられる傾向ですが，被害者にも落ち度があったのではないかという批判がなされることも多く，精神的に被害を受けている被害者にさらなる精神的負担を負わせることになりかねません。加害者にとっても一般的に公表してほしくない事柄であることから，マスコミに事件を発表されたことによって，かりに自身のハラスメント加害の事実を肯定している場合でも否認に転じる可能性もあり，事件処理にマイナスとなることもあります。したがって，ハラスメントの中でも，特にセクハラ事件は，マスコミに知られないようにする必要性が特に高い類型であるといえます。

(2)　マスコミからの取材への対応

　事件がマスコミの知るところとなり，取材を申し込まれた場合，原則として取材を受けるべきではありません。仮に取材を受けるとしても，被害者等の生活の特定につながることにより，他者からの思いもよらぬ関与など，二次被害が起きる可能性を排除する必要があります。特に，事件が進行中である場合には，事件処理の妨げにならないよう，慎重に対応します。

　また，被害者がマスコミに事件が公表されることを望んでいない場合は，マスメディアに対し，その旨を説明し，報道しないよう要望することも考えられます。

(3)　マスコミによる名誉毀損・プライバシー侵害への対応

　被害者の意に反してマスコミが事件を報道し，それが名誉毀損・プライバシーの侵害に該当する場合，当該メディアに対して抗議することも必要でしょう。

2 | マスコミを活用する場合

(1)　マスコミへの発表の意義

　前記1では，被害者がマスコミへの発表を望んでいない場合の対応について説明しました。

　これに対し，ハラスメント事件についてもマスコミに発表し，世間にその問題を訴えかけていくことによって，個別の被害救済につなげ，また社会的にもハラスメントについての改善を図ることも考えられます。最近でいえば，マタハラ被害者がマスコミを通じて世間に問題を訴えたことがあげられます。平成26年10月23日のマタハラに関する最高裁判決（裁判例集(ii)1参照）が同時期に出されたことの影響もあり，世間にマタハラという問題が広く認知され，厚生労働省の指針が改定されるという大きな成果につながりました。

(2)　マスコミ活用時の注意点

　このように，被害者自身がマスコミに訴えたいと希望する場合には，弁護士の側から記者に対し積極的に情報提供していく必要があります。もっとも，ハラスメント事件はセンシティブな内容を含むことが多いため，報道に際し，被害者のプライバシーや被害者自身が示したい情報の伝わり方となっているか，繊細な配慮が必要です。

　まず，前提として，どのようなマスメディアを使うのか，その媒体を適切に選択する必要があります。下記(3)の記者クラブを通じた方法もあれば，個別のメディアを選択し，個別にアプローチしていく，という方法もあります。どちらであっても，日ごろから記者との信頼関係をつくっておくことが望ましいといえるでしょう。弁護士のコメント等が記事になる場合，可能であれば，記事中のコメントを事前にチェックすることを申し入れましょう。ただし，インタビューや談話であればチェックできることも多いですが，事件についての報道記事中のコメントをチェックさせてもらえることはあまりありません。

　マスコミに訴えるかどうかは，被害者本人の意向が最優先であり，本人の同意が得られない限り，世間に訴えかけることは絶対に許されません。被害者本人がマスコミに訴えることに同意した場合でも，氏名公表の可否，顔を映すことの可否をはじめ，年齢や住所地や職種など本人の特定につながり得る情報の全てについて，どこまで公開するか，事前に確認しておく必要があります。

　なお，記者会見などを名誉毀損にあたるとして，刑事告発や謝罪広告・慰謝料を求める訴訟の提訴などをする例もあるため，発信する内容については，加害者側の反論がなされても維持できるものとして事前段階で検討しておく必要があります。

(3)　記者会見の開き方

　マスコミに対して情報提供する方法の一つとして，記者クラブにおいて記者会見する方法があります。記者会見においては，開催の目的を設定した上

で，その目的に従った対応をする必要があります。例えば提訴会見であれば，提訴予定日に記者会見を予定することが多いです。

　東京の場合，司法記者クラブ（東京高等裁判所内）や，就労にからむハラスメントの場合には厚生労働記者会，労政記者クラブ又は厚生日比谷クラブ（いずれも厚生労働省内）を利用することがあります。いずれの場合でも，事前に幹事社に連絡をとり（記者クラブに電話して幹事社につないでもらうことが多い），事件名等を告げて，記者会見の予約を行うことができます。記者会見の予定が詰まっていて予約できないこともありますので，なるべく早く連絡することが望ましいでしょう。

　記者会見の前に，事件名，概要，会見日時，連絡先等を明記したプレスリリース（文例(xix)参照）を作成し，FAXしておきます（厚生労働記者クラブの場合は，プレスリリースをFAXすることで正式な会見予約になります）。このとき，記者会見する事件が社会的にどのような意義を持っているかを記載することが重要です。

　会見に当たり，被害者本人が同席するか否かについては，被害者の意向に従います。被害者が同席して氏名・顔を公表した方が，社会的な反響は大きくなります。しかし，インターネット社会においては，被害者本人に対する影響も予想されますので，冷静かつ慎重に検討してもらう必要があります。被害者が会見に同席して氏名・顔とも公表する，会見に同席するが氏名・顔は公表しない，会見に同席しないなどのパターンがあります。被害者が同席する場合には，氏名・顔の公表の可否について，会見の冒頭で記者に説明する必要があります。

第2 事業者側のマスコミ対応

1 基本的方針

　事業者側がとるべきマスコミ対応は，具体的な事案の内容や情報流出の状況，事業内容等によって様々です。以下では，問題となっているハラスメントが一般の従業員により行われたものか，役員又は幹部従業員など，経営陣ないしはそれに近い立場の者により行われたものかに分けて説明します。

　なお，マスコミ対応については，日常的に，同種事業者の不祥事事案に対するマスコミ報道の仕方などを踏まえ，マスメディア各社の動向について，広報担当部署が一定程度知見を有していることが重要かつ必要です。複数のマスメディアの議論の方向性など具体的な動向を把握しておき，どのように対応するべきか，想定していると良いでしょう。さらに，メディアトレーニングなど，不祥事事案が発生した場合における自社対応について日頃から，研修を積み重ねることも有用です。

(1)　一般の従業員によるハラスメント

①　単発的な事案の場合

　事業者は，一般の従業員により行われたハラスメント事案については，マスコミに積極的な情報公開は行わないことが通常です。特にセクハラ事案では，被害者のプライバシー保護が要請されます。

　被害者自身がマスコミを利用することを意図して事件を公表することもあり得ますが（第1の2参照），そのような場合でも，法廷における議論を優先することとして，事業者は積極的な情報公開を行わないという方策も考えられます。

既に情報が流出してしまった場合であって，マスコミからの取材申込みが相次いでいるような場合には，マスコミに対する情報発信について，会社側からの情報のコントロールを行うことも考えられます。この場合においては，プレスリリース等を行い，事実関係について調査中であることなどを説明するなどしたり，報道に当たって被害者及び加害者等のプライバシーに配慮を求めていくということも考えられます。なお，調査中と発する場合，後日調査結果を発表することが必要となる場合がありますので，客観的な情報を明らかにしたうえで，どのような情報を発することにするのか，事前に検討しておく必要があります。

② 長期にわたって繰り返し，又は複数の事業所で行われている事案の場合

一般の従業員により行われたハラスメント事案であっても，長期にわたって繰り返し同様のハラスメントが行われている場合，又は複数の事業所で同様のハラスメントが行われている場合は，マスコミ報道により，事業者全体としてのコンプライアンス体制が疑われ，企業イメージが悪化する可能性があります。

その場合には，プレスリリースや記者会見等を行って，事業者として正式にマスコミ対応すべき場合もあるでしょう。マスコミ対応の要否・程度の具体的な検討については，下記(2)①を参考にしながら，自社の今後の企業イメージを低下させるなどのリスクを踏まえ，必要な施策を検討してください。

(2) 役員又は幹部従業員によるハラスメント

① マスコミ対応の要否・程度

役員又は幹部従業員によるハラスメント事案の場合でも，基本的には，不用意な情報流出を防ぐように配慮が必要です。

もっとも，役員又は幹部従業員によるハラスメント事案について，マスコミ報道がされると，事業者全体としてのコンプライアンス体制が疑われ，企業イメージが悪化する可能性があります。

また，昨今では，マスコミに限らず，SNS（ソーシャル・ネットワーキン

グ・サービス）等を通じて，情報が急激に拡散して，インターネット上でい
わゆる「炎上」が起こることもあり得ます。

したがって，既に情報が流出している場合，又は情報が流出するのが確実
とわかっている場合には，影響を抑えるべく，プレスリリースや記者会見等
を行って，事実関係や問題となっている事案への対応の状況，今後のハラス
メント防止対策の説明等を行うことが考えられます。プレスリリースや記者
会見等を行うか否かの判断に当たっては，例えば，以下の要素を検討すると
よいでしょう。

ア　事案の性質

ハラスメントの事案の場合，その性質上，被害者のプライバシー保護の
要請が高いことから，基本的には，事業者側からの積極的な情報公開は控
えるべきです。もっとも，被害者側がマスコミに事件を公表し，既に周知
されているのであれば，事業者側からも当該事件について述べることは問
題ありません。このような場合には，企業イメージ低下のリスクを抑える
ため，プレスリリースや記者会見等により，事実関係の調査を行うことや
コンプライアンス体制の構築などの事業者としての責務を果たすことを伝
える必要は高いものといえます。ただし，被害者本人が公表していないプ
ライバシーに関する事項を誤って公表しないよう，留意すべきです。

イ　報道されている情報の真偽，内容等

報道されている情報が虚偽であったり，被害者側に一方的に有利な内容
であったりする場合には，プレスリリースや記者会見等によって正しい事
実関係を釈明することは，企業イメージの回復に有用でしょう。ただし，
この場合，事業者の釈明が，隠蔽や事実の矮小化，被害者側への不合理な
反論ととらえられると，逆に企業イメージを損ねる場合があります。事業
者の発信する情報の内容やその方法の仕方については，マスメディアの記
者の対応のみならず，被害者や情報の受け手である一般消費者の感覚を想
像しながら，策定する必要があります。

ウ　事業の内容

当該事業者の事業の内容も，マスコミ対応の要否・程度に関わる要素と

いえます。消費者を直接に対象とするB to C（Business-to-Consumer）ビジネスが主な事業である場合，ハラスメント事案により世間一般における企業イメージが低下すると，事業に悪影響を与えることが予想されます。よって，企業イメージを保つため，きめ細かなマスコミ対応が求められることが多いでしょう。

② 　被害者側への対応に際しての留意点

最近の事例では，既に起こったハラスメント事案についての対応の過程で，役員や幹部従業員が被害者側に暴言を吐く，威迫するなどし，それを録音・録画されることにより，マスコミに報道されたりインターネットで拡散されたりするなど，より大きな騒ぎとなってしまうということが見受けられます。

ハラスメント事案には，冷静かつ適切な対応を行うよう，留意しなければなりません。特に，役員や幹部従業員が暴言を吐いている音声・動画等は大きなインパクトを持って受け止められ，それだけで深刻な企業イメージの低下を招くおそれがあります。このような対応のみならず，「ほんの」とか「ささいなこと」とか「少しだけ」，事実を小さく見せる印象を受けるような言葉を用いると，その一言を切り取って誤ったメッセージが伝わるおそれがあります。情報を発信するスポークスマンはもとより，役員や幹部従業員は，自らの言葉が企業に及ぼす影響を十分に自覚し，常に慎重に対応する必要があります。

(3)　記者会見において意識するべき事項

記者会見においては，事業者が発したいメッセージが何か，そしてそのメッセージがマスコミや一般消費者に対して受け入れやすいものであることを意識する必要があります。企業として，行うべきハラスメント対策を行っているという事案であっても，企業側が「上から」又は「一方的に」自社の対策が良いことを主張していると捉えられないよう，話者の話し方，外観など細部にわたっても注意を払う必要があります。そのような観点からすると，被害者及び加害者のプライバシーに配慮しながら，客観的な事実をしっかりまとめた上で，自社の立場を簡潔に明確にした概要を記載した書面（いわゆ

る，ポジションペーパーと呼ばれることもあります）などを作成し，わかりやすく，また，必要十分な情報を発する必要があります。状況によっては，疑われるようなことがあったことを前提として，公表する再発防止策などを検討しておくことも役に立ちます。

　そのうえで，会社が発信した情報と内容面で一致しているプレスリリースを作成する必要があります。

　なお，今日のような情報化社会のもとでは，会社のホームページにプレスリリースをデータとして公表する場合，一般消費者がデータの作成者などプロパティ情報まで見る場合があります。このとき，もし仮に加害者とされている人物やその人の影響力のある部署が作成していることがプロパティ情報に表示されている場合，そのことそれ自体が，新たな議論の火種となる場面もあるため，プレスリリースのデータのプロパティ情報などにも十分な配慮をする必要があります。

2 | モデルケースにおけるマスコミ対応例

　以下では，架空のモデルケースを基に，マスコミ対応例を検討します。

(1)　ケースＡ ── 複数の事業所でハラスメントが繰り返し行われていた場合

①　事　案

　Ａ社は業界大手の化粧品会社であり，全国の百貨店に販売窓口を置いている。ある販売窓口で働く女性販売員Ｘが妊娠を機に時短勤務を申し出たところ，所属する販売窓口を統括しているチーフ販売員Ｙから，「時短勤務なんて甘えている」，「他の人の仕事が増えて迷惑だ」などといわれた。そしてＸは，勤務時間内に到底終わらない量の業務を次々と与えられ，これをこなせないと，Ｙから「能力が低い」，「仕事を辞めて家庭に入った方がよいのではないか」などと日々厳しく叱責された。

　たまりかねたＸが，事件を週刊誌の編集部に持ち込み，記事にするよう依

頼したところ，後日，週刊誌でA社のマタハラ事案の特集記事が組まれた。

その特集記事をきっかけに，A社の他の販売窓口におけるマタハラ・パワハラ事案もマスコミにとり上げられるようになった。A社には，コンプライアンス体制等に関する抗議の電話，手紙，メールが殺到する事態となった。

② A社が取るべきマスコミ対応

本件は，役員や幹部従業員ではなく一般従業員によるハラスメント事案ですが，長期にわたり繰り返し，かつ複数の販売窓口でハラスメントが行われていたことや，A社（化粧品会社）が消費者と距離の近い企業であったことから，世間の批判が集まったと考えられます。前記1(2)で挙げた各要素に従って，正式なマスコミ対応の要否・程度を検討してみましょう。

ア 事案の性質

本件はマタハラ・パワハラ事案で，XのYに対するハラスメント行為に関しては，X自身がマスコミを使って事件を公表しています。したがって，A社自身が情報公開を行っても問題が起こる可能性は低いと考えられます。

さらに，本件では現にA社のコンプライアンス体制について批判が殺到し，企業イメージが低下していますので，A社がプレスリリースや記者会見等，正式なマスコミ対応をとる必要性は高いといえます。

イ 報道されている情報の真偽・内容等

マスコミ報道されている事実を確認し，虚偽の内容が含まれていないか，被害者側に一方的に有利な内容となっていないかなどをチェックする必要があります。小さな齟齬等を事細かに正す必要はありませんが，事実関係の重大な齟齬等については，不当な企業イメージの低下を防ぐべく，プレスリリースや記者会見等で誤りを正すのが良いでしょう。

ウ 事業の内容

A社は，全国に販売窓口を置いて，消費者に対して化粧品を直接販売しています。したがって，本件のようなマタハラ・パワハラ事案によりA社の企業イメージが低下すると，顧客離れを招き，事業に悪影響が出る可能性もあります。したがって，事実関係の調査を行ったことやその調査の結果，今後とる予定のハラスメント防止対策等を表明し，企業イメージの維

持・回復に努める必要性が高いといえます。

　以上の検討の結果からすると，A社はプレスリリースや記者会見等を行って，正式なマスコミ対応をとることが望ましいといえます。各所の販売窓口からハラスメント事案の報告がされていることから，A社全体の体制について不信感を持たれていると思われますので，今後のハラスメント防止対策，コンプライアンス体制の整備について明確に説明し，信頼をとり戻すことが重要でしょう。

(2)　ケースB —— 被害者と社長との面談を録音したデータが拡散された場合

①　事　案

　B社は業界では中堅の運送会社で，主に事業者を取引先としている。B社の従業員Xは，以前より直属の上司からの暴言等のパワハラに悩まされており，人事部に対して改善を要望した。しかし，一向に改善される様子はなく，精神的に追い込まれたXは，社長のYに対して直接，事情を訴えるとともに，パワハラの改善を求めるメールを送った。

　Yは，Xと1時間ほどの面談を行い，事実関係の確認を行った。面談は概ね穏やかに行われたが，YからするとXの勤務態度に問題があるように思われる点もあり，YがXに対して，厳しい意見を時間にして数分間程度述べた場面もあった。Xは，パワハラの被害者である自身に対して，そのような厳しい意見を述べられたことを不満に思った。

　Xは，面談の内容を密かに録音していたため，その録音データをテレビ局に送り，放送してくれるように依頼した。後日，同テレビ局で，ブラック企業をテーマにしたドキュメンタリー番組が放送され，B社におけるパワハラ事案も題材とされた。同番組内では，上記面談の録音データのうち，YがXに対して厳しい意見を述べている箇所のみがとり上げられて再生された。その後，同番組は複数の動画サイトにアップロードされて繰り返し再生され，面談中のYの発言は非難を浴びることとなった。

②　B社が取るべきマスコミ対応

本件では，元々は一般従業員によるパワハラが問題となっていますが，社長であるYの対応について，更なる非難を受けてしまいました。前記1⑵で挙げた各要素に従って，正式なマスコミ対応の要否・程度を検討してみましょう。

ア　事案の性質

本件はパワハラ事案で，X自身がマスコミを使って事件を公表しているので，B社自身が情報公開を行っても問題が起こる可能性は低いと考えられます。

そして，B社の顔ともいえる社長Yに対して非難が集まることにより企業イメージが低下していますので，その点では，正式なマスコミ対応をとる必要は高いといえます。

イ　報道されている情報の真偽・内容等

本件では，録音データのうち，厳しい発言をしている部分のみがとり上げられ，注目を集めてしまっていますので，前後のやり取りや，当該発言の趣旨を釈明することは有用です。ただし，単なる言い訳ととられるような釈明をしてしまうと，逆に更なる非難を浴びかねません。元々の問題となった，Xの直属の上司によるパワハラが解決されなかったことについて，謝罪や今後の対応策の表明等を行ったうえで，丁寧な釈明を行うべきでしょう。

ウ　事業の内容

B社の主要な取引先は事業者ですので，一般の消費者における企業イメージの低下が，直ちに顧客離れにつながるとまではいえません。その点では，記者会見により広く一般の消費者に働きかける必要まではないかもしれません。

以上の通り，事案の性質，報道されている情報の真偽・内容等からすれば，何らかの方法で謝罪や今後の対応策の表明を行ったうえで，Yの発言の趣旨の説明等を行うことが望ましいといえます。もっとも，B社の事業の内容からすると，記者会見までは必要なく，プレスリリース限りでの対

応で十分と思われます。

文例・裁判例集

文　例

（ⅰ）通知書①（セクハラ　相談事例１：41頁）

令和○年○月○日

〒○○○ - ○○○○
○○県○○区○○○丁目○番○号
被通知人　　○○○○　殿

　　　　　　　　　　　　　　〒○○○ - ○○○○
　　　　　　　　　　　　　　○○県○○区○○町○丁目○番○号
　　　　　　　　　　　　　　○○法律事務所
　　　　　　　　　　　　　　TEL：○○○ - ○○○ - ○○○○
　　　　　　　　　　　　　　FAX：○○○ - ○○○ - ○○○○
　　　　　　　　　　　　　　通知人　X
　　　　　　　　　　　　　　通知人代理人　弁護士　○○○○　㊞

通　知　書

前略
　当職は，通知人X氏（以下「通知人」といいます）の代理人として，貴殿に
対し，以下の通りご通知致します。

　貴殿は，令和○年○月頃，Y₂の○課に課長として配属された当初より，通
知人に対し，通知人の異性関係を執拗に尋ねたり，通知人と２人になった際に，
通知人と性交渉をしたい旨の発言をするなどしていました。そして，令和○年
○月○日，取引先接待の際の○時○分頃，貴殿は，通知人に対し，取引先の男
性とチークダンスをするように命じました。貴殿はさらに，同日，取引先の接
待後，チークダンスを拒んだXに対し，○時○分頃，○○駅近くのカラオケ
ボックス（○○県○○区○○丁目○番○号所在，店名「○○」）の個室におい
て，通知人にアルコール度数の高い酒を飲ませ，無理やりキスをしたうえ，通
知人の左右の胸を触りました。
　貴殿の行った上記行為（以下「本件行為」といいます）は，通知人の性的自
己決定の自由を含む人格権を侵害するものであり，セクシュアル・ハラスメン
ト行為に該当する違法な行為です。特に，本件行為のうち，貴殿が通知人に対
し令和○年○月○日○時○分頃に行った行為は，強制わいせつ罪（刑法第176
条）又は準強制わいせつ罪（刑法第178条第１項，第176条）に該当する極めて
悪質な行為です。貴殿の本件行為により，通知人はPTSDとの診断を受け，精

神科への通院治療を余儀なくされ，通勤，就業のみならず，日常生活にも支障を来すほどの大きな精神的苦痛を受けました。

　つきましては，通知人は，貴殿に対し，本件行為に関する謝罪及び通知人が被った損害の賠償を求める所存です。貴殿との間で協議の場を設定したく，本書面到達後1週間以内に，当職宛にご連絡いただきますようお願い致します。

　上記期限内に貴殿より何らのご連絡がない場合は，刑事告訴を含むしかるべき法的手続をとる所存ですので申し添えます。

　なお，本件につきましては，当職が代理人となりましたので，ご連絡は当職にお願いしたく，通知人に対する直接のご連絡は控えていただきますようお願い致します。

草々

（ⅱ）通知書②（セクハラ　相談事例１：41頁）

令和○年○月○日

〒○○○－○○○○
○○県○○区○○○丁目○番○号
被通知人　株式会社Y₂
代表者　代表取締役　○○○○　殿

　　　　　　　　〒○○○－○○○○
　　　　　　　　○○県○○区○○町○丁目○番○号
　　　　　　　　○○法律事務所
　　　　　　　　TEL：○○○－○○○－○○○○
　　　　　　　　FAX：○○○－○○○－○○○○
　　　　　　　　通知人　X
　　　　　　　　通知人代理人　弁護士　○○○○　㊞

通　知　書

前略

　当職は，通知人X氏（以下「通知人」といいます）の代理人として，貴社に対し，以下の通りご通知致します。

　通知人は，貴社の○○課に所属し，課長であるY₁氏のもとで勤務していますが，Y₁氏から度重なるセクシュアル・ハラスメント行為を受けています。すなわち，Y₁氏は，○○課に課長として配属された令和○年○月頃から，通知人に対し，異性関係を執拗に尋ねたり，通知人と２人になった際には，通知人と性交渉をしたい旨の発言をするなどしていました。また，令和○年○月○日，取引先接待の際の○時○分頃，通知人は，Y₁氏から，取引先の男性とチークダンスをするように命じられましたが，通知人はこれを拒否しました。接待後，Y₁氏は，通知人に対し，「注意することがあるから，ついてくるように」と述べ，○○駅近くのカラオケボックス（○○県○○区○○丁目○番○号所在，店名「○○」）の個室に通知人を連れて行き，通知人にアルコール度数の高い酒を飲ませ，無理やりキスをしたうえ，通知人の左右の胸を触りました（以下「本件事件」といいます）。

　Y₁氏による上記一連の行為は，通知人の性的自己決定の自由を含む人格権を侵害するものであり，セクシュアル・ハラスメント行為に該当する違法な行為です。特に，本件行為のうち，貴殿が通知人に対し令和○年○月○日○時○分頃に行った行為は，強制わいせつ罪（刑法第176条）又は準強制わいせつ罪（刑法第178条第１項，第176条）に該当する極めて悪質な行為です。本件事件

により，通知人は，多大な精神的苦痛を被り，精神科でPTSDの診断を受け，現在も精神科への通院を余儀なくされています。

　通知人は，本件事件後，貴社の人事部に相談し，Y₁に対するしかるべき処分及びY₂の異動を求めましたが，人事部は，Y₁の事実に反する説明を盲信し，何ら対応しませんでした。

　貴社の上記対応は，事業主としての職場環境配慮義務及び男女雇用機会均等法第11条に定める措置義務に反するものであることは明らかです。

　つきましては，通知人は，貴社に対し，Y₁氏や関係者からの事情等を含め，事実関係の確認を行うとともに，事実確認後に，Y₁氏に対し適切な処分を行い，再発防止の措置及び通知人の今後の職場環境に関する改善措置を行うことを求めます。また，男女雇用機会均等法第11条に基づき，セクシュアル・ハラスメントを防止するとともに，セクシュアル・ハラスメントの相談に対し適切に対応するために必要な体制の整備を早急に整えることも併せて求めます。

　なお，本件につきましては，当職が受任しましたので，ご連絡等は当職宛てにお願い致します。本件に関する通知人への直接のご連絡は控えていただきたく，また，本通知により通知人に不利益な取扱いをされないよう申し入れます。

草々

（ⅲ）**通知書③（パワハラ　相談事例２：74頁）**

令和○年○月○日

〒○○○－○○○○
○○県○○市○○町○丁目○番○号
被通知人　株式会社Y₂
代表者　代表取締役　○○○○　殿
〒○○○－○○○○
○○県○○市○○町○丁目○番○号○○マンション○号
被通知人　○○○○　殿

〒○○○－○○○○
○○県○○市○○町○丁目○番○号
通知人　X
〒○○○－○○○○
○○県○○市○○町○丁目○番○号○○ビル○階
○○法律事務所
TEL：○○○－○○○－○○○○
FAX：○○○－○○○－○○○○
通知人代理人　弁護士　○○○○　㊞

<h2 style="text-align: center">通　知　書</h2>

前略

　当職は，X（以下「通知人」といいます）の代理人として，貴社及び貴殿に対し，以下の通り通知致します。

　通知人は，平成○年○月○日に貴社に入社し，30年にわたり勤務していましたが，取締役である貴殿による退職強要，降格処分及び二度の配転命令により，令和○年○月○日をもって退職することを余儀なくされました。

　以下に述べる通り，貴殿による一連の行為は，通知人を退職に追い込むという不当な目的及び動機によりなされたものであり，不法行為に当たります。

1　退職強要について

　貴殿による退職強要は，令和○年○月○日頃から４か月間にわたり，30数回もの面談を強要することによって行われました。面談の中には約８時間にも及ぶものもあり，面談中，貴殿は，通知人に対して，「能力がない」，「他の社員たちの迷惑だ」，「寄生虫！」，「別の道があるだろう」等と大声で罵倒

し，机を叩くなどの威圧的な言動をしていました。

　これら一連の行為は，社会的相当性を逸脱する退職強要であり，不法行為に該当することは明らかです。

　なお，貴殿及び貴社は，通知人が市場情報室において実績を上げていないことを理由とする退職勧奨であると説明していましたが，理由がありません。すなわち，市場情報室は，マーケティング調査報告書の作成，提出を行うのが業務とされていますが，実態はさしたる業務はありません。何より退職勧奨を拒否した通知人が配転される直前に設置された部署であることに鑑みても，通知人を孤立させ，退職に追い込むために設置されたものであることは明白です。そもそも，通知人に対し退職が強要された時期においては，既に貴社における人員整理が進み，当初「アクションプラン」で示されていた目標値の9割方の人員が退職勧奨に応じて貴社を退職していたことから，退職勧奨の必要性自体が存在しませんでした。

　したがいまして，通知人に対する退職強要は違法であり，民法上の不法行為となります。

2　市場調査室への配転命令及び降格処分について

　市場調査室への配転命令は，部長職のはく奪及び大幅な給与減額という降格処分を伴い，通知人にとって多大な不利益を与えるものですが，以下に述べる通り業務上の必要性は認められません。

　すなわち，市場調査室は，通知人に対する配転命令の直前に新設された部署であり，さしたる業務はなく，30年間も勤続し，複数回支店長経験のある通知人の実績，経験，能力に全くふさわしくないものです。

　通知人の市場調査室への配転は，通知人が退職勧奨を拒否した後になされたことに鑑みても，通知人を孤立させ，退職に追い込む目的でなされたものといえます。

　このような目的と態様で行われた配転命令及び降格処分は，人事権を濫用した違法な処分であり，不法行為に当たります。

3　総務課への配転命令について

　令和○年○月○日，通知人は総務課に配転されましたが，そこでの通知人の業務は，従来二十代前半の契約社員が担当していた単純労働作業であり，複数の支店の支店長を経験し，本店部長職を勤めてきた通知人にふさわしい職務とは到底いえませんでした。

　そのうえ，総務課での受付業務は，社内の衆目に曝されやすい職場であり，しかも，書類の各課への発送のほか，来客の取次も担当しているため，通知人の旧知の外部者が来訪することも少なくない職場でした。令和○年○月○日頃，通知人が受付業務を行っていると，貴殿がやってきて「エンジョイしてるか」と話しかけてくることもありました。

　この配転とその後の処遇は，社会常識から明らかに逸脱した侮辱的かつ屈

辱的なものであり，通知人の名誉・自尊心は著しく傷つけられました。

　この配転命令についても，市場調査室への配転命令の延長線上にあるものであり，通知人に屈辱感を与えることにより退職を決意させるという意図の下に行われたといえます。

　したがって，総務課への配転命令についても，人事権の濫用として違法であり，不法行為に当たります。

　以上の通り，貴殿は，上記１から３の行為について不法行為責任を負うものであり，これらは業務の執行に伴いなされたものであることから，貴社は使用者として不法行為責任を負います。

　通知人は，30年間の長きにわたり勤務し，貴社に愛着と誇りを持っておりましたが，貴社及び貴殿による一連の処遇により退職を余儀なくされ，多大な経済的及び精神的損害を被りました。

　つきましては，通知人は，貴社及び貴殿に対し，本書面到達から１週間以内に，連帯して，退職に伴う逸失利益○円，慰謝料○円及び弁護士費用○円の合計○万円を通知人が指定する銀行口座（○○）に送金する方法により支払うよう求めます。

　なお，上記期限内に誠意ある対応がない場合には，法的措置を検討することを付言致します。

草々

（ⅳ）通知書④（マタハラ　相談事例：54頁）

```
　　　　　　　　　　　　　　　　　　　　　令和○年○月○日
〒○○○－○○○○
○○県○○区○○○丁目○番○号
被通知人　医療法人社団　Y
代表者　理事長　○○○○　殿

　　　　　　　　　　　　〒○○○－○○○○
　　　　　　　　　　　　○○県○○区○○町○丁目○番○号
　　　　　　　　　　　　○○法律事務所
　　　　　　　　　　　　TEL：○○○－○○○－○○○○
　　　　　　　　　　　　FAX：○○○－○○○－○○○○
　　　　　　　　　　　　通知人　X
　　　　　　　　　　　　通知人代理人　弁護士　○○○○　㊞
```

通　知　書

前略

　当職は，通知人X氏（以下「通知人」といいます）の代理人として，貴法人に対し，以下の通りご通知致します。

　通知人は，平成○年○月○日付で，貴法人との間で雇用契約を締結し，貴法人が経営する○○病院（以下「本件病院」といいます）A科に配属され，副主任看護師として勤務していた者です。

　通知人は，令和○年○月，第2子を妊娠し，労働基準法第65条第3項に基づき，軽易な業務への転換を請求したところ，貴法人は通知人をB科に異動させるとともに，副主任看護師を免じ，非常勤看護師としました（以下「本件措置」といいます）。

　通知人は，令和○年○月○日から同年○月○日まで産前産後の休業を，同月○日から同○年○月○日まで育児休業を，それぞれ取得した後，通知人の希望によりA科に復帰しました。しかし，A科では，通知人より職歴の短い職員が副主任として同科を取りまとめていたことから，再び副主任に任ぜられることなく，非管理職の看護師として勤務することとなりました。通知人がこれを不服として強く抗議したところ，貴法人は令和○年○月○日付で通知人を解雇しました（以下「本件解雇」といいます）。

　育児休暇取得後も貴法人が通知人を副主任に任じなかったという経緯に鑑みると，貴法人の本件措置は，軽易業務への転換期間中の一時的な措置ではなく，妊娠中，産前産後休業，及び育児休業期間経過後も，副主任への復帰を予定し

ていない降格に該当する措置であることは明らかであり，上記男女雇用機会均等法第9条第3項，同施行規則第2条の2第6号に違反する行為です。

　そして，本件措置及び職場復帰後に副主任への復帰を認めなかったことに抗議したことを契機として行った貴法人の本件解雇は，客観的に合理的な理由がなく，社会通念上相当でないことから，無効であることは明らかです。

　つきましては，通知人は，貴法人に対し，雇用契約上の権利を有する地位にあることの確認を求めるとともに，雇用契約に基づく賃金として，毎月○日限り，月額○円を下記口座に送金する方法により支払うよう求めます。

記

○○銀行○○支店　普通預金口座　口座番号○○
口座名義：預り口　弁護士○○○○

　貴法人が本書面到着後1週間以内に誠意ある回答をしない場合，速やかに法的手段をとる所存です。

　なお，本件につきましては，当職が代理人となりましたので，以後，通知人に対する直接のご連絡はご遠慮いただきますようお願い致します。

　　　　　　　　　　　　　　　　　　　　　　　　　　　　　　　　草々

（ⅴ）通知書⑤（アカハラ　相談事例1：94頁）

令和○年○月○日

〒○○○-○○○○
○○県○○市○○町○丁目○番○号
被通知人　Y₂大学ハラスメント防止委員会委員長　　○○○○　殿
〒○○○-○○○○
○○県○○市○○町○丁目○番○号○○マンション○号
被通知人　○○○○　殿

〒○○○-○○○○
○○県○○市○○町○丁目○番○号
通知人　X
〒○○○-○○○○
○○県○○市○○町○丁目○番○号○○ビル○階
○○法律事務所
TEL：○○○-○○○-○○○○
FAX：○○○-○○○-○○○○
通知人代理人　弁護士　○○○○　㊞

通　知　書

前略
　当職は，X（以下「通知人」といいます）の代理人として，貴学及び貴学の
教授である貴殿に対し，以下の通り通知します。
1　通知人は，貴学大学院の博士後期課程に在籍し，貴殿は，通知人の指導担
　当教員として，通知人の研究及び論文作成の指導を行う立場にありました。
　　そのような立場にありながら，貴殿は，通知人がパソコンに向かっている
　と，「分からないことはないか？」といいつつ手を通知人の肩や背中に置く
　ことが何度かあり，通知人は不快に感じていました。
2　令和○年○月○日頃，通知人が貴殿に対し，論文の指導を依頼したところ，
　食事をしながらであればよいというので，学外で2人で食事をしました。酒
　を飲んだ貴殿は上機嫌になり，通知人の手を握ったり太ももを触ったりしま
　した。通知人は不快に感じるも，拒否や抗議をすると今後の指導や評価に悪
　影響が出るかもしれないと思い，何もいえませんでした。
　　後日，通知人は，貴殿から再度食事に誘われましたが，前回不快な思いを
　したので丁重に断ると，貴殿の態度が突然冷淡になり，その後は質問をして
　も「今忙しい」といって応じてもらえなくなりました。さらに，提出した論

文の骨子を酷評され，「このテーマで論文を書くのはきみには無理だから，テーマを変更しなさい」といわれました。通知人は納得できず変更したくない旨を伝えると，「テーマを変更しないなら，きみの指導はできない」と，指導を拒否されました。

　その後現在に至るまで，貴殿は，論文作成指導のみならず，通知人に対する指導全般を放棄するに至っております。

　通知人に対する貴殿の行為は，担当教員という優越的地位を利用して，いわゆるセクハラ行為に及び，それが拒否されるやその報復として，必要な指導を放棄したものであり，通知人の研究活動を違法に侵害する行為といえます。

3　つきましては，通知人は，貴殿に対し，通知人に対し謝罪することに加えて，慰謝料として金〇万円を支払うこと及び，研究及び論文の真摯な指導を行うことを求めます。

　なお，本書面到達より10日以内に，貴殿による誠意あるご対応がない場合は，Y₂大学ハラスメント防止委員会対する正式な申立て，さらには，貴殿に対する法的措置を検討する旨付言致します。

草々

（vi）通知書⑥（アカハラ　相談事例２：102頁）

令和○年○月○日

〒○○○－○○○○
○○県○○市○○町○丁目○番○号○○マンション○号
被通知人　Y₁　殿
〒○○○－○○○○
○○県○○市○○町○丁目○番○号
被通知人　Y₂大学ハラスメント防止委員会委員長　　○○○○　　殿

〒○○○－○○○○
○○県○○市○○町○丁目○番○号
通知人　X
〒○○○－○○○○
○○県○○市○○町○丁目○番○号○○ビル○階
○○法律事務所
TEL：○○○－○○○－○○○○
FAX：○○○－○○○－○○○○
通知人代理人　弁護士　○○○○　㊞

通　知　書

前略
1　当職は，X氏（以下「通知人」といいます）の代理人として，貴学及び貴
　学○○学部○○学科の教授であるY₁氏に対し，以下の通り，通知します。
　　貴学○○学部○○学科の教授である通知人が，学術誌○○からの依頼で論
　文を投稿することを予定していましたが，令和○年○月○日頃，Y₁教授か
　ら自らを著者に加えるように要求されました。通知人は，Y₁教授が当該論
　文に全く関与していないことから，Y₁教授の要求を拒絶しました。
　　それ以後，通知人が教員会議で意見を述べた際，Y₁氏から辛辣に批判さ
　れました。そのうえ，Y₁氏が，通知人に対し，「大した成果もあげられてい
　ないやつは発言するな」と述べたため，通知人は発言しづらくなりました。
　また，通知人がY₁氏と廊下で会ったときなどに，Y₁氏は，通知人に対し「大
　学に居続けられると思っているのか」，「おまえがいなければもう１人採用で
　きるのに」などと暗に退職を迫る発言を受けるようになりました。このよう
　なY₁氏の言動が繰り返されたため，通知人は気分がふさぐようになり，精
　神科でうつ状態と診断されました。診断書の写しは，本書面と同時に，簡易

書留にて貴学に郵送しております。

　これらのY₁氏の言動は，Y₁氏が教授という教育・研究上の地位や優位性に基づき，通知人に対する指導の適正な範囲を超えて，Xの人格や尊厳を侵害する不当な言動を行い，それによってXに精神的な苦痛を与えXの研究環境を悪化させるものであり，不法行為に該当します。よって，通知人は，Y₁氏に対し，直ちに，上記のような言動を止めるよう強く求めるとともに，不法行為に基づく損害賠償請求として，うつ病の治療費○万円（費目及び領収証の写しは簡易書留にて別送）及び慰謝料金○円の合計金○円を本書面その他の資料到達後２週間以内に支払うよう求めます。

2　また，通知人は，貴学のハラスメント相談員○○○○氏にY₁氏の言動について相談し，令和○年○月○日，ハラスメント防止委員会に対して調査の申立てを行いましたが，同委員会の対応は甚だ不十分であり，Y₁教授の通知人に対する行為が何ら是正されない状況です。すなわち，申立てから半年以上経過していますが，調査委員による通知人に対する事情聴取が一度行われたのみです。その際，調査委員○○○○氏から，「素直にY₁を共著者に入れればよかったんじゃないの」などと，不正を許容し，通知人に責任があるかのような発言がなされ大変遺憾に思いました。通知人から調査の進捗状況を問い合わせても，「まだ時間がかかる」といった曖昧な回答が繰り返されています。

　貴学は，通知人に対して，労働契約の信義則上の付随義務として，快適に教育，研究活動にいそしむことのできる環境が整うように配慮すべき義務，すなわち教育・研究環境配慮義務を負っていますが，貴学のハラスメント防止委員会の上記の対応は，当該義務を履行したものとはいえません。

　つきましては，通知人は貴学に対して，可及的速やかに，通知人の申立てに関する調査を進めるとともに，通知人の教育・研究環境を改善するための措置を講じることを求めます。

　なお，本書面到達より２週間以内に，誠意あるご対応がない場合は，遺憾ながら，法的措置を検討することを付言致します。

草々

（vii）訴状①（セクハラ　相談事例１：41頁）

訴　状

令和○年○月○日

○○地方裁判所　御中

原告訴訟代理人弁護士　○○○○　㊞

〒○○○－○○○○　○○県○○市○○町○丁目○番○号○○マンション○号
原告　Ｘ

〒○○○－○○○○　○○県○○市○○町○丁目○番○号○○ビル○階
○○法律事務所（送達場所）
原告代理人弁護士　○○○○
ＴＥＬ：○○○－○○○－○○○○
ＦＡＸ：○○○－○○○－○○○○

〒○○○－○○○○　○○県○○市○○町○丁目○番○号
被告　Ｙ₁

〒○○○－○○○○　○○県○○市○○町○丁目○番○号○階（本店所在地）
被告　Ｙ₂
上記代表者　代表取締役　○○○○

損害賠償請求事件

訴訟物の価額　金○万円
貼用印紙額　　金○万円

第１　請求の趣旨
　１　被告らは，原告に対し，連帯して，金○万円及びこれに対する本訴状送
　　達の日の翌日から支払済みまで年３パーセントの割合による金員を支払え。
　２　訴訟費用は被告らの負担とする。
　　との判決並びに仮執行の宣言を求める。

第２　請求の原因
　１　当事者

(1)　原告は，令和○年○月○日に被告Y₂（以下「被告会社」という）に
　　入社し，同社の○○支店（東京都○○所在）の○○部に配属された者で
　　ある（甲１）。

(2)　被告Y₁は，令和○年○月に被告会社に入社し，令和○年○月，○○支
　　店○○部の課長として配属された者であり，原告の直属の上司である。

(3)　被告会社は，主に○○を業とする株式会社である。

２　被告Y₁のセクシュアル・ハラスメント（以下「セクハラ」という）行
　為

(1)　被告Y₁は，○○支店○○部の課長として配属した令和○年○月から
　　令和○年○月にかけて，別紙（略）の通り，原告に対し，原告の異性関
　　係を執拗に尋ねたり，原告と２人になった際に原告と性交渉をしたいと
　　いった発言を繰り返した（本件セクハラ行為１）。原告は，被告Y₁が上
　　司であることから，被告Y₁の機嫌を損ねることを恐れ，これらの問い
　　かけや発言をはぐらかすようにしていた。

(2)　原告は，令和○年○月○日，被告Y₁及び○○支店○○部の他の従業
　　員とともに，午後○時から，飲食店「○○」（○○県○○所在）にて，
　　被告会社の取引先を接待した。その際に，被告Y₁は，原告に対し，取
　　引先の男性とチークダンスを踊るように指示したが，原告はこれを断っ
　　た。

(3)　接待が終了した後の午後○時頃，原告は，被告Y₁から，「注意するこ
　　とがあるから，ついてくるように」といわれ，○○駅近くのカラオケ
　　ボックス「○○」（○○県○○所在）の個室に連れて行かれた。

　　　同個室内で，被告Y₁は，原告にアルコール度数の強い酒を飲むよう
　　命じ，原告が被告Y₁の指示に従わず，チークダンスを拒んだことを叱
　　責した。

　　　原告が被告Y₁に飲まされた酒で朦朧としたのに乗じて，被告Y₁は，
　　原告に無理やりキスをしたうえ，原告の左右の胸を触った（本件セクハ
　　ラ行為２）。原告は，必死で被告Y₁を振り払い，個室から出て帰宅した
　　（以下「本件事件」という）。

３　原告の精神科受診及び人事部への相談

(1)　本件事件の翌日である令和○年○月○日，原告は，ショックのあまり，
　　被告会社を休み，精神科を受診し，PTSDと診断された（甲３）。

　　　原告は，精神科医の勧めにより，同月○日より１週間，有給休暇を取
　　得した。その後も体調が優れなかったことから，さらに１週間有給休暇
　　を取得した。

(2)　有給休暇取得中の令和○年○月○日，原告は，被告会社の人事部に対
　　し，本件セクハラ行為１及び２を伝え，被告Y₁にしかるべき処分をし
　　てもらいたいこと，今後被告Y₁の部下として働くことはできず，被告

Y₁を異動させてほしいことを強く求めた。

4　本件事件後の被告会社の対応

　被告会社の人事部は，原告の要請を受け，被告Y₁から事情を聴取した。しかしながら，被告Y₁は，原告が被告Y₁の配属当初から積極的に交際を求めており，本件事件は合意による行為であるという事実に反する説明をした。被告会社の人事部は，被告Y₁の説明を信用し，原告が求めた被告Y₁に対する処分及び異動について何ら対応しなかった。

5　被告Y₁の責任（不法行為責任）

　被告Y₁による本件セクハラ行為1及び2は，上司としての地位を利用した原告の意思に反する性的な言動であり，原告の性的自己決定権及び人格権を侵害する違法な行為である。特に，本件セクハラ2については，有形力を行使したわいせつな行為であり，強制わいせつ罪（刑法第176条）または準強制わいせつ罪（刑法第178条第1項，第176条）の構成要件に該当する。

　したがって，原告は，被告Y₁に対し，民法第709条に基づき，不法行為責任を負う。

6　被告会社の責任（債務不履行責任及び不法行為責任）

⑴　使用者責任（「事業の執行につき」行われた行為）

　上記のとおり，被告Y₁は本件セクハラ行為1及び2について不法行為責任を負うものであり，被告会社は，本件セクハラ行為1及び2について使用者責任（民法第715条第1項本文）を負う。

　すなわち，本件セクハラ行為1は，被告Y₁が原告に対し，就業時間中に，いずれも上司である被告Y₁から原告に対し職場内でなされた性的発言であり，「事業の執行につき」行われた行為といえる。

　さらに，本件セクハラ行為2は，取引先接待後に，接待時の原告の言動に対する上司としての指導という名目で，原告をカラオケボックスに連れて行った際になされたものであることから，被告会社の職務と一連のものと評価でき，「事業の執行につき」行われた行為といえる。

　したがって，被告会社は，原告に対し，被告Y₁の不法行為につき，使用者責任に基づく損害賠償責任を負う。

⑵　被告会社の債務不履行責任及び不法行為責任（職場環境配慮義務及び措置義務違反）

①　事業主の職場環境配慮義務及び措置義務

　事業主は，従業員に対し，労働契約上の付随義務として，信義則上働きやすい職場環境を保つよう配慮すべき義務（職場環境配慮義務）を負っている。

　また，セクハラについては，男女雇用機会均等法（以下「均等法」

という）第11条に基づき，必要な体制の整備その他の雇用管理上必要な措置を講じる義務（以下「措置義務」という）を負っている。措置義務については，平成18年厚生労働省告示第615号「事業主が職場における性的な言動に起因する問題に関して雇用管理上講ずべき措置についての指針」（以下「セクハラ指針」という）により，以下の通り具体的に定められている。

記

ア　職場におけるセクハラの内容，セクハラはあってはならない旨の方針を明確化し，管理・監督者を含む労働者に周知・啓発すること

イ　セクハラの行為者については，厳正に対処する旨の方針・対処の内容を就業規則等の文書に規定し，管理・監督者を含む労働者に周知・啓発すること。

ウ　相談窓口をあらかじめ定めること。

エ　相談窓口担当者が，内容や状況に応じ適切に対応できるようにすること。また，広く相談に対応すること。

オ　事後については，事実関係を迅速かつ正確に確認すること。

カ　事実確認ができた場合は，行為者及び被害者に対する措置を適正に行うこと。

キ　再発防止に向けた措置を講ずること。

ク　相談者・行為者等のプライバシーを保護するために必要な措置を講じ，周知すること。

ケ　相談したこと，事実関係の確認に協力したこと等を理由として不利益な取扱いを行ってはならない旨定め，労働者に周知・啓発すること。

②　被告会社の職場環境配慮義務及び措置義務違反

被告会社は，セクハラに関する方針の明確化及び周知・啓蒙，相談窓口の事前設置などの相談に適切に対応するために必要な体制の整備を何ら行っていない。また，本件事件後，事実関係を正確かつ迅速に把握し，被害者である原告に対する配慮及び行為者である被告Y1に対する適正な処置を講じなければならないにもかかわらず，被告Y1の説明を盲信し，これを怠った。

被告会社の上記行為は，事業主に課せられている職場環境に配慮する義務及び措置義務に違反することは明らかであり，被告会社は，原告に対し，債務不履行責任（民法第415条）又は不法行為責任（同法第709条）に基づく損害賠償責任を負うものである。

7 原告の損害

　原告は，被告Y₁の行為及び被告会社の対応により，以下の通り，合計
○円の損害を被った。

(1) 休業損害

　　本件事件後，原告はPTSDと診断され，通院のため，別紙（略）の通
り休暇をとったことから，○日間分，合計○円の休業による損害を被っ
た。

(2) 治療費及び交通費

　　原告は，本件事件後，本日現在に至るまで精神科に定期的に通院し，
治療を続けており，同治療費及び治療にかかった交通費は，別紙（略）
の通り，合計○円である。

(3) 慰謝料

　　原告は，被告らの上記行為により，原告の性的自己決定権，人格権，
及び良好な職場環境のもとで働く権利を侵害され，甚大な精神的苦痛を
被った。とりわけ，本件セクハラ行為2により，PTSDを罹患し，現在
もフラッシュバックに悩まされている。

　　原告の精神的苦痛を慰謝する額は，少なくとも○万円をくだらない。

(4) 弁護士費用

　　原告は，被告らの不法行為により，本件訴訟を提起し，そのための弁
護士費用の支出を余儀なくされたが，その費用は○円をくだらない。

8 まとめ

　以上の被告Y₁の行為及び被告会社の行為により，原告は○円の損害を
被ったことから，被告Y₁は不法行為に基づき，被告会社は不法行為又は
債務不履行に基づき，原告の損害を賠償する責任を負う。よって，原告は，
被告らに対し，請求の趣旨記載の金員の支払いを求めるものである。

以上

証　拠　方　法

甲第1号証　　　雇用契約書
甲第2号証　　　診断書
甲第3号証　　　日記
甲第4号証　　　陳述書

添　付　書　類

1　甲号証写し　　　　　　　　　　　　　　　各2通
2　資格証明書　　　　　　　　　　　　　　　1通
3　訴訟委任状　　　　　　　　　　　　　　　1通

（ⅷ）訴状②（パワハラ　相談事例２：74頁）

訴　状

令和○○年○○月○○日

○○地方裁判所　御中

原告訴訟代理人弁護士　○○○○　㊞

〒○○○－○○○○　○○県○○区○○町○丁目○番○号
　　　　　　　　　　原　告　X

〒○○○－○○○○　○○県○○区○○町○丁目○番○号
　　　　　　　　　　○○法律事務所（送達場所）
　　　　　　　　　　上記訴訟代理人弁護士　○○○○
　　　　　　　　　　電話：○○○－○○○－○○○○
　　　　　　　　　　FAX：○○○－○○○－○○○○

〒○○○－○○○○　○○県○○市○○町○丁目○番○号
　　　　　　　　　　被　告　Y_1

〒○○○－○○○○　○○県○○区○○町○丁目○番○号○階
　　　　　　　　　　被　告　株式会社　Y_2
　　　　　　　　　　代表者　代表取締役　○○○○

損害賠償請求事件

訴訟物の価額　○万○円
貼用印紙額　　○万○円

第1　請求の趣旨
　1　被告らは，原告に対し，連帯して，金○万○円及びこれに対する訴状送
　　達の日の翌日から支払済みまで年３分の割合による金員を支払え。
　2　訴訟費用は被告らの負担とする。
　　との判決並びに仮執行の宣言を求める。

第2　請求の原因
　1　当事者
　　(1)　原告は，令和○年○月○日，被告株式会社Y_2（以下「被告会社」と

いう）に入社し，複数の支店で支店長を経験した後，令和○年○月○日より本社の管理職（部長）に就任し，令和○年○月○日に退職した。

(2) 被告Y₁

被告Y₁は，令和○年○月○日より被告会社の取締役に就任しており（甲1），主に人事部門を統括している。

(3) 被告Y₂

被告Y₂（以下「被告会社」という）は，平成○年○月に創業した主に銀行業を営む株式会社であり，首都圏を中心に数十の支店を有する（甲1）。

2 事案の概要

本件は，原告が被告らに対し，退職強要，市場調査室への配転命令及びこれに伴う降格処分，及びその後の総務課への配転命令が違法であるとして，降格前の賃金との差額，退職による逸失利益及び慰謝料等の支払を求めるものである。

3 違法な退職強要

(1) 令和○年○月，被告会社では，経営悪化から，業務の統合や経営体質の強化が急務になったとして，取締役会により組織改編が決定された。その一環として，管理職に対し，組織改編の工程を記した「アクションプラン」が配布され，そこでは，各種研修への参加，報告書の作成と提出，人員整理の必要性，管理職に対する退職勧奨の手続等が示されていた（甲2）。

(2) 令和○年○月，被告Y₁は，原告に対して，「君は，協調性に欠ける。会社にいても居場所がない。退職を考えたらどうか」等と述べ，退職を勧奨した（甲3）。

原告がこれを拒絶したところ，被告Y₁は，原告に対し，「この先給料が上がると思うな，はいつくばって生きていけ」等と罵倒した（甲4）。

令和○年○月○日，原告は，市場情報室に配転されるとともに部長職を免じられ，給料が月額○円から月額○円へと大幅に減少した（甲5）。市場情報室は，原告に対する配転命令直前に従来倉庫として使用されていた部屋に新たに設置された部署であり，さしたる業務はなく，室員は原告1人のみであった。

(3) 市場情報室に配属後約1年を経過した令和○年○月○日，原告は，被告Y₁から，市場情報室の実績が上がっていないこと，原告が協調性を欠くという理由で，退職勧奨を受けた（甲6）。

原告が退職勧奨を拒否すると，被告Y₁は，それ以後4か月間にわたり，原告に対し30数回の面談を求め，時には面談時間が約8時間にも及んだ（甲4，7）。

この一連の面談では，被告Y₁は，原告に対して，「能力がない」，「他

の社員たちの迷惑だ」,「寄生虫！」,「別の道があるだろう」等と大声で罵倒し，机を叩くなどの威圧的な言動をした（甲４）。

　　また，令和○年○月○日には，被告Y1は人事部長である訴外○○○○を伴い，日曜日であるにもかかわらず，事前の約束も通知もなしで原告方を訪れ，原告が退去を促すのも無視し，原告の家族の面前で，原告に対し，「Xくんは無能なので，退職して欲しい」等と退職を強く迫った（甲４，８）。

(4)　退職勧奨は，その必要性があり，かつ目的が合理的なものでなければならず，その方法も社会通念上許容し得る相当な範囲内のものでなければならない。これを逸脱した場合は，違法な退職強要として不法行為に該当する。

　　この点，被告Y1は，原告に対する退職勧奨の理由の一つとして，市場情報室の実績が上がっていない点を挙げる。しかし，市場情報室は，名目上はマーケティング調査を行ったうえで報告書の作成，提出を行うのが業務ではあるが，実際の業務はほとんどなく，営業職のような実績を示す部署でもない。

　　そして，市場情報室に在籍している原告に対して被告Y1からの退職勧奨が繰り返されていた間，被告会社における人員整理は進んでおり，当初「アクションプラン」で示されていた目標値の９割方の人員が退職勧奨に応じて被告会社を退職しているため（甲９），遅くとも，令和○年○月以降の原告に対する退職勧奨は，その必要性も目的の合理性もないものである。

　　また，被告Y1の原告に対する退職勧奨の方法は，その頻度，各面談の時間の長さ，原告に対する言動は，社会通念上許容し得る範囲を超えるものである。

　　したがって，被告Y1の原告に対する対応は，違法な退職強要として不法行為に当たる。

4　違法な配転命令及び降格処分

(1)　3(2)で述べた通り，当初の退職勧奨を拒絶した原告は，令和○年○月○日，市場情報室に配転され，部長職を免じられた（甲５　以下「本件配転命令１及び降格処分」という）。本件配転命令１及び降格処分は，就業規則第○条（甲12）に基づきなされたものであるが，以下に述べる通り，原告を退職に追い込むという不当な目的・動機をもってなされたものであり，人事上の裁量権の範囲を逸脱し，違法，無効である。

(2)　すなわち，使用者は，雇用契約上その根拠を有する人事権の行使について一定の裁量を有しているが，業務上の必要性及び合理性なく，労働者の人格権を侵害する等の違法・不当な目的・態様をもって人事権が行使された場合は，裁量権を逸脱したものとして，不法行為を構成する。

(3)　本件において，市場調査室の業務内容は，名目上はマーケティング調査を行った上で報告書の作成，提出というものの，さしたる業務はないのが実態である。原告が配属される直前に設置された新設の部署であることに鑑みても，当該部署を設置する必要性や合理性自体存在しないというべきである。

　　また，原告は，被告会社において30年間の長きにわたって勤務しており，複数回支店長を務めた経験もあるにもかかわらず，市場調査室での勤務は，原告のこれまでの実績，経験及び能力を全く生かすことのできないものである。原告が退職勧奨を拒否した後に原告に対してのみなされたという経緯に鑑みても，原告の市場情報室への配転は，原告を孤立させ退職に追い込む目的でなされたことは明らかである。

(4)　小括

　　したがって，本件配転命令1及び降格処分は，原告の人格権を侵害する違法・不当な目的・態様をもってなされ，人事上の裁量権の範囲を逸脱したものであり違法，無効である。

4　総務課への配転の違法性

(1)　市場調査室在籍中の被告Y₁からの退職勧奨を拒絶した原告は，令和○年○月○日，総務課に配転された（甲10　以下「本件配転命令2」という）。本件配転命令2についても，本件配転命令1及び降格処分と同様に，その延長として，原告を退職に追い込むという不当な目的・態様をもってなされたものであり，人事上の裁量権の範囲を逸脱し，違法，無効である。

(2)　すなわち，総務課における原告の業務は，従来二十代前半の契約社員が担当していた受付業務という単純労働作業であり，複数の支店の支店長を歴任後，本店の部長職を勤めてきた原告にふさわしい職務とは到底いえない。本件配転命令2が市場調査室在籍中の退職勧奨後になされたことに鑑みれば，これも，原告に対し精神的負担を与え，退職に追い込む目的でなされたことは明らかである。

(3)　本件配転命令2が上記の目的でなされたことは，本件配転命令後の被告Y₁の原告に対する言動からも裏付けられる。

　　すなわち，総務課での受付業務は，社内の衆目にさらされやすい職場にあり，かつ，書類の各課への発送の他，来客の取次も担当しているため，原告の旧知の外部者が来訪することも少なくない職場であった（甲11）。そのような職場環境下において，別紙（略）の通り，被告Y₁は，わざわざ受付までやってきて，「エンジョイしてるか？」などと述べるなど，明らかに嫌がらせを目的とした言動を繰り返した（甲4）。

(4)　小括

　　以上の通り，本件配転命令2は，原告の経験，能力にそぐわない受付

業務へ異動させることにより，原告に屈辱感を与え，その状況を被告会社の内外に周知せしめるものであった（甲11）。したがって，本件配転命令は，本件配転命令１及び降格処分と同様に，原告の名誉・自尊心を傷つけることによって，自ら退職を決意させる意図の下にとられた措置であり，原告の人格権を違法・不当に侵害するものであって，使用者に許された裁量権の範囲を逸脱し，違法，無効である。

5　被告らの不法行為責任

（1）　被告Y₁の不法行為責任

　　被告Y₁の原告に対する一連の言動は，原告を退職に追い込むという不当な動機のもと，部下である原告に対し，取締役兼人事部長としての地位や権限を逸脱，濫用し，社会通念上許容される範囲を著しく超える有形，無形の圧力を加える行為であり，原告の人格権を侵害する違法な行為である。

　　したがって，被告Y₁は，原告に対し，不法行為責任（民法第709条）を負う。

（2）　被告会社の不法行為責任

　　被告Y₁の上記行為は，被告会社の業務を執行するについてなされたものであることから，被告会社は使用者責任（民法第715条）を負う。

6　原告の損害

（1）　退職による逸失利益

　　被告Y₁の上記一連の言動，被告会社による本件配転命令１及び降格処分並びに本件配転命令２は，それぞれが原告の人格権を侵害するものであり，いずれも，原告を退職に追い込む動機をもって長期かつ継続的になされたものである。

　　したがって，被告Y₁の行為と原告の退職との間には，因果関係が認められる。

　　本件では，原告は，被告会社を退職後，新たに就職するまでに６か月間要したことから，逸失利益は，降格前の部長職での給与相当額の６か月分相当額である○万円である（なお，この場合の逸失利益については，降格及び減給の処分自体に理由がないことから，受付業務に配転後の給与ではなく，降格前の部長職での給与相当額を基準として算定すべきである）。

（2）　降格前の給与との差額相当額

　　上記の通り，本件配転命令１及び降格処分は違法，無効であることから，原告は，本来支払われるべき降格前の給与との差額として，降格された令和○年○月から退職までの○か月分合計○円の損害を被った。

（3）　慰謝料

　　被告Y₁による一連の行為の結果，原告は，30年もの間勤めた愛着と誇りのある職場から，自らの意思に反して排除され，生活の糧を奪われ

る結果となった。

　　原告が受けた精神的苦痛を慰謝するには，○万円をくだらないというべきである。

⑷　弁護士費用

　　原告は，被告らの不法行為による損害賠償を請求するために弁護士に依頼することを余儀なくされたのであり，当該弁護士費用は金○円をくだらない。

⑸　小括

　　以上の通り，原告の損害は，⑴から⑷の合計○万○円である。

7　結語

　　よって，原告は，被告らに対し，不法行為（民法第709条，第715条）に基づく損害賠償請求として，金○万○円及び訴状送達の日の翌日から支払済みまで年3分の割合による金員の支払を求め，本訴に及んだ次第である。

以上

証　拠　方　法

1　甲第1号証　Y₂履歴事項全部証明書
2　甲第2号証　アクションプラン
3　甲第3号証　退職勧奨通知書
4　甲第4号証　陳述書（原告）
5　甲第5号証　辞令
6　甲第6号証　退職勧奨通知書
7　甲第7号証　退職勧奨面談一覧表
8　甲第8号証　陳述書（原告妻○○○○）
9　甲第9号証　アクションプラン進捗状況表
10　甲第10号証　辞令
11　甲第11号証　写真
12　甲第12号証　就業規則

附　属　書　類

1　甲号証写し　　　各2通
2　資格証明書　　　1通
3　訴訟委任状　　　1通

（ix）告訴状（セクハラ　相談事例 1：41頁）

告　　訴　　状

令和○年○月○日

○○警察署長　殿

〒○○○－○○○○
○○県○○区○○町○丁目○番○号
告訴人　X

〒○○○－○○○○
○○県○○区○○町○丁目○番○号○○ビル○階
○○法律事務所
TEL：○○○－○○○－○○○○
FAX：○○○－○○○－○○○○
上記告訴人代理人　弁護士　○○○○　㊞

〒○○○－○○○○
○○県○○区○○町○丁目○番○号
被告訴人　Y₁

第1　告訴の趣旨

　被告訴人の下記行為は，強制わいせつ罪（刑法第176条前段）に該当するので，厳重な処罰をされたく，告訴する。

第2　告訴事実

　被告訴人は，令和○年○月○日，午後○時○分頃，○○県○○区○○町○丁目○号カラオケボックス「○○」の店舗の個室内において，告訴人に対し，接吻のうえ，告訴人の両胸に触り，もって強いてわいせつな行為をしたものである。

第3　告訴の理由

　1　当事者

　⑴　告訴人は，令和○年○月○日，株式会社○○に入社し，同社の○○支店（○○県○○所在）において，○○部に配属され，勤務していた者である。

(2) 被告訴人は，令和○年○月に株式会社○○に入社し，令和○年○月，
○○支店○○部の課長として配属され，告訴人の直属の上司として勤務
していた者である。

2　告訴事実以前の被告訴人と告訴人の関係

　被告訴人は，○○支店○○部の課長として配属した令和○年○月から令
和○年○月にかけて，告訴人に対し，告訴人の異性関係を執拗に尋ねたり，
告訴人と２人になった際に告訴人と性交渉をしたいといった発言を繰り返
した。告訴人は，被告訴人が上司であることから，被告訴人の機嫌を損ね
ることを恐れ，これらの問いかけや発言をはぐらかすようにしていた。

3　被告訴人の強制わいせつ行為

　令和○年○月○日，午後○時より，飲食店「○○」（○○県○○所在）
において，株式会社○○の取引先を接待した際に，被告訴人は，告訴人に
対し，取引先の男性とチークダンスを踊るように命令した。告訴人がこれ
を断ったところ，取引先の接待終了後の午後○時頃，告訴人は，被告訴人
より，「注意することがあるから，ついてくるように」といわれ，○○駅
近くのカラオケボックス「○○」（○○県○○所在）の個室に連れて行か
れた。

　同個室内で，被告訴人は，告訴人がチークダンスを拒んだ件を叱責し，
告訴人にアルコール度数の強い酒を飲むよう命じ，無理やりキスをしたう
え，告訴人の左右の胸に触った。告訴人は，必死で被告訴人を振り払い，
個室を飛び出し，帰宅した。

4　告訴人の精神科受診及びPTSDの罹患

　本件事件の翌日である令和○年○月○日，告訴人はショックのあまり，
株式会社○○を欠勤し，精神科を受診し，PTSDと診断された。告訴人は，
精神科医の勧めにより，同月○日より１週間，有給休暇を取得した。その
後も体調が優れなかったことから，さらに１週間の有給休暇を取得した。

　告訴人は，本件事件後，本日現在に至るまで精神科に定期的に通院し，
治療を続けている。

5　被告訴人が反省の情を示していないこと

　告訴人は，被告訴人に対し，告訴人代理人弁護士名での内容証明郵便に
より，謝罪及び損害の賠償を求めたが，被告訴人はこれに対し何ら対応し
ておらず，反省の情は皆無である。

6　まとめ

　よって，告訴人は，被告訴人に対し，厳重な処罰をされたく，告訴する
次第である

以上

証　拠　目　録
1　診断書　　　　　1通
2　内容証明郵便　　1通
3　陳述書　　　　　1通

添　付　書　類
1　告訴委任状　　　　　　　　　1通

（x）労働審判手続申立書（パワハラ　相談事例１：65頁）

労働審判手続申立書

令和○年○月○日

○○地方裁判所　民事部　御中

申立人手続代理人弁護士　○○○○　㊞

〒○○○－○○○○　○○県○○区○○町○丁目○番○号
　　　　　　　　　　申立人　X

〒○○○－○○○○　○○県○○区○○町○丁目○番○号
　　　　　　　　　　○○法律事務所（送達場所）
　　　　　　　　　　上記申立人手続代理人弁護士　○○○○
　　　　　　　　　　電話：○○○－○○○－○○○○
　　　　　　　　　　FAX：○○○－○○○－○○○○

〒○○○－○○○○　○○県○○区○○町○丁目○番○号○階
　　　　　　　　　　相手方　株式会社　Y₂
　　　　　　　　　　代表者　代表取締役　○○○○
　　　　　　　　　　電話：○○○－○○○－○○○○

損害賠償請求労働審判事件

労働審判を求める事項の価額　　○万○円
貼用印紙額　　　　　　　　　　○万○円

第１　申立ての趣旨
　１　相手方は，申立人に対し，金○万○円及びこれに対する本申立書送達の
　　日の翌日から支払済みまで年３パーセントの割合による金員を支払え。
　２　申立費用は相手方の負担とする。
　　との労働審判を求める。

第２　申立ての理由
　１　当事者及び関係者
　　申立人は，○○大学○○学部を卒業後，令和○年○月○日，相手方に正
　社員として入社し，令和○年○月○日以降，相手方の○○営業所（以下

「本営業所」という）に所属しているが，現在は休職中である。

　相手方は，医薬品の販売を業とする株式会社であり，Y1は本営業所の所長である。

２　Y1によるパワー・ハラスメント

(1)　過大な営業目標の設定

　相手方では，各営業所の所長は，各営業職従業員の月間及び年間の営業目標を設定している。

　Y1は，令和○年○月分から，申立人の営業目標を，本営業所の他の営業職の営業目標の平均値の150％から180％と，明らかに高く設定するようになった（甲２）。Y1が設定した申立人の営業目標は，本営業所の他の営業職に比べて突出した数値となっており，およそ達成困難な目標であることは明白であった（甲２）。

　申立人は，Y1に設定された営業目標を達成するために，休日出勤もいとわず，毎月80時間を超える残業をしていたが（甲３），令和○年○月に目標未達成となった（甲２）。

(2)　従業員全員の前での叱責

　令和○年○月○日，本営業所での朝礼時に，Y1は，本営業所の他の全従業員の前で，申立人に対して，大声かつ威圧的に「無能」，「給料泥棒」，「売上げが上がらない役に立たない者は辞めていい」などと叱責した。

(3)　暴行と始末書作成の強要

　令和○年○月○日，Y1は，申立人に対して，営業目標を達成できなかったことについて，「給料をもらっていながら仕事をしていませんでした」という内容の始末書を作成するよう命じた。

　申立人は，始末書を提出しないでいたところ，令和○年○月○日，Y1は本営業所内の営業職の執務室内で，申立人に対し，「存在自体が目障りだ，お願いだから消えてくれ」と怒鳴りつけた。

　申立人が離席しようとした際，Y1は，右手で申立人の左腕をつかみ，申立人の右頬を，左の手拳で１回殴った（甲４）。

　申立人は，Y1の更なる暴力を恐れて，やむを得ず，Y1の要求する内容の始末書を作成し，Y1に提出した。

(4)　通報の追及と更に高い営業目標の設定

　申立人は，相手方の本社に宛てて，申立人に対するY1の行状について文書により通知した（甲５）。相手方は，Y1に対して事実関係の確認を求めたため，Y1は，営業所内に通報者がいると知り，犯人捜しを始めた。

　Y1は，申立人に対し，相手方の本社に通報したか否かを厳しく追及するとともに，「営業所のがん」，「早く辞めろ」などと怒鳴りつけた。

さらに，Y₁は，令和○年○月分から，以前にも増して達成困難な営業目標を設定し（甲２），「達成できない場合には退職しろ」と迫った。

それ以後，申立人は，月○○時間を超える残業をしたが（甲３），営業目標を達成できなかった（甲２）。

3 Y₁の行為の違法性

2で述べたY₁の一連の行為は，それを全体としてみれば申立人に多大な精神的負担を与えることにより，退職に追い込むことを目的としてなされたものというべきであり，違法であることは明らかである。

すなわち，Y₁が職場の朝礼において，「無能」，「給料泥棒」などと叱責したことは，その内容から，営業目標未達成について指導する目的でなされたものとは到底いえない。およそ達成困難な営業目標を設定したことを考慮すれば，営業目標未達成の従業員に対する指導という名目で，多人数の面前で申立人の人格を否定し，申立人に多大な精神的負担を与えることを目的としたものである。その後の始末書の作成についても，そもそも営業目標未達成について申立人に非はないのであり，営業目標未達成を理由に給与返還を誓約させることにより，申立人に精神的負担を与えることを目的としたものといえる。

また，「存在自体が目障りだ」，「お願いだから消えてくれ」などという暴言やそれに続く退職強要についても，上司としての職務と無関係になされた，嫌悪の情を示し，退職に追い込むことを目的とする言動である。Y₁の申立人に対する暴行がそれ自体違法であることは論を俟たない。

以上の通り，Y₁の一連の行為は，申立人を退職に追い込むという不当な動機・目的をもってなされたものであり，違法であることは明らかである。殊に，Xに対する暴力という有形力の行使にまで及んでいることから極めて強固かつ悪質な動機・目的に基づくものというべきである。

4 相手方の責任

(1) 使用者責任

Y₁から申立人に対する一連の不法行為は，相手方の事業である医薬品販売を遂行する過程で，相手方の営業所の責任者として行われたものである。

したがって，相手方は，申立人に対して，民法第715条に基づき，使用者としての不法行為責任を負う。

(2) 安全配慮義務違反による債務不履行責任

使用者は，従業員に対し，雇用契約に基づき，信義則上，労務を提供する過程において，従業員の生命及び身体を危険から保護するように安全配慮義務を尽くす義務を負っている。すなわち，使用者は，物的に良好な作業環境を形成するとともに，精神的にも良好な状態で就業できるように職場環境を保持する義務がある（労働契約法第３条，第５条参

照）。具体的には，社内のパワハラ行為が発覚した場合には，迅速に事実関係を調査したうえ，適切な是正措置を講ずる義務を負うというべきである。

　　相手方は，Y₁の行為に関する申立人の通報を受けたにもかかわらず，何ら適切な対応をしなかったことから，Y₁による通報者の追及，申立人に対する更に高い営業目標の設定や退職の強要という，Y₁の更なるパワハラ行為を招来したというべきである。

　　したがって，相手方は，申立人に対し，安全配慮義務違反による債務不履行責任を負う。

5　申立人の損害
　(1)　治療費
　　　申立人は，心療内科である○○クリニックにおいてうつ病と診断され（甲6），うつ病の治療のために，治療費○万○円，交通費○円の計○万○円，診断書作成費として○万○円の出費を余儀なくされた（甲8）。
　(2)　慰謝料
　　　申立人の受けた精神的損害を慰謝するには，○万円をくだらない。
　(3)　弁護士費用
　　　弁護士費用は，上記(1)及び(2)の合計額の10％に相当する○万○円をくだらない。
　(4)　損害総額
　　　上記(1)ないし(3)より，申立人の損害は，総額○万○円である。
6　結語
　　よって，申立人は，相手方に対して，不法行為ないし債務不履行に基づく損害賠償請求として金○万○円の支払を求める。

第3　予想される争点及び争点に関する重要な事実
1　本件で予想される争点は，①Y₁が申立人について設定した営業目標が過度に高かったかどうかという点，②申立人に対するY₁の暴言，叱責，そして暴行の事実の有無，③申立人のうつ病発症と業務の相当因果関係の有無，④相手方の安全配慮義務違反の有無と思われる。
2　争点①について
　　争点①については，本営業所の他の営業職に設定された営業目標との比較，相手方の他の営業所における営業職に設定された営業目標の比較，そして，結果として達成された他の営業職の数値と申立人の達成数値との比較を通じて，Y₁によって，意図的に，過度に高く営業目標が設定されたかが明確になる。
　　甲第2号証は，本営業所の各営業職に設定された営業目標及び達成数値に関する一覧表である。しかし，相手方の他の営業所における営業職の営

業目標の設定とその達成数値については，申立人側に資料がないので，申立人の主張を相手方が否認もしくは争う場合には，相手方はそれを裏づける資料を提出すべきである。

3　争点②について

　申立人に対するY₁の暴言，叱責，暴行の事実については，申立人の右頬のあざの写真（甲4）及び申立人の陳述書により裏づけられる（甲9）。また，当時，現場に居合わせて，間もなく相手方を退職する予定の従業員の陳述書を提出する予定である。

4　争点③について

　申立人がY₁の一連の行為によりうつ病を発症したことについては，精神医療を専門としている○○クリニックの○○○○医師作成の診断書（甲6）及び鑑定書（甲10）により裏づけられる。

5　争点④について

　相手方の安全配慮義務違反については，相手方が申立人の主張を否認もしくは争うのであれば，申立人によるY₁の行為に関する通報（甲5）に関し，相手方が社内においてどのような対応をしたのか，Y₁がどのような弁明をしたかについて，記録の提出を求める。

第4　申立てに至る経緯の概要

1　申立人は，休職後，相手方に対し，事実関係の調査と治療費の支払を請求したが，相手方は，申立人の請求には応じられない旨を文書で回答した（甲11）。

2　そのため，申立人は，本申立手続代理人弁護士を通じて，内容証明郵便によって損害賠償請求を行ったが（甲12），相手方は支払を拒否する旨回答した（甲13）。

3　以上の経緯により，申立人は，本申立てに及んだ次第である。

以上

証　拠　方　法

1　甲第1号証　履歴事項全部証明書（写し）
2　甲第2号証　○○営業所営業目標及び成果一覧表（写し）
3　甲第3号証　出勤記録（写し）
4　甲第4号証　写真（写し）
5　甲第5号証　お願い（写し）
6　甲第6号証　診断書（原本）
7　甲第7号証　休職証明書（原本）
8　甲第8号証　領収書（原本）
9　甲第9号証　陳述書（原本）

10　甲第10号証　鑑定書（原本）
11　甲第11号証　回答書（原本）
12　甲第12号証　請求書（内容証明郵便）（原本）
13　甲第13号証　回答書（内容証明郵便）（原本）

附　属　書　類

1　申立書（写し）　　　　4通
2　甲号証写し　　　　　各2通
3　資格証明書　　　　　　1通
4　委任状　　　　　　　　1通

（xi）仮処分命令申立書（マタハラ　相談事例：54頁）

収入
印紙

仮処分命令申立書

令和○年○月○日

○○地方裁判所　御中

債権者代理人弁護士　　○○○○　　㊞

〒○○○-○○○○　　○○県○○区○○町○丁目○番○号
　　　　　　　　　　債権者　X

〒○○○-○○○○　　○○県○○区○○町○丁目○番○号○○ビル○階
　　　　　　　　　　○○法律事務所（送達場所）
　　　　　　　　　　債権者代理人弁護士　　○○○○
　　　　　　　　　　電話：○○○-○○○-○○○○
　　　　　　　　　　FAX：○○○-○○○-○○○○

〒○○○-○○○○　　○○県○○市○○町○丁目○番○号
　　　　　　　　　　債務者　Y

地位保全等仮処分申立事件

貼用印紙額　　　○万○円

第1　申立ての趣旨
　1　債権者が債務者に対し，雇用契約上の権利を有する地位にあることを仮
　　に定める。
　2　債務者は債権者に対して，令和○年○月○日から本案判決確定に至るま
　　で，毎月○日限り金○円を仮に支払え。
　3　申立費用は債務者の負担とする。
　　との決定を求める。

第2　申立ての理由
　1　被保全権利

⑴　雇用契約の成立

　ア　当事者

　　　債務者は，医療事業等を行う医療法人社団であり，○○病院等複数の医療施設を運営している。

　　　債権者は，債務者に雇用され，債務者の経営する○○病院（以下「本件病院」という）で，管理職である副主任看護師の職位にあった者である。

　イ　雇用契約の成立

　　　債権者は債務者との間で，令和○年○月○日，以下の内容の労働契約を締結し，本件病院のA科に配属された。

　　　・業務内容

　　　・職種，就労場所（その限定の有無）

　　　・期限の定めの有無

⑵　解雇の事実

　　　債権者は，令和○年○月，第2子を妊娠し，労働基準法第65条第3項に基づき，軽易な業務への転換を請求した。これを受けて，債務者は債権者をB科に異動させるとともに，副主任看護師を免じ，非常勤看護師とした（以下「本件措置」という）。

　　　債権者は，令和○年○月○日から同年○月○日まで産前産後の休業をし，同月○日から同○年○月○日まで育児休業を取得した。

　　　債権者は，育児休業を終え，希望により○○病院A科に復帰したが，債権者より職歴の短い職員が副主任に着任していたことから，再び副主任に任ぜられることなく，非管理職の看護師として勤務することとなった。債権者がこれを不服として強く抗議したところ，「不満なら辞めてもらって構わない。病院の方針に従えない職員は解雇せざるを得ない」等といわれ，債務者は，令和○年○月○日付で，就業規則第○条第○項第○号に該当することを理由に，債権者を解雇する旨通知した（以下「本件解雇」という）。

⑶　本件解雇が無効であること

　　　債権者が育児休業取得後も副主任に復帰することなく，非管理職の看護師としての勤務を余儀なくされた事実経緯に鑑みると，債務者の本件措置は，軽易業務への転換期間中の一時的な措置ではなく，妊娠中，産前産後休業及び育児休業期間経過後も，副主任への復帰を予定していない措置であることは明らかである。本件措置により，副主任看護師を免じられたことについて，債権者が債務者に対し，異議を述べたことはなかったが，それは，異動により他の看護師に負担をかけることを心苦しく感じていたからであり，真意ではなかった。また，本件措置の必要性や理由及び復帰後の扱いについて，債務者から債権者に事前に説明され

たことはなかった。以上から，本件措置は，雇用の分野における男女の均等な機会及び待遇の確保等に関する法律第9条第3項，同施行規則第2条の2第6号に違反するというべきである（最一小判平成26年10月23日民集68巻8号1270頁，労判1100号5頁）。

　　したがって，育児休業取得後に副主任への復帰を認めなかったことに抗議したことを理由とする債務者の本件解雇は，客観的に合理的な理由がなく，社会通念上相当とはいえず，権利濫用として無効である。

(4)　賃金請求権

　　債権者の賃金は，月額○万円であり，前月○日から○日までの賃金が，翌月○日に支給されていたものである。

2　保全の必要性

　　債権者は，債務者に対し，令和○年○月○日付内容証明郵便により，債務者の雇用契約上の地位にあることの確認を求め，賃金の請求を行ったが，債権者はこれに応じない。

　　債権者は，債務者からの賃金のみにより，債権者の子2人を扶養し，生活していることから，本案の確定を待っていたのでは，債務者とその家族の生活は破綻し，回復しがたい損害を被るものである。

　　したがって，地位の保全及び月額○万円の仮払いを求めるものである。

以上

疎　明　方　法

1　甲第1号証　就業規則
2　甲第2号証　解雇通知書

添　付　書　類

1　甲号証写し　　　　　　　　　　　　　各1通
2　資格証明書　　　　　　　　　　　　　1通
3　訴訟委任状　　　　　　　　　　　　　1通

（xii）請求書（いじめ・嫌がらせ　相談事例3：80頁）

　　　　　　　　　　　　　　　　　　　　　　　　令和○年○月○日

〒○○○－○○○○
○○県○○市○○町○丁目○番○号
被通知人　株式会社○○
　　　　　　代表取締役　　○○○○　殿

　　　　　　　　　　　〒○○○－○○○○
　　　　　　　　　　　○○県○○市○○町○丁目○番○号
　　　　　　　　　　　通知人　X
　　　　　　　　　　　〒○○○－○○○○
　　　　　　　　　　　○○県○○市○○町○丁目○番○号○○ビル○階
　　　　　　　　　　　○○法律事務所
　　　　　　　　　　　TEL：○○○－○○○－○○○○
　　　　　　　　　　　FAX：○○○－○○○－○○○○
　　　　　　　　　　　通知人代理人　弁護士　○○○○　㊞

請　求　書

前略

　当職は，貴社IT業務部に配属されている契約社員であるX（以下「通知人」といいます）の代理人として，貴社に対し，以下の通り請求します。

　ご承知のように，通知人の所属するIT事業部には，正社員，契約社員がおりますが，令和○年○月頃から，Y_1を中心とする複数の契約社員が通知人に対し，陰口，面前での嫌味や脅し，正社員への根拠のない告げ口などの嫌がらせを続けていました。

　この嫌がらせに耐えきれなくなった通知人は，直属の上司に対し，Y_1らの行為を詳細に報告しました。しかし，上司は，Y_1らに対する簡単な聞き取り調査を行っただけで，通知人に対するいじめはなかったと一方的に判断し，通知人のパソコンの習熟度の低さを理由として，通知人に対して叱責しました。

　その後も，Y_1らの嫌がらせが継続したことから，通知人は体調を崩し，うつ病と診断されました。

　通知人は，休職期間満了前に，上司に復職及び所属部署の変更を申し出ましたが，上司から，休職後復職する場合は，同じ部署に復帰することが前提であると告げられました。通知人にとって，Y_1らがいる部署に復帰しなければならないことは耐え難いことであり，休職期間満了後出社できず，契約期間満了前に雇用契約を打ち切られました。

　貴社は，通知人から上記の嫌がらせの訴えを受けたのですから，雇用契約に付随する職場環境配慮義務に基づき，事実関係を調査し，その調査結果に基づき，Y₁らに対する注意指導や配置替えを含む人事管理上の適切な措置を講じるべき義務を負っていました。しかるに，貴社は，十分な調査をせずに嫌がらせはなかったと判断し，何らの措置もとらなかったのであり，不十分な対応といわざるを得ません。その結果，通知人は，うつ病にり患し，休職するに至ったのであり，貴社の義務違反と通知人のうつ病発症との間には相当因果関係があるというべきです。さらに，貴社は，通知人の訴え等の経緯に鑑み，通知人の復職に際しては，通知人の希望に応じて，通知人の職種，職務内容を考慮し，他部署への異動等を検討すべき義務を負っていたというべきです。それにもかかわらず，貴社は他部署への異動等を検討せず，通知人に元の部署への復帰のみを指示したのであり，通知人の出社が困難な状態を改善しないまま，休職期間満了を理由として雇用契約を打ち切ったことは，「やむを得ない事由」（労働契約法第17条１項）がないというべきです。通知人は，Y₁らの嫌がらせに加え，貴社の不誠実な対応により，うつ病で休職したうえ仕事を失うに至ったものであり，多大な精神的苦痛を被りました。

　したがいまして，通知人は，貴社の上記義務違反に基づき，貴社に対し，治療費・通院費用○円，休職による損害（休職期間の給与相当額）○円，慰謝料○円，雇用契約終了から契約期間満了までの期間の給与相当額○円，弁護士費用○円の合計○円の損害賠償の支払いを求めるものであり，本書面到達から１週間以内に，通知人が指定する銀行口座（○○）に上記金員を送金する方法によりお支払いください。

　なお，上記期限内に誠意ある対応がない場合には，法的措置を検討することを付言いたします。

　本件については，当職が受任しましたので，ご連絡等は当職宛にお願いいたします。

草々

（xiii）譴責処分通知書

令和○年○月○日

○○○○　殿

株式会社　○○○○
代表取締役　○○○○

譴責処分通知書

今般，貴殿を下記の事由により譴責処分とすることを通知致します。

記

1　処分年月日
　令和○年○月○日

2　処分事由
　貴殿は，……などの行為を行いました。
　貴殿の行為は，現場の業務に支障を来し，当社及び他の社員に悪影響を与えるものであり，就業規則則第○条第○項「○○○○」に該当します。したがって，同項を適用し，譴責処分とします。
　ついては，就業規則第○条第○項により，一週間以内に始末書を提出し，今後このような不祥事を起こすことのないよう，心からの反省を求めます。

以上

(xiv)　懲戒解雇通知書

令和○年○月○日

○○○○　殿

株式会社　○○○○
代表取締役　○○○○　㊞

懲戒解雇通知書

今般，貴殿を下記の事由により懲戒解雇することを通知致します。

記

1　解雇年月日
　　令和○年○月○日

2　解雇事由
　　※就業規則該当条文とのつながりを明確にして記載。

3　就業規則該当条文
　　就業規則第○条○項

4　解雇予告手当金
　　○万○円也

5　その他賃金等
　(1)　○月分給与
　　　　令和○年○月○日から同年○日まで，日割りで計算して支給します。
　　　　　　支給額　未定
　　　　　　支給日　令和○年○月○日　　　給与口座に振り込みます。
　(2)　○月分時間外手当
　　　　○日締にて，通常基準で計算して給与口座に振り込みます。
　　　　　　支給額　未定
　　　　　　支給日　令和○年○月○日
　(3)　退職金
　　　　社員就業規則第○条第○項及び退職金規程第○条第○項に基づき，退職金は支給しません。

以上

（xv）プレスリリース

令和○年○月○日

司法記者クラブ　幹事社　御中

女性労働者がマタハラ解雇で訴訟提起

　Aさん（○歳）は，○○業を営むY社において正社員として勤務していましたが，第1子を妊娠して育児休業を取得し，令和○年○月に職場復帰しました。ところが，Y社のなかには，職場復帰直後から，Aさんが残業をしないことなどで文句をいう社員が目立つようになりました。そして，Y社は，令和○年○月○日，育児休業取得前は全く指摘したことのなかった能力不足を理由として，Aさんを普通解雇しました。

　今回，Y社がAさんに対して行った解雇は，能力不足を理由とはしていますが，実態は子育て中のため残業ができないことによるものであり，マタニティ・ハラスメントにほかなりません。

　Aさんは，代理人弁護士を通じてY社に対し，解雇の撤回を求めましたが，Y社は応じようとしません。そのため，Aさんは，解雇の無効の確認と賃金の支払を求めて東京地方裁判所に訴訟提起します（地位確認等請求事件）。

　　　会見日時　　令和○年○月○日　午後○時〜
　　　出席予定者　原告本人，代理人弁護士
　　　（連絡担当）
　　　弁 護 士　　○○○○（○○法律事務所）
　　　電話番号　　○○○−○○○−○○○○

以上

（xvi） 合意書

合 意 書

　○○○○（以下「甲」という。）と○○○○（以下「乙」という。）は，乙が甲に対して，令和○年○月○日，○○○○等のハラスメントをした件（以下「本件」という。）※について，以下のとおり合意した。

※行為の有無や内容自体に対立がある場合には，「甲が主張する令和○年○月○日における乙の甲に対する言動（以下「本件言動」という。）」などの表現とすることも考えられます。

1　乙は，甲に対し，本件を深く謝罪する。
※行為の有無や内容自体に対立がある場合には，「乙は，甲に対し，令和○年○月○日における乙の甲に対する言動が不適切であったことを認め，謝罪する。」などの表現とすることも考えられます。

2　乙は，甲に対し，本件の解決金として，金○○○万円の支払義務があることを認める。

3　乙は，前項の金員を，令和○年○月○日限り，甲が別途指定する預金口座に振り込む方法で支払う。振込手数料は，乙の負担とする。

4　乙は，今後，業務上やむを得ない場合又は乙の代理人弁護士を通じる場合を除いて，面談，電話その他方法のいかんを問わず，甲に対して一切の接触をしない。
※「業務上やむを得ない場合」とは，同じ職場で就業を継続する場合を前提としたものです。

5　甲及び乙は，本合意書締結に至る経過及び本合意書の内容を第三者に開示しないことを相互に確認する。

6　甲及び乙は，甲と乙との間には本合意書に定めるもののほかに何らの債権債務がないことを相互に確認する。

　以上の合意を証するため，本合意書を2通作成し，それぞれ保管する。

令和○年○月○日

　　　　　　　　　　　（甲）　住所

　　　　　　　　　　　　　　　氏名

　　　　　　　　　　　（乙）　住所

　　　　　　　　　　　　　　　氏名

（xvii）閲覧等制限の申立て

令和○○年（ワ）第○○○○号　損害賠償請求事件
原告（申立人）　○○○○
被　告　○○○○

閲覧等制限の申立て

令和○年○月○日

○○地方裁判所民事第○部○係　御中

原告（申立人）訴訟代理人弁護士　　○○○○

　上記当事者間の頭書事件につき，申立人は，民事訴訟法第92条に基づき，閲覧等制限の申立てをする。

第1　申立ての趣旨

　右当事者間の頭書事件につき，原告の住所・氏名部分を含め，当該訴訟記録の下記の部について，閲覧，謄写，その正本，謄本もしくは抄本の交付またはその複製の請求をすることができるものを当事者に限る旨の決定を求める。

記

1　訴状のうち別紙黒塗り部分
2　甲○号証全て

第2　申立ての理由

　1　民事訴訟法第92条1項1号は，訴訟記録中に当事者の私生活についての重大な秘密が記載され，又は記録されており，かつ第三者が秘密記載部分の閲覧等を行うことにより，その当事者が社会生活を営むのに著しい支障を生じるおそれがあることについて，その疎明があった場合には，裁判所は，当該当事者の申し立てにより，決定で，当該訴訟記録中当該秘密が記載され，又は記録された部分の閲覧若しくは謄写，その正本，謄本若しくは抄本の交付又はその複製の請求をすることができるものを当事者に限ることができると規定している。

　2　本件訴訟は，被告の原告に対するセクハラ行為を取り扱うものであり，問題となるセクハラ行為の中には，わいせつ行為ともいうべき極めて性的な被害も含まれている。また，本件の各セクハラ行為は，原告が勤める一

部上場企業の職場内で行われており，社会的な関心が高い一方で，その分，私人に過ぎない原告が世間の好奇の目にさらされる危険がある。

　申立人の氏名，住所等申立人を特定するに足りる事項が閲覧等により明らかになれば，本訴訴訟記録中の申立人主張にかかわるセクハラ行為等の記載とあいまって，わいせつ被害を受けたという申立人にとって重大な秘密が明らかにされ，申立人が平穏に社会生活を営むにあたって著しい支障が生じるおそれがある。

3　よって，申立の趣旨記載の決定を求めて本申立に及ぶものである。

文

例

裁判例集

（ⅰ）セクシュアル・ハラスメント

番号	事件名	事案概要
1	金沢セクハラ（土木建築会社）事件 （名古屋高金沢支判平成8年10月30日判タ950号193頁，労判707号37頁）	Y₂会社代表Y₁が，自宅で家政婦としての仕事に従事させる目的で雇用した女性Xに対して，身体を触ったり，性交を求めた。
2	岡山セクハラ（リサイクルショップ）事件 （岡山地判平成14年11月6日労判845号73頁）	X：店長，Y₁：統括責任者，Y₂：部長，Y₃：会社。Y₁から仕事中，体を触られたり膝の上に座られたりする，いやらしい発言や下着を見せつけられるなどの行為を受ける。XはY₂に相談するもその後自宅にて強制わいせつ行為を受ける。XはY₂の行為によりPTSDを発症。Xは再雇用を拒否された。
3	岡山セクハラ（派遣会社）事件 （岡山地判平成14年5月15日労判832号54頁）	X₁，X₂：女性支店長，Y₁：専務，Y₂：代表取締役，Y₃：会社。Y₁はX₁に対して肉体関係を迫ったが，X₁は拒否。X₂に対して，Y₁はX₁と肉体関係を持てるよう協力を要請するもX₂は拒否。X₁，X₂はY₂にY₁の行為を訴えたが，Y₂から差別的発言を受ける。その後，Y₁はX₁，X₂の虚偽の噂を流し，Y₃は，X₁，X₂とも支店長職を解任し一般社員に降格したことから，両名は退職した。
4	下関セクハラ（食品会社営業所）事件 （山口地下関支判平成16年2月24日労判881号34頁）	X₁：従業員，X₂：X₁の夫，Y₁：上司，Y₂：会社。Y₁は他の従業員が外出中の営業所内で，X₁に対して「今からホテルに行こう」などといい，やむなく了承したX₁とホテルにて性交渉を持った。後日，再度ホテルに誘い，拒否したX₁に自身の性器を露出して見せ，逃げようとするX₁に抱きついて業務机の上に押し倒すなどした。X₁はY₁に対する懲戒処分の内容，自身への処遇，Y₂の対応を不満としてY₂を退職した。

裁判例集

判決内容	特記事項
慰謝料120万円，弁護士費用18万円。 行為の違法性の判断について，「行為の態様，行為者の職務上の地位，年齢，被害者の年齢，婚姻歴の有無，両者のそれまでの関係，当該言動の行われた場所，その言動の反復・継続性，被害女性の対応等を総合的にみて，それが社会的見地から不相当とされる程度のものである場合には，性的自由ないし性的自己決定権等の人格権を侵害するものとして違法となるというべき」との基準を提示。	X・Yらともに上告したが，原審判決が維持された。
Y₁・Y₃：慰謝料50万円，弁護士費用5万円。 Y₂：慰謝料100万円，逸失利益524万3535円，休業損害14万3768円，治療費5万9665円，弁護士費用65万円。 Y₂の行為については，上司としての立場を利用した事情は窺えず，Y₂の個人的な行動であるとして，使用者責任を否定。	
Y₁→X₁：慰謝料200万円，弁護士費用20万円。 Y₁→X₂：慰謝料30万円，弁護士費用3万円。 Y₃→X₁：Y₁のセクハラに対する慰謝料200万円，Y₃固有の不法行為による慰謝料50万円，未払賃金相当損害金339万円，逸失利益799万円，弁護士費用（Y₁につき20万円，Y₃につき140万円）。 Y₃→X₂：Y₁のセクハラに対する慰謝料30万円，Y₃固有の不法行為による慰謝料50万円，未払賃金相当損害金356万円，逸失利益914万円，弁護士費用（Y₁につき3万円，Y₃につき130万円）。 Y₃の責任について，セクハラ問題の事情聴取において，役員らはXらの訴えの真偽を公平な立場で聞く姿勢に欠け，翌日の処分はY₁の行為の事実確認が不十分なまま行われ，しかも両名に対する処分はY₁よりも重いものであり，違法なものであること，Xらが役員に訴え出た行為は就業規則の制裁規定列挙の非違行為のどれにも該当せず，また2回の減給処分は労基法第91条に違反すること，Y₁の行為・言動を放置し，原告らが職場に復帰できなくなるまでに職場環境が悪化することを放置したことを指摘し，Y₃の行為は全体として一個の不法行為を構成するとした。	Y₂によるXらに対する言動（再婚をしないのか，子どもはまだか等）は，不快感を持つものであるとしても，違法行為とは解せないとした。
Y₁：慰謝料130万円，弁護士費用15万円。 Y₂：慰謝料50万円，弁護士費用5万円。 Y₁の責任について，上司と部下という社会一般の間柄にすぎないのに，Xの心情を全く慮ることなく，著しい性的言動に及んだ事案というべきであること，Y₁の一連の所為は，その態様に鑑み，恋愛関係にない異性が許容することが一般に想定し難い内容であり，明確な拒否の有無にかかわらず，相手方の性的自由を侵害する不法行為に当たるとした。 Y₂の責任について，公的機関から社内のセクハラの存在を示唆され危急の事態を迎えていたにもかかわらず，社内会議の場で出席者にパンフレット等を配付し一般的な注意を与えるなど通り一遍の措置をとったにすぎず，その出席者であるY₁が数か月のうちに露骨なセクハラを	

番号	事件名	事案概要
5	下関セクハラ（食品会社営業所）事件控訴審（広島高判平成16年9月2日労判881号29頁）	本表事案4において，Y₂が控訴したが棄却された。
6	秋田県立農業短大事件（秋田地判平成9年1月28日判時1629号121頁）	X：研究補助員，Y：指導教授。学会のための出張の際，宿泊先のホテルの室内で，押し倒され胸を触られるなどのわいせつ行為を受けた。XはYに対し損害賠償を求めて訴訟を提起し，Yは名誉毀損を理由として反訴を提起した。
7	秋田県立農業短大事件控訴審（仙台高秋田支判平成10年12月10日判タ1046号191頁，判時1681号112頁，労判756号33頁）	本表事案6においてXが控訴した。
8	ビル管理会社セクハラ事件（大阪地判平成21年10月16日公刊物未登載）	X：従業員，Y₁：配属先の業務責任者，Y₂：Xの雇用主，Y₃：配属先の専任支援者。Y₁はXの背後から身体を密着させ，また，Xの腰から臀部附近にかけて触った。Y₁のセクハラを訴えたXに対し，Y₃はパワハラを行い，休職を余儀なくされた。
9	東レリサーチセンターほか事件（大津地判平成22年2月25日労判1008号73頁）	X：派遣社員，Y₁：Y₂に出向中のY₃の社員，Y₂：派遣先会社，Y₃：Y₁を出向させた会社。Y₁はXに対しプライベートな事柄につき度々質問する，トイレや更衣室前で待ち伏せて付きまとう，「一緒に帰ろう」，「飲みに行こう」などという，勤務時間中に身体をすり寄せるなどの行為をした。

判決内容	特記事項
繰り返す事態を招いたこと等から，Y₂の対応は，何らこうした明白な不法行為の歯止めとなり得ていないこと，Y₁を含む管理職が自身らの行為がセクハラとして違法の評価を受けることの認識すら有していなかったものと推認され，職場を共にする異性への配慮に乏しい常況にあった可能性もあることを指摘し，セクハラが生じた一因はY₂の不作為や社内啓発の不十分さにあるとした。	
慰謝料50万円，弁護士費用5万円の原審を維持。	
わいせつ行為の事実が認定されず，Yに対する名誉毀損が認められ，慰謝料50万円，弁護士費用10万円。 強制わいせつ行為の被害者の通常の反応として，反射的に助けを求める声をあげたり，何らかの抵抗をするであろうこと，当該行為の直後には相手の退去を求めるとか相手を非難する言動に出るであろうことを挙げ，Xの対応がこれにそぐわないことから，Xの供述の信用性に疑念があるとした。	
わいせつ行為の事実が認定され，慰謝料150万円，弁護士費用30万円。Yが請求した名誉毀損は認められなかった。 強制わいせつ事件の被害者の行動傾向からして不自然・不合理であるとのYの主張について，職場における性的自由の侵害行為の場合には，職場での上下関係などの抑圧が働くために，被害者が必ずしも身体的抵抗という手段をとらない要因として働くことから，性的被害者の行動のパターンを一義的に経験則化し，それに合致しない行動が架空のものであるとして排斥することは到底できないと判示した。	
Y₁・Y₂：連帯して，慰謝料50万円，弁護士費用5万円。 Y₂：別途，慰謝料30万円，弁護士費用3万円。 Xの供述について，XがY₁からセクハラを受けた直後にジョブコーチらに相談したこと，それ以前には，XとY₁との間に特段の問題はなく，Xがあえて虚偽の事実を述べる事情は見出せないことを理由として，信用性が高いとした。 Y₃については，上記セクハラを速やかにジョブコーチらに相談していたことを挙げ，仮にY₃からいじめを受けていれば，これについてもジョブコーチらに容易に相談し得る状態にあったにもかかわらず，このような相談をしていないこと，Y₃が原告の求めに応じて，速やかに業務の担当をXから他の従業員へ変更したこと等を理由として，業務指導の範囲を逸脱したいじめを行っていたとは認められないとした。	
Y₂・X間においてY₁の異動や責任者の謝罪等を内容とする和解が成立していることを理由として，Xの請求棄却。Y₃はY₁に対し実質的な指揮監督権を有していなかったので使用者責任を負わないとした。	

番号	事件名	事案概要
10	海遊館事件 （最一小判平成27年2月26日裁判集民249号109頁，裁時1623号2頁，判タ1413号88頁，判時2253号107頁，労判1109号5頁）	X：派遣社員，Y1，Y2：従業員，Z：会社。 Y1，Y2がXら複数の派遣社員に対して性的な発言等をしたことを懲戒事由として，Zから出勤停止の懲戒処分を受けるとともに下位の等級に降格された。Zに対し出勤停止処分の無効と降格の無効確認を請求。
11	東京セクハラ（コンピューターによる情報処理及び通信処理）事件 （東京地判平成28年12月21日公刊物未登載）	X：従業員，Y1：上司，Y2：会社。 Y1がXに対し，①頭を複数回触った，②「愛してる」というメッセージの複数回の送信，③食事に誘い，外見等に言及，④仕事に無関係の写真やメッセージを送信，⑤自宅の場所を尋ねた。Xは，Y2によりX雇止め。Y1及びY2に対し，不法行為等に基づく損害賠償請求，Y2に対し，地位確認等を請求した。
12	航空自衛隊自衛官セクハラ事件 （静岡地裁浜松支判平成28年6月1日労判1162号21頁）	X：平成22年当時航空自衛隊非常勤隊員，平成23年11月からは予備自衛官補（一般）の女性，Y：平成22年当時空曹長，平成23年7月から準空尉の男性。 ①YはXの悩みを聞いて抱きしめた，②島でYがXに接吻した，③Yは一緒に映画を見た後，ホテルでXを姦淫した，④平成22年11月〜平成24年3月頃までに，YがXの採用を左右する力があるかのようにふるまい，Xの夫（当時交際相手）についても人事権を行使した等Yの方が上の立場であることを強調し，何度も性行為を強要した。 この間，Xは，YとXの長女と動物園に行ったり，Yにクリスマスプレゼントを贈ったりした。 XはPTSDを発症した。XはYに対し，不法行為に基づく損害賠償請求をした。
13	航空自衛隊自衛官セクハラ事件控訴審 （東京高判平成29年4月12日労判1162号9頁）	本表事案12においてXが控訴した。

判決内容	特記事項
請求棄却（各懲戒処分有効）。 原審は，YらがXから明白な拒否の姿勢を示されておらず，Yらのセクハラも同人から許されていると誤信していたとして，Yらに有利な事情として斟酌したが，最高裁判所は，職場におけるセクハラについては，被害者が内心でこれに著しい不快感や嫌悪感等を抱きながらも，職場の人間関係の悪化等を懸念して，加害者に対する抗議や抵抗ないし会社に対する被害の申告を差し控えたり，躊躇したりすることが少なくないと考えられることやYらの極めて不適切かつ反復継続的なセクハラの内容等に照らせば，仮に上記のような事情があったとしても，そのことをYらに有利に斟酌することは相当ではないとした。	
Y₁，Y₂連帯して慰謝料10万円，弁護士費用1万円。雇止め不当，解雇無効。 ①②はセクハラ行為に該当し，③〜⑤は当たらない。Y₂は新入社員に対してはセクハラ防止研修をしていたが，Y₁のような中途採用者にはしていなかったため，安全配慮義務違反として，債務不履行責任を負う。	主観的に意に反する性的言動がされたといった事実は違法性判断上重要な一事情であるが，直ちに不法行為上違法との評価を受けるものではなく，行為態様やその言動に至った経緯，反復・継続性，両者の関係等の客観的事情を総合し，当該言動が社会通念に照らして許容される限度を逸脱したものと評価される場合に，性的自由等の人格権を侵害する違法な行為と評価。
慰謝料30万円。 ①は，人事上の事項の聴取のために勤務地以外の場所に呼び出すことは，仮に被告が人事権を有していたとしても不自然であり，そのことを原告が感じなかったことも不自然であり，Xの主張は直ちに採用し難い。②セクハラである。③言うことをきかなければ，人事上の不利益を与える旨の明示的な脅迫がなかったというのであるから，いかに人事上の影響力を有するといっても，無理に接吻してくるような者と映画鑑賞に行くとは容易に考えられない。性交したこと自体争いはないが，強制であることは認められない。④強姦していたとは認められない。 ②とPTSDとの間に因果関係は認められないが，唐突な接吻は精神的に不快であることは否定できず，Yが②に及んだことはXより職場で上位の立場であることが計算にあったことを考えると，慰謝料として30万円は下らないとした。	治療費等・弁護士費用は認められていない。
慰謝料800万円，治療費等25万円，弁護士費用80万円。 ①〜④いずれもセクハラと認定。 Yは上司としての地位を利用し，Xの弱みにつけ込んで性的関係を強要・継続したことは違法。Xの健康状態に配慮せず，精神状態を悪化させ，その結果生活保護を受けざるを得ない状態に追い込み，欲望処	上告は不受理となっており（最決平成30年2月21日）確定。

番号	事件名	事案概要
14	東京セクハラ（一般貨物自動車運送業）事件 （東京地判平成27年5月27日公刊物未登載）	X：契約社員，Y₁：代表取締役，Y₂：会社。 Xが，Y₂の代表取締役であるY₁からパワハラ（「首にしてやる」等頻繁にいわれる），セクハラ（体を触られる）及び強姦行為により，退職した。
15	加古川市事件 （大阪高判平成29年4月26日労判1227号27頁）	X：一般職に属する地方公務員。Y：普通地方公共団体。 Xが自動車運転士として就労中，コンビニエンスストアを頻繁に利用し，同店の女性従業員らを不快にさせる不適切な言動をしており，これを理由の一つとして退職した女性従業員もいた。女性従業員に対し，手や腕を絡めたり，手をつかんで，自らの股間に軽く触れさせる等した。新聞で，同店がXの処分を望まない意向を理由にYが処分を見送っていることが報じられたため，Yは記者会見を行った。YはXに対し，地方公務員法29条1項1号・3号に基づき，停職6月の懲戒処分をしたため，重きに失するとしてXはその取り消しを求めた。
16	加古川市事件 （最三小判平成30年11月6日裁判集民260号123頁，裁時1711号5頁，判タ1459号25頁，判時2413・2414合併号22頁，労判1227号21頁）	本表事案15においてYが上告。
17	東京セクハラ（法律事務所）事件 （東京地判平成27年3月11日判時2274号73頁）	X：事務員，Y：弁護士。 Yの経営する法律事務所の事務員として勤務していたXが，Yから不当解雇，セクハラ（「セックスしようよ」等いわれた）及び侮辱的発言を受けた。

判決内容	特記事項
理のために性的関係を求め続けたのは悪質。関係解消のためにＸが一生懸命訴えかけをしたことを無視したことも悪質。Ｙの言動を原因としてPTSDに現在も苦しめられているという点で被害も非常に深刻であるとした。	
慰謝料350万円，弁護士費用35万円。 ＸがＹ₁に対し明確に拒絶する態度をとっていなかったというＹらの主張について，Ｙ₁はＸの人事を掌握する立場にあったこと，営業所には３人しか勤務しておらず，ＸがＹ₁の行為を明確に拒否すれば人間関係を悪化させ，執務に支障が生じる可能性もあり得ること等から，Ｙ₂における勤務を継続するため，Ｙ₁の行為に対して嫌悪感，不快感を抱きながらも，Ｙ₁に対し明確に拒絶することができなかったとしても不自然ではなく，Ｙ₁のセクハラについてＸが嫌悪感等を抱いていたとの認定を覆すには足りないとした。 Ｙ₂の責任について，Ｙ₁のセクハラ等の行為は，代表取締役としての職務執行行為そのものではないが，Ｙ₁がその優越的な立場を利用して営業所内で勤務時間中に行ったものであることから，職務執行行為と密接な関連を有する行為であるとして，会社法第350条の責任を認めた。	
控訴棄却。①被害者は身体的接触があっても終始笑顔で行動，②被害者及び店舗オーナーは処罰を望んでいない，③Ｘは自動車運転士のため公権力の行使ではない等を理由として，本件処分は違法とした。	第１審（神戸地判平成28年11月24日労判1227号30頁）は同旨（請求認容・懲戒処分を取り消す）。
請求棄却（本件処分は適法）。 ①被害者が笑顔で対応したのは客とのトラブルを避けるためとみる余地があり，身体的接触に同意があったとしてＸの有利に評価することは相当でない，②処罰を望まないとしても，事情聴取の負担や同店の営業への悪影響等を懸念したものとも解される，③勤務時間中に制服を着用してされたものであるうえ，複数の新聞で報道され，記者会見も行われたことからすると，Ｙの公務一般に対する住民の信頼が大きく損なわれたというべきであり，社会に与えた影響は決して小さいものとはいえない。	
慰謝料５万円，弁護士費用5000円。 Ｘが主張したセクハラのうち，Ｙの発言についてはその存在自体が認められない，又は，ＹがＸの自宅に入ったことについて，Ｘが明示的に拒否していたという事実が認められず，不法行為が成立しないとされた。 ＹがＸに対し，風俗嬢であるなどと侮辱的発言をしたことについては，	

番号	事件名	事案概要
18	福岡セクハラ（自動車販売業）事件 （福岡地判平成27年12月22日公刊物未登載）	X：Y₂に派遣された派遣社員，Y₁：Y₂社副課長，Y₂：自動車販売を業とする会社。 居酒屋でX他1名の歓迎会を開催。約10名が参加した二次会のスナックにおいて，Y₁はXが歌っている途中，Xの太ももの裏辺りをスカートの上から抱え上げた。別の者が止めたため，下着が見えるまでには至らなかったが，Xのスカートがずり上がった状態になった。その後，XはY₂を退職。Xが送検されたことにより，示談はしていなかった，Y₁は当該行為を犯罪事実とした暴行罪で罰金10万円の略式命令を受けた。Y₁に対し不法行為に基づき，Y₂について債務不履行又は使用者責任に基づき慰謝料等を請求した。
19	東京セクハラ（葬祭事業）事件 （東京地判平成24年6月13日労経速2153号3頁）	X：正社員，Y₁：部長，Y₂：会社。 Y₂と労働契約を締結していたXが，直属の上司であったY₁の継続的なセクハラ（性行為の強要）により退職した。
20	東京セクハラ（土木技術本部イノベーション推進部先端技術グループ）事件 （東京地判令和3年9月9日公刊物未登載）	X₁及びX₂：派遣社員，Y：Xらの所属する派遣先のグループのグループ長。 出張の際に，Yからそれぞれ以下の行為を受けたとして，慰謝料等を請求した。 X₁に対し，①電車内で隣に座り髪を撫でるように触った，②ハイタッチを求めた，③「派遣さんの採用の際は顔を見て選んだ」と発言した，④深夜0時頃にビールを持ってX₁の部屋に入り，ベッドの上に座って隣に座るよう求め，側に立って肩や腰に手を回した，⑤X₁の部屋に来た同僚を帰らせようと「X₁は俺と寝るから」と発言し，X₁の部屋を出た後も執拗に架電した，⑥車酔いのため横になっていた際，握手をした後，上から抱きつこうと両腕を体に回した， X₂に対し，②③はX₁と共通，⑦カラオケで，徐々に近づき，最終的にはX₂の真横の鞄の上に座って，足を触れさせ，顔の間近で話すなどした，⑧X₁の部屋から架電して部屋に来るよう求めた，⑨X₁のメッセージにより④の行為を知ることになった，⑩深夜1時過ぎにX₂にも架電した。 X₁はうつ病を発症した。

判決内容	特記事項
一般社会通念に照らして，他人の名誉を侵害することは明らかであり，不法行為が成立することは明らかであるとした。	
慰謝料30万円，弁護士費用3万円，診療費等4360円。 Y₁の行為は，女性であるXの承諾なしに，突然その太腿に触れて持ち上げるというものであり，その結果，他の従業員がいる中でXのスカートがずり上がる状態になったというのであるから，Xの性的羞恥心を害する行為であったことは明らかであり，故意にXの人格的利益を侵害し，Xに精神的苦痛を被らせるものと評価できることから，不法行為を構成すると認めるのが相当である。 Y₁はY₂の従業員であるところ，本件行為は，勤務時間終了後に職場外の場所で行われたものではあるものの，Xほか1名の新入社員歓迎会の二次会であったというのであるから，被告会社の業務に近接してその延長において行われたものと評価でき，被告会社の職務と密接な関連性があり，その事業の執行につき行われたと評価すべきである。よって，Y₂は使用者責任を負う。	
逸失利益認めず，慰謝料200万円，弁護士費用20万円。 XとY₁との関係は不倫であり，合意の上での行為であったとのY₁の主張について，Y₁の地位とXの地位との差は歴然であり，XがY₂から指揮命令を受ける立場にあったこと，XとY₁との関係はY₁からの働きかけから始まる一方的で唐突なものであり，男女間の自然な恋愛感情が醸成されていくような経緯は全く認められないこと等を理由に排斥し，Y₁が職場上の上下関係を利用して，Xに対し性行為を含めた性的な関係を強要したと認定した。	
X₁につき，慰謝料20万円，治療費等1万6590円，弁護士費用2万円。 X₂は請求棄却。 上記⑤の発言以外（ただし⑨はYの行為ではない）は認定されたものの，人格権を侵害するセクハラ行為と認められたものは，④⑥のみである。⑥につき，X₁の「それはいらないです」といった拒絶の言葉に切迫感がないというYの主張は，X₁は体調が悪かった上，今まで酒に酔っていない状態ではきちんとしていた上司であるYが，突然不埒な行動に及んだのであるから，驚いてこの程度の言葉しか出なかったとしてもさほど不自然とはいえないとして，認めなかった。	

番号	事件名	事案概要
21	札幌セクハラ（人材派遣事業）事件 （札幌地判令和3年6月23日労判1256号22頁）	X：支店長，Y₁：専務取締役・Xの直属の上司，Y₂：人材派遣会社。 Y₂取締役であるY₁から以下のセクハラ・パワハラを受けたこと，並びにY₂がY₁による各ハラスメントを把握した後もXに対する適切な支援をしなかったことによって，抑うつ状態になったとして，不法行為及び債務不履行に基づき損害賠償を求めた。 ①Y₂の飲み会において，「今日，ホテルに遊びに行っていいか？」，「今日はXを抱いちゃおうかな。」などと繰り返し発言したり，②別日のY₂の飲み会において，手を握ったり，③X，Y₁及び別の取締役の3名による飲み会において，Xと二人きりになった際，突然抱き着いてキスをして，胸を鷲掴みにするように触ったりするなどのセクハラをした。④XがY₁から受けたセクハラについて他者に相談をしていることを聞くや，突然それまでの態度を豹変させ，Xに対し執拗に責め立てたり，支店長としての立場を危うくするような非難を繰り返したりするなどのパワハラをした。 Y₂は，Y₁の上記セクハラ・パワハラを認識しながら，Y₁の役職をそのままにしたばかりか，従前と同様にX勤務の支店の業務にも関わらせていた上，Xに対しては，休職にした上で復帰時には支店長職を解職する（降格処分にする）と告げた。 Xは抑うつ状態になった。
22	P社ほか（セクハラ）事件 （大阪地判令和2年2月21日労働判例1233号66頁）	X₁及びX₂：Y₂従業員，Y₁：Y₂創業者，Y₂：経営コンサルティング会社。 Y₂の従業員であったX₁X₂が，それぞれ，Y₂での業務従事中に上司であるY₁からセクハラ行為を受けた上，X₁は就労不能となった後に退職を余儀なくされ，X₂は不当に解雇されたなどと主張して，損害賠償請求等をした。 X₁について，①Y₁の日常的なセクハラ発言，②上海出張中に相手をする女性を探すように命じた，③Y₁のベッドの上でマッサージを受けさせた，④ローマ出張中のタクシー内で愛人になるよう求めた，⑤ローマ出張のホテルにおいて，別室を希望する被害者の意向を拒み，一時的であれ同室で過ごすことをやむを得ない状況に置き，更に入室後には早々にシャワーを浴びるという行動に出た。 X₂について，⑥Y₁の自宅兼事務所に宿泊させた，⑦③と同様，⑧オランダ出張中に同じベッドで寝ることを強要した，⑨オランダ出張中に部屋に来るように指示した。

判決内容	特記事項
治療費 3 万4210円，慰謝料150万円（Xの素因減額はなし），弁護士費用15万円 慰謝料については，Y₂の職場環境配慮義務違反（均等法11条，セクハラ指針）も考慮されている。Y₂がX主張のハラスメントを認定しなかった要因が，Y₁の虚偽説明にあると考えられることを踏まえれば，Y₂の職場環境配慮義務違反は，Y₁において十分に予見可能な事情と認められる。そうすると，被告会社の職場環境配慮義務違反が寄与した損害部分についても，本件不法行為と相当因果関係を有するものと認めることが相当であるとした。	
X₁につき，慰謝料50万円，弁護士費用 5 万円，逸失利益90万円（X₂のセクハラ部分については棄却） ④⑤はセクハラに該当。 被告Y₁によるセクハラ行為は，被告会社での地位や権限，年齢・社会経験等に大きな格差があることを背景に，海外出張先で愛人になるよう求めた上，一時的であれホテルの部屋に同室を余儀なくさせるという態様のものであること，原告X₁は逃げるようにして帰国することを余儀なくされ，その後の出社することなく退職に至っており，少なからぬ精神的苦痛を被ったと考えられること，その他本件に顕れた一切の事情を総合的に勘案すれば，被告Y₁のセクハラ行為による原告X₁の慰謝料として，50万円を認めるのが相当である。 Y₂による職場環境整備義務違反による逸失利益として 3 か月分。	

番号	事件名	事案概要
23	宮城セクハラ（村役場）事件 （仙台地判平成30年4月24日公 刊物未登載）	X：村役場職員，Y：村長。 Xが，当時，村長を務めていたYから，十数回にわたっ て性交渉を強要され，セクハラ又はパワハラに当たる 言動や多数のメール送信を受け，うつ病になった等と 主張して，被告に対し，不法行為又は債務不履行（職 員に対する安全配慮義務違反）に基づき，慰謝料，治 療費，休業損害及び弁護士費用を請求した。

判決内容	特記事項
慰謝料150万円，弁護士費用15万円。 Yは，村長という立場にありながら，部下である原告に対し，セクハラや脅迫等の不法行為をしたものであり，Yの不法行為は，それまでYとXが親密な関係にあったことを考慮しても，決して許されるものではない。また，Yによる不法行為は，X代理人が介入するまで約2か月間にわたって続いたものであり，その間に受けた原告の精神的苦痛は相当大きなものであったと考えられる。以上の事情のほか，XがYの不法行為によってうつ病を発症し，その結果，病気休暇を取得し，病気休暇取得後は休職したこと等，本件に顕れた一切の事情を勘案すると，Yの不法行為により原告が受けた精神的苦痛に対する慰謝料は150万円と認めるのが相当であるとした。なお，性交渉については，合意ありとして，セクハラを認定していない。	

裁判例集

(ⅱ) マタニティ・ハラスメント

番号	事件名	事案概要
1	広島中央保健生活協同組合事件／X生活協同組合事件 （最一小判平成26年10月23日民集68巻8号1270頁，裁時1614号1頁，判時2252号101頁，判タ1410号47頁，労判1100号5頁，労経速2232号3頁）	組合Yに雇用され副主任の職位にあった理学療法士であるXが，妊娠中の軽易な業務への転換に際して副主任を免ぜられ，育児休業の終了後も副主任に任ぜられなかったことを理由として，損害賠償を請求した。
2	広島中央保健生活協同組合事件／X生活協同組合事件差戻審 （広島高判平成27年11月17日判時2284号120頁，労判1127号5頁）	本表事案1の差戻審。
3	ツクイマタハラ事件 （福岡地小倉支判平成28年4月19日判時2311号130頁，労判1140号39頁）	X：介護職員，Y1：営業所長，Y2：介護サービス会社。 Y1は職場の管理者として，妊婦であったXの健康に配慮し，良好な職場環境を整備する義務を負っていたが，Xから他の軽易な業務への転換を求められたにもかかわらず，その面談時に「この空間，この時間を費やすちゅうことに対しての対価をもらいよるんやけえ，やっぱり，うん，特別扱いは特にするつもりはないんですよ」等と発言し，転換せず，また，時間給であった原告の勤務時間を一方的に短縮したり，原告を無視するなどのマタハラ及びパワハラをして上記義務を怠り，良好な職場で働く原告の権利を侵害し，Y2は，従業員であったY1の指導を怠ったなどとして，不法行為及び使用者責任ないし債務不履行に基づき，慰謝料等を請求した。
4	TRUST事件 （東京地立川支判平成29年1月31日労判1156号11頁）	X：従業員，Y：測量会社。 Xは，妊娠が判明し，相談のためにY代表者及び上司に連絡を取ったところ，担当していた建築測量・墨出し工事一式等の現場業務の継続が難しいということに話が及び，代表者から，派遣会社に派遣登録をすることを提案された。その後，Y代表者から指示を受けた派遣会社から派遣先を紹介されたところ，Xはこれを受け，派遣先の業務に1日のみ就いた。この間，Xは社会保険加入の意思を伝えていた。XからYに退職届が出されたことはなかったが，Y代表者からYを退職扱いになっている旨の連絡を受けた。Xが請求した退職証明書及び離職票では，退職理由が一身上の都合と

判決内容	特記事項
妊娠中の軽易な業務への転換を契機として，Xを降格することは，Xの自由な意思に基づいて降格を承諾したものと認めるに足りる合理的な理由が客観的に存在する等特段の事情が存在しない限り，均等法に違反するとして原審に差し戻した。	
Xは，事前に必要性や理由に関する説明がなされたとは認められない状況下で副主任を免除され，現場復帰後の地位に関しても不安を払拭できる説明を受けなかったことにより，職業人としての誇りを傷つけられたこと，現場復帰後も副主任免除が回復されることはなかったこと等を考慮して，本来支給されるべき手当金等のほか，精神的苦痛に対する慰謝料として100万円。弁護士費用30万円。	
慰謝料35万円。 面談時の発言につき，必ずしも肯定的ではないXに対する評価を前提としても，やや感情的な態度と相まって，妊娠をした者（X）に対する業務軽減の内容を定めようとする機会において，業務態度等における問題点を指摘し，これを改める意識があるかを強く問う姿勢に終始しており，受け手（X）に対し，妊娠していることを理由にすることなく，従前以上に勤務に精励するよう求めているとの印象，ひいては，妊娠していることについての業務軽減等の要望をすることは許されないとの認識を与えかねないもので，相当性を欠き，また，速やかにXのできる業務とできない業務を区分して，その業務の軽減を図るとの目的からしても，配慮不足の点を否定することはできず，全体として社会通念上許容される範囲を超えているものであって，使用者側の立場にある者として妊産婦労働者（X）の人格権を害する。 面談まで1か月以上，何らの措置も行わなかったことは，職場環境を整え，妊婦であった原告の健康に配慮する義務に違反したものといえる。Xが2度目の業務軽減の申出をするまで4か月間何らの措置も執らなかったことは，Y₂の就業環境整備義務違反として債務不履行となる。 労働時間の短縮は，Xが異議を申し立てたこともなく，違法とはいえない。	
請求一部認容（地位確認，賃金請求，慰謝料20万円） 退職は，一般的に，労働者に不利な影響をもたらすところ，均等法1条，2条，9条3項の趣旨に照らすと，女性労働者につき，妊娠中の退職の合意があったか否かについては，特に当該労働者につき自由な意思に基づいてこれを合意したものと認めるに足りる合理的な理由が客観的に存在するか慎重に判断する必要がある。Xは，産後の復帰可能性のない退職であると実質的に理解する契機がなかったと考えられ，また，Yに紹介された派遣会社において，派遣先やその具体的労働条件について決まる前から，Xの退職合意があったとされていることから，Xには，Yに残るか，退職の上，派遣登録するかを検討するための情報がなかったという点においても，自由な意思に基づく選択があったとは言い難い。	

番号	事件名	事案概要
		なっていた。XはYに対し，自主退職していないという見解を示した。Xは退職扱いの効力を争い，Yに対し，地位確認，賃金支払，慰謝料を求め，提訴した。
5	フーズシステムほか事件 （東京地判平成30年7月5日判時2426号90頁, 労判1200号48頁）	X：平成17年から派遣社員，平成24年からY₁直接雇用（時給制嘱託社員），Y₁：鮪卸業会社，Y₂：Y₁取締役。Xは，平成25年2月，第1子妊娠をY₂に報告し，後任に業務を引き継ぎ，同年6月から翌年3月まで出勤しなかった。平成26年4月，Xが復帰に当たっての面談で時短勤務を希望したところ，Y₂はパート社員になるしかない旨説明したため，Xは有期雇用の内容を含むパート契約書に署名押印した。 同年11月，Xは第2子を妊娠し，産休育休取得を希望したが，Y₂は取得を認めない意向を示し，定例会議でXが退職する意思がないことを知りながら，Xが出産のために退職すると発表した。Xは労働局に相談し，同年6月，産休育休取得が認められた。 平成28年4月に復職したところ，定例会への参加等をする必要がないと指示され，直ちに担当させられる業務はないと言われた。 平成28年8月，Y₁はXに対し，パート契約を更新しない旨通知した。 Xは，降格，有期パート契約への転換及び解雇が無効であるとして，地位確認及び損害賠償を求め提訴した。
6	ジャパンビジネスラボ事件 （東京地判平成30年9月11日労判1195号28頁）	X：コーチ正社員，Y：コーチングスクール運営会社 Xは平成25年1月から（平成26年3月1日まで。後に同年9月1日まで延長）産休育休を取得した。平成26年2月22日，XはY代表者らと面談し，契約社員制度の導入の説明を受けた。コーチについては，育休明けの者に限り，契約社員として一時的に契約することができ，説明文書には，「契約社員は，本人が希望する場合は正社員への契約再変更が前提です」等の記載があった。その後，Xは保育園のめどが立たなかったため，休職を求めたがYは応じず，Xは一旦退職の意向を表明した後，契約社員としての復職を希望し，同年9月1日雇用契約書に署名してYに交付したことにより，無期正社員から有期契約社員になった。Xは同月9日以降，保育園が見つかったとして正社員への復帰を繰り返し求めたが，Yは拒否を繰り返し，両者の関

判決内容	特記事項
Yからの休職提案があったと認められ，従前業務に従事させない客観的合理的理由があり，Yでの賃金が日給月給制であるとXは理解していたこと等から，休職合意ありとした。 均等法1条，2条の趣旨目的に照らし，仮に当該取扱いに本人の同意があったとしても，妊娠中の不利益取扱いを禁止する同法9条3項に該当する場合があるというように，同項が広く解釈されていることに鑑みると，前記のとおり，休職という一定の合意が認められ，さらに，仮に，Y側が，Xが退職に同意していたと認識していたとしても，当該労働者につき自由な意思に基づいてこれを退職合意したものと認めるに足りる合理的な理由が客観的に認められない以上，退職扱いとした被告には，少なくとも過失があり，不法行為が成立する。	
一部認容（地位確認。慰謝料50万円他） 短縮の申出に際してされた労働者に不利益な内容を含む使用者と労働者の合意が有効に成立したというためには，当該合意が労働者の自由な意思に基づいてされたものと認めるに足りる合理的な理由が客観的に存在することが必要なところ，本件においては，Xが自由な意思に基づいてパート契約を締結したということはできないから，その成立に疑問があるだけでなく，Y₁がXとの間で同契約を締結したことは，育児・介護休業法23条の所定労働時間の短縮措置を求めたことを理由とする不利益取扱いに当たるため，同契約は，同法23条の2に違反し無効であり，不利益の内容や違法性の程度等に照らし，Xに対する不法行為を構成する。	
正社員としての地位確認・未払い賃金等請求棄却，契約社員としての地位確認及び未払い賃金等請求を一部認容一部却下，Yの一連の行為につき不法行為の成立を認めて慰謝料100万円。 Yの反訴請求（Xの記者会見による信用棄損等の不法行為に基づく損害賠償請求）棄却。 本件正社員契約を解約して本件契約社員契約を締結する合意により得る法的地位は，これをせずに育児休業終了を迎えた場合に置かれる地位と比較して有利なものであり，本件合意は，その当時のXの状況に照らせば，必ずしもただちにXに不利益な合意とまではいえず，そうであるからこそ，Xは子を入れる保育園が決まらないという事情を考慮し，Y代表者から本件契約社員契約の内容につき説明を受け理解したうえで，合意をしたと認められるので，これがXの真意によらないYの強要によるとは認められず，Xに対する均等法9条3項および育児・介護休業法10条にいう不利益な取扱いに当たらないとした。 Yの交渉姿勢により，Xの受けた不利益の程度は著しいものといえ，	

番号	事件名	事案概要
		係は悪化した。平成27年7月Y代表者は、Xの私用メールを現認し、パソコン内を確認しようと事業所からの退出を命じたが、Xは応じずデータを削除しようとし、録音を開始したため、Yは自宅待機を命じた。同月31日、YはXに対し、契約社員契約は、同年9月1日をもって終了する旨通知した。
7	ジャパンビジネスラボ事件（東京高判令和元年11月28日労判1215号5頁）	本表事案6において双方控訴。
8	医療法人稲門会（いわくら病院）事件（京都地判平成25年9月24日労判1104号80頁、労経速2224号9頁）	X：男性看護師、Y：医療法人。Yの病院に看護師として勤務するXが、育児休暇を取得したところ、3か月の不就労を理由に職能給を昇給させず、昇格試験を受験する機会を与えなかった行為を、育児・介護休業法10条の不利益取扱いに該当し、公序良俗（民法90条）に反する違法行為であると主張して、被告に対し、不法行為に基づき、昇給・昇格していた場合の給与及び退職金と実際のそれとの差額に相当する損害の賠償並びに慰謝料30万円の支払を求めた。
9	医療法人稲門会（いわくら病院）事件（大阪高判平成26年7月18日労判1104号71頁、労経速2224号3頁）	本表事案8においてX控訴。

判決内容	特記事項
Yの不誠実な対応はいずれもXが幼年の子を養育していることを原因とするものであることを合わせて考慮すれば，YがXに対して支払うべき慰謝料の金額としては，100万円が相当であるとした。	
X控訴・追加請求棄却，Y控訴により原判決一部変更・一部棄却。 Xは，Y代表者の命令に反し，自己がした誓約にも反して，執務室における録音を繰り返したうえ，マスコミ等の外部関係者らに対し，あえて事実とは異なる情報を提供し，Yの名誉，信用を毀損するおそれがある行為に及び，Yとの信頼関係を破壊する行為に終始しており，かつ反省の念を示しているものでもないから，雇用の継続を期待できない十分な事由があるものと認められるとして，一審判断を変更し，本件雇止めは，客観的に合理的な理由を有し，社会通念上相当であるとした。 Yが，Xに付与した業務用のメールアドレスに送信されたX宛のメールを閲読し，そのメールを送信した社外の第三者らに対し，Xが就業規則違反と情報漏洩のため自宅待機処分となった旨を記載したメールを送信したことは，Xのプライバシーを侵害する行為であり，不法行為が成立するとして，Xの損害額は5万5000円が相当であるとした。 Xの記者会見における発言に基づく報道は，語学スクールを経営するYがあたかもマタハラ企業であるような印象を与えて社会的な評価を低下させるものであり，報道によってYの受けた影響は小さくないが，本件に現れた一切の事情を考慮すると，55万円の限りで，Y社のXに対する損害賠償請求が認められるとした。	上告不受理（最決令和2年12月8日）により，確定。
慰謝料15万円 職能給の不昇給は違法とは言えない。正当な理由がなく昇格の機会を与えなかった行為は違法であるが，原告が合格した高度の蓋然性は認められないとし，損害との因果関係を否定しつつ，昇格試験を受験させず，昇格の機会を与えなかったことで精神的苦痛を受けたと認めるのを相当とした。	パタニティ・ハラスメント（パタハラ）の事例。
給与及び賞与差額8万9040円，慰謝料15万円 Yの育児休業規定（「昇給については，育児休業中は本人給のみの昇給とします」）に基づく職能給の不昇給は，Y病院の人事評価制度のあり方に照らしても合理性を欠き，育児休業取得者に無視できない経済的不利益を与えるものであって，育児休業の取得を抑制する働きをするものであるから，育児・介護休業法10条に禁止する不利益取扱いに当たり，かつ，同法が労働者に保障した育児・休業取得の権利を抑制し，ひいては同法が労働者に同権利を保障した趣旨を実質的に失わせるものであるといわざるを得ず，公序に反し，無効というべきであるとした。	上告不受理（最決平成27年12月16日）により，確定。

番号	事件名	事案概要
10	社会福祉法人全国重症心身障害児（者）を守る会事件 （東京地判平成27年10月2日労判1138号57頁）	X1，X2，X3：従業員，Y：社会福祉法人 育児短時間勤務制度を利用したXらについて，本来与えられるべき昇給が行われなかったこと（昇給抑制）が育児・介護休業法第23条の2に違反する不利益な取扱いであるとし，本件昇給抑制がなかった場合の労働契約上の号給資格を有することの確認，差額賃金請求及び慰謝料を求めた。

判決内容	特記事項
差額賃金のほか,慰謝料（各自10万円）及び弁護士費用（各自5万円）但し,昇給抑制がなかった場合の労働契約上の地位確認は却下。 育児・介護休業法第23条の2は強行法規であり,「所定労働時間の短縮措置の申出をし,又は短縮措置が講じられたことを理由として解雇その他不利益な取り扱いをすることは,その不利益な取扱いをすることが同条に違反しないと認めるに足りる合理的な特段の事情が存しない限り,同条に違反するものとして違法であり,無効となる」とした。そのうえで,本件の昇給抑制は,労働時間が短いことによる基本給の減額のほかに,本来与えるべき昇給の利益を不十分にしか与えないという形態により不利益取扱いをするものであり,同条に違反する不利益な取扱いとして不法行為に基づく損害賠償を認めた。他方で,本件の昇給抑制にかかる行為を無効とは解さず,地位確認は認めなかった。	上告不受理（最決平成27年12月16日）により,確定。

裁判例集

（ⅲ）パワー・ハラスメント

番号	事件名	事案概要
1	日本ファンド（パワハラ）事件 （東京地判平成22年7月27日労判1016号35頁）	消費者金融会社Y₂の従業員であるX₁，X₂及びX₃が，上司であるY₁から，数か月にわたり扇風機の風を当てられたり，暴行や暴言を受けたとして，Y₁及びY₂に対して，損害賠償を請求した。
2	東京都ほか（警視庁海技職員）事件 （東京高判平成22年1月21日労判1001号5頁）	警視庁の海技職員Xが，同僚Y₁らや東京都Y₂に対し，Y₁らの嫌がらせ（名誉毀損・侮辱する内容のポスターを掲示や，シンナー等により接触皮膚炎を起こす可能性が高い体質であるのにシンナーを用いた嫌がらせの実施，執務環境をことさら劣悪とする等）を理由に慰謝料を請求した。
3	カネボウ化粧品販売事件 （大分地判平成25年2月20日労経速2181号3頁）	社内研修会において，商品販売目標を達成できなかった美容部員であるXに対し，Y₁らが，罰ゲームとして易者姿のコスチューム及びうさぎの耳形のカチューシャを着用させ，許可なく写真撮影をしたうえで，別の研修会でスライド投影したこと等について，Y₁ら及び会社Y₂に対して精神的損害に基づく慰謝料を請求。
4	国・奈良労基署長（日本ヘルス工業）事件 （大阪地判平成19年11月12日労判958号54頁）	環境プラントのオペレーション，メンテナンスを行う会社の従業員Xが，精神障害を発症して自殺。Xの遺族が，Xの自殺は，業務に存した過重負荷に起因する精神障害に罹患した結果（業務起因性）であるとして，遺族補償年金等を請求した。
5	日本土建事件 （津地判平成21年2月19日労判982号66頁）	長時間に及ぶ時間外労働や，上司からのパワハラを受けていた建設会社Yの従業員Xは，勤務終了後に飲食して先輩を自宅まで送り届ける際に交通事故を起こして死亡。Xの遺族が，Yに対し，安全配慮義務違反及び不法行為として損害賠償を請求した。
6	国・京都下労基署長（富士通）事件 （大阪地判平成22年6月23日労判1019号75頁）	電気製品製造会社で，パソコン操作の講師等を行っていた従業員Xが，精神障害を発症したのは，会社の同僚等のいじめとそれに対する会社の対応がなかったという業務に起因するものとして，京都下労働基準監督署長に対して，療養補償給付を請求した。

裁判例集

判決内容	特記事項
Y₁の不法行為により，心療内科等の通院及び1か月の休職に至ったX₁に対しては，不法行為の態様等も考慮して，慰謝料60万円。 同様に，それぞれに対する不法行為の態様を考慮して，X₂については慰謝料40万円，X₃については慰謝料10万円。 Yらは，Xらの業務上の怠慢に対する業務上必要かつ相当な注意であったと主張したが，Y₁の言動は一方的かつ威圧的な言動であり，Xらは，Y₁の言動に強い恐怖心や反発を抱きつつも，Y₁に退職を強要されるかもしれないことを恐れて，それを受忍することを余儀なくされていたという事情に鑑み，社会通念上許される業務上の指導の範囲を逸脱してXらに過重な心理的負担を与えたとして，不法行為の成立を認めた。	
慰謝料150万円，弁護士費用15万円。 Xが病気休職期間の満了に伴い復職する可能性が高い状況下において，幹部らが，Xに対し依願退職を求めて働きかけを行う「基本方針」をとることとしていたことが推認されるとし，その方針のもとに行われた不当な退職勧奨行為及び嫌がらせ行為について不法行為の成立を認めた。	
慰謝料20万円，弁護士費用2万円。 Xがコスチュームの着用を明示的に拒否していないとしても，その場で拒否することは非常に困難であること，場の盛り上げという目的が正当なものであるとしても，もはや社会通念上正当な職務行為であるとはいえず，Xに心理的負荷を過度に負わせる行為であるとして，不法行為の成立を認めた。	
会社の研修会の席上において，Xの仲人である上司から，社長ら役員も含めた参加者全員の面前において，「頭がいいのだができが悪い」，「何をやらしてもアカン」，「その証拠として奥さんから内緒で電話があり『主人の相談に乗って欲しい』といわれた」などと発言されたことについて，当該上司の発言は，社会通念上，精神障害を発症ないし増悪させる程度に過重な心理的負荷を有する発言であると認め，業務起因性を認定した。	
慰謝料50万円。 Yは，健康を害しないように配慮する安全配慮義務に違反するとともに，Yの社員が職場内の人権侵害を生じないように配慮する義務としてのパワハラ防止義務にも違反したと判示した。	
Xに対する同僚女性のいじめや嫌がらせは，集団で長期間にわたり継続して行われたものであり，その態様もはなはだ陰湿であったことから，陰湿さ及び執拗さの程度において常軌を逸した悪質なひどいいじめ，嫌がらせというべきものであって，それによってXが受けた心理的負荷の程度は強度であるとした。そして，Xの精神的障害は，同僚女性によるいじめや嫌がらせとともに，会社が何らの防止措置もとらなかったから発症したものとし，Xの精神的障害の発症に係る業務起因性を認定した。	

番号	事件名	事案概要
7	鹿児島県・U市（市立中学校教諭）事件 （鹿児島地判平成26年3月12日判時2227号77頁，労判1095号29頁）	市立中学の教員であるXが指導力向上特別研修の受講期間中に自殺したケース。Xの遺族が，Xの自殺は，中学校の校長及び教頭によるハラスメント並びに特別研修の担当指導官らによる人格攻撃により，Xが精神障害を発症ないし増悪させたことによるものであるとして，県及び市に対して損害賠償を請求した。
8	エール・フランス事件 （千葉地判平成6年1月26日判タ839号260頁，労判647号11頁，労経速1531号7頁）	退職勧奨に応じない航空会社Y_2の従業員Xに対し，職場の上司Y_1らが旅客待遇から統計作業へ職務担当変更を指示したことに加えて，Xに対して暴力行為及び嫌がらせを行ったことについて，XがY_1ら及びY_2に対して，損害賠償を請求した。
9	エール・フランス事件控訴審 （東京高判平成8年3月27日労判706号69頁）	本表事案8において，Yらが控訴した。
10	神奈川中央交通（大和営業所）事件 （横浜地判平成11年9月21日判時1716号95頁，判タ1085号208頁，労判771号32頁，労経速1746号11頁）	路線バスを駐車車両に接触させる事故を起こした路線バス会社のバス運転手Xが，炎天下における除草作業のみを長期間継続して行うこと等を業務上命じられ嫌がらせを受けたことについて，これを命じた上司Y_1及び路線バス会社Y_2に対して，精神的損害を受けたと主張して，損賠賠償を請求した。
11	誠昇会北本共済病院事件 （さいたま地判平成16年9月24日労判883号38頁）	准看護師であったXは，勤務するY_2病院の先輩Y_1らによるいじめが原因で自殺。Xの遺族が，Y_1及びその雇用主であるY_2に対して，いじめを認識しながらこれを防止する行為をとらなかったとして，損害賠償を請求した。
12	関西電力事件 （最三小判平成7年9月5日裁判集民176号563頁，裁時1154号1頁，判時1546号115頁，判タ891号77頁，労判680号28頁）	会社Yが共産党の構成員・支持者Xに対して行った監視・ロッカーの無断点検・仲間外し等の行為が不法行為に該当するとして，XがYに対して損害賠償を請求した。

判決内容	特記事項
Xの年齢，自殺に至った経緯，校長らの注意義務ないし安全配慮義務違反の態様，その他一切の事情を考慮して，死亡にかかる逸失利益等のほか，慰謝料2200万円。 校長及び教育委員会は，Xが精神疾患で通院中であることを認識していたにもかかわらず，Xを県教育委員会がXを指導力不足等教員と認定して特別研修を受けさせるよう命じたことがXの自殺を誘因したものであると指摘し，労働者の健康状態を把握し，健康状態の悪化を防止するという信義則上の安全配慮義務に違反したと認定した。	Xが精神疾患の罹患歴があること，対人関係にストレスをためやすい傾向にあり，想定される範囲を逸脱している部分が存在すること，病気休暇の延長を勧められたが拒否したこと等から，素因減額として3割，過失相殺として2割，あわせて5割の減額をした。
暴力行為等に対するものとして慰謝料200万円，仕事差別に対するものとして慰謝料100万円，弁護士費用30万円。 仕事差別について，Xを退職に追い込むという不当な動機，目的に基づいて，有用性に疑問のある統計作業に従事させられたものであり，Y1らが労務指揮権に名を借りて，Xの仕事を通じての人格発展の可能性を奪い，Xにことさら屈辱感を与え，Xの仕事に対する誇りと名誉等の人格権を侵害した違法な行為として，暴力行為等とは別の不法行為の成立を認めた。	Y1らの暴力行為を録音したテープの証拠能力を認めた。
慰謝料300万円（暴力行為等について200万円，仕事差別について100万円），弁護士費用30万円。	原審と同様に，暴力行為を録音したテープの証拠能力を認めた。
違法な業務命令であり，また，病気になっても仕方がないとの認識のもとに行われた，故意による不法行為であることを考慮して慰謝料60万円。 接触事故についての十分な調査を尽くさないまま，Xの有過失を前提に，最も過酷な作業である炎天下における除草作業を期限を付さずに命じたものであり，Xが病気になっても仕方がないとの認識のもと従事させたことは，恣意的な懲罰の色彩が強く，乗車勤務復帰後に安全な運転にさせるための手段としては不適当であるとして，裁量の範囲を逸脱した違法な業務命令であるとした。	
いじめとXの自殺との因果関係を肯定し，いじめを行っていたY1に対して慰謝料1000万円，いじめを防止する措置をとらなかったY2に対して慰謝料500万円。 Y1らの後輩に対する職場でのいじめは従前から続いていたこと，Xに対するいじめは3年近くに及んでいたこと等から，Y2は，Y1らのXに対するいじめを認識することが可能であったにもかかわらず，これを認識していじめを防止する措置をとらなかったとして，安全配慮義務違反の債務不履行を認めた。 ただし，Y2は，X死亡の予見可能性がなかったとして，X死亡による損害の賠償責任を否定した。	過失相殺なし。
職場の内外でXらを継続的に監視する態勢をとったこと，Xらの思想を非難して職場で孤立させるなどしたこと，退社後に尾行したり，ロッカーを無断で開けて私物を撮影した行為を認めて，これらYの行為は，Xらに対する不法行為と認定した。	

番号	事件名	事案概要
13	国・橋本労基所長(バッキーズ)事件 (大阪高判平成24年7月5日労判1059号68頁)	浄化槽の保守点検会社であるYの従業員であるXが,懲戒解雇の意思表示を受けたため,適応障害を発症し,自殺を企図して重度な障害を負ったことについて業務起因性があるとして,療養補償給付及び休業補償給付を請求した。
14	M社事件/メイコウアドヴァンス事件 (名古屋地判平成26年1月15日判時2216号109頁,労判1096号76頁,労経速2203号11頁)	金属琺瑯加工会社であるY₂の従業員Xが自殺したのは,会社代表取締役Y₁らからの暴言,暴行及び退職強要のパワハラが原因であるとして,Xの遺族が,Y₁及びY₂に対して損害賠償を請求した。
15	公立八鹿病院組合ほか事件 (広島高松江支判平成27年3月18日判時2281号43頁,労判1118号25頁)	Y₂病院に勤務していた医師Xが,長時間労働と上司Y₁の行き過ぎた叱責とが重なってうつ病となり自殺。Xの遺族が,パワハラを理由に,Y₁及びY₂に対し損害賠償を請求した。
16	バンクオブイリノイ事件 (東京地判平成7年12月4日労判685号17頁,労経速1581号5頁)	X:課長,Y:会社。 Yは,機構改革の一環として,課長職にあったXを課長補佐職相当に降格した。その後,さらに,勤続33年になるXを総務課(受付業務担当)へ配転した。
17	日研化学事件 (東京地判平成19年10月15日判タ1271号136頁,労判950号5頁)	A:正社員(MR),X:Aの妻,Y:国。 Aの上司であるBが頻繁にAの人格を否定する内容の暴言(「存在自体が目障りだ,居るだけでみんなが迷惑している。おまえのカミさんも気がしれん,お願いだから消えてくれ」など)を浴びせたため,精神障害を発症し,自殺した。Xは,労働基準監督署長に対し,遺族補償年金及び葬祭料の支給を申請したところ,同署長が不支給処分とした。審査請求及び再審査請求がいずれも棄却されたことから,Yに対し,不支給処分の取消しを請求した。
18	賃金等請求事件 (東京地判平成27年1月15日公刊物未登載)	X:正社員,Y₁:代表取締役,Y₂:会社。 Y₁がXに対し,チャットにおいて「まじでむかつく,おまえ」,「今すぐ辞表出してもらってもかまわない」,「君に損害賠償する。全部始末書だしてください」,「企業スパイ」などと発言し,Xの担当業務の結果に対する責任について始末書の作成を指示し,Xは合計13通の始末書を作成した。
19	全日本空輸(退職強要)事件 (大阪地判平成11年10月18日労判772号9頁)	X:客室乗務員,Y:会社。 Xが,通勤途上の追突事故により労災認定を受けて約4年間休職し,復職に当たり,Yから執拗な退職勧奨

判決内容	特記事項
解雇通告により，強い心理的負荷をかけられ，精神状態に顕著な変化が生じて，言動や体調に明らかな異常を来して，自殺を企図したものとし，Yによる解雇の意思表示と，Xの疾病及び障害との因果関係を肯定して，業務起因性を認定した。	
逸失利益等の損害のほか，死亡慰謝料2800万円。 Y₂のXに対する暴言・暴行はミスに対する叱責の域を超えてXを威迫し激しい不安に陥れるものであり，また，退職強要も不法行為に当たると認定。Xは従前から相当程度心理的ストレスが蓄積していたところに，本件暴行及び本件退職強要を連続して受けたことにより，心理的ストレスが増加し，急性ストレス反応を発症し，自殺するに至ったとして，行為と自殺との因果関係を肯定した。	過失相殺なし。
逸失利益等の損害のほか，死亡慰謝料2500万円。 Y病院でXが従事していた業務は，それ自体，心身の極度の疲弊，消耗を来し，うつ病等の原因となる程度の長時間労働を強いられていた上，Xの経歴を前提とした場合，相当荷重なものであったばかりか，Yらによるパワハラを継続的に受けていたことが加わり，これが重層的かつ相乗的に作用して一層過酷な状況に陥ったと認定した。	過失相殺なし（過失相殺により損害額を2割減額した一審判決を変更）。
慰謝料100万円。課長補佐相当職への降格は，使用者の人事権の行使の裁量権を逸脱した濫用的なものではない。元課長に対してした総務課受付への配転は，同人の人格権（名誉権）を侵害し，やがて退職に追いやる意図をもってされたものであり，裁量権の行使を逸脱し違法とした。 使用者の人事権の行使は，労働者の人格権を侵害する違法・不当な目的・態様をもってなされてはならないと判示した。	
遺族補償年金及び葬祭料不支給処分の取消し。 Aの精神障害発症の原因は，上司であるBの言動にあり，Aは，正常の認識及び行為選択能力が著しく阻害されている状態で自殺に及んだと推定し，Aの自殺について業務起因性を肯定。 Aが業務上接したBとの関係の心理的負荷は，ストレス要因の平均的強度を大きく上回るものである（言葉自体の内容が過度に厳しい，Aに対する嫌悪の感情，直截なもののいい方，勤務形態）と認定した。	
慰謝料50万円。 Y₁が損害額を記載させた始末書を作成させた主たる目的は，Xに多額の損害賠償義務があることを自認させて心理的負荷を加えることにあったと認定した。	
Xの雇用契約上の地位の確認認容。慰謝料50万円，弁護士費用5万円。 労働者が職種や業務内容を限定して雇用されている場合には，労働者が病気などでその業務を遂行できなくなり，配置可能な部署が存在し	

番号	事件名	事案概要
		（復帰者訓練の模擬演習で3回とも不合格と判定され，その間，仕事を与えられず，30数回の面談をされた）を受け，解雇された。Yに対し，解雇無効による地位の確認及び慰謝料1100万円の支払いを請求した。
20	全日本空輸（退職強要）事件控訴審 （大阪高判平成13年3月14日労判809号61頁）	本表事案19において，Yが敗訴部分の取消しを求めて控訴し，Xは慰謝料額などを不満として附帯控訴した。
21	川崎市水道局事件 （横浜地川崎支判平成14年6月27日判タ1114号158頁，判時1805号105頁，労判833号61頁，ジュリスト臨時増刊1246号216頁）	A：市職員，X₁，X₂：Aの父母，Y₁：課長，Y₂：係長，Y₃：主査，Y₄：市。 Aは，配属されて以降，職場の上司であるY₁～Y₃から太っていることを揶揄されたり，猥雑なからかいを受け，職場旅行の際にはY₃からナイフで脅されるなどしたことにより，ほとんど出勤できなくなり，約半年後に元の職場に戻ったが，自殺を繰り返し図った後，Y₁～Y₃を怨む遺書を残して自殺した。
22	川崎市水道局事件控訴審 （東京高判平成15年3月25日労判849号87頁）	本表事案21において，X，Y₄双方が控訴した。
23	サン・チャレンジほか事件 （東京地判平成26年11月4日判時2249号54頁，労判1109号34頁）	A：亡店長，X₁・X₂：Aの父母，Y₁：会社，Y₂：会社の代表取締役，Y₃：Aの上司。 Aが長時間労働及びY₃から約2年9か月にわたり，恒常的に暴言，暴行，嫌がらせ，労働時間外での拘束，Aのプライベートに対する干渉を受けたことなどにより，急性のうつ病を発症し自殺した。
24	労働保険事務組合事件 （横浜地判平成27年1月30日労判1122号14頁，労経速2260号3頁）	X：従業員，Y₁：労働保険事務組合，Y₂：同代表者，Y₃～Y₆：同理事。 Xが，Y₁（労働保険組合）の代表者であったY₂らから退職勧奨・パワハラを受けたとして慰謝料などを求めた裁判において，Y₁・Y₂らとの間で裁判上の和解が成立した（和解内容：①被告らの言動が端緒となって本件が発生したことを受け止め，再発防止に努める，②和解成立を①の文言を付したうえで全職員に回覧する等して周知させる，③和解金70万円）

判決内容	特記事項
ないならば、これが解雇事由となることはやむを得ないとしたが、他方で、復職後直ちに従前の業務に復帰できない場合でも、比較的短期間で復帰することが可能である場合には、休業に至る事情、使用者の規模、労働者の配置等の実情からみて、短期間の復帰準備時間を提供したりするなどが信義則上求められ、このような信義則上の手段をとらずに解雇することはできないとした。	
慰謝料80万円、弁護士費用10万円。 解雇の効力、不法行為の成立については、1審の判断を支持、Yの控訴棄却。	最三小決平成13年9月25日により、Yの上告棄却。
Y₁、Y₂、Y₃：請求棄却（公務員個人は被害者に対し直接に不法行為責任を負わない）。 Y₄：逸失利益・慰謝料各1062万9708円、弁護士費用各110万円。 いじめと自殺との因果関係について、Yらは、Aには高校時代に2度の不登校や退学という出来事があったこと、Aの診療録によれば、高校生時代から境界性人格障害又は統合失調症を発症していたことがうかがわれる等として否定すべきと主張したが、Aの勤務態度は積極的であり、勤務評定も高評価であったこと等を理由として、排斥した。	Aの資質・心因的要因に鑑み、過失相殺の規定を類推し、損害額の7割を減額。
X、Y₄双方の控訴棄却。	
Y₁〜Y₃は、連帯して、X₁・X₂：各2897万6221円の損害賠償。 内訳：①葬儀費用150万円、②逸失利益4588万4283円、③慰謝料2600万円、④損益相殺1946万4000円、⑤弁護士費用520万円、各2分の1ずつ相続。 Y₃は、暴行の程度について、さほど強くないとし、暴言及び暴行はAが仕事上のミスが続いたことからやむなく行ったと主張したが、Y₃とAは対等な関係でなく、また、Y₃はAがかつていじめられていたことを認識しながらパワハラを行ったとして、不法行為の成立を認めた。 Y₁の使用者責任を肯定したことに加えて、Y₂についても、業務に関する上司の部下に対する行き過ぎた指導監督があることを知り得たこと、Y₃が部下に対する指導監督のあり方について指導や研修を受けたことがなく、パワハラ行為についての指導等も受けたことがないことを理由として、会社法第429条第1項の損害賠償責任を認めた。	過失相殺なし。
いずれも請求棄却（前訴和解に基づく再発防止義務・周知義務の不履行なし、名誉毀損行為なし）。 「Yらは、前件訴訟が提起されるに至ったことを真摯に反省しなければならないものであり、問題の発言はY₁の真摯な反省に疑問を抱かせるものではある」としながらも、Y₁の認識に基づくか否かは明らかではなく、同発言をもってY₁が反省していないとまで断じることはできないとした。 名誉毀損の主張について、Y₁が認識している事実を述べたにすぎず、社会的相当性を逸脱する発言ではなく、Xの名誉を毀損するものではないとした。	

番号	事件名	事案概要
25	労働保険事務組合事件控訴審 （東京高判平成27年8月26日労判1122号5頁）	本表事案26において，Xが控訴した。
26	大田労基署長事件 （東京地判平成27年5月28日労判1120号5頁）	X：ハイヤー乗務員，Y：国。 Xは，長時間労働や上司のパワハラ（会社の臨時的な受注により，Xが開拓した顧客の2週間ないし1か月前からの予約による配車ができず，代替車両の手配及び謝罪訪問対応という事後的対応をとらされたこと）でうつ病に罹患し，入院した。Xが，労災保険による療養補償給付金の申請をしたが，不支給処分とされた。処分取消しを請求した。
27	東京エムケイ株式会社事件 （東京地判平成26年12月10日判時2250号44頁）	X₁～X₆：タクシー乗務員，Y₁：代表取締役，Y₂：タクシー会社。 Y₁が，X₁～X₆らに対し，運転指導の際に暴言（「キチガイ」，「あほ」，「辞めろ」などの暴言を吐き，自動車内で運転席等の背後を蹴り付けるなどの暴行をした。 Yらに対し，連帯して，X₁～X₆に慰謝料各100万円，各弁護士費用10万円，X₄，X₆に逸失利益各420万円を請求した。
28	サントリーホールディングス事件 （東京地判平成26年7月31日判時2241号95頁，労判1107号55頁，労経速2284号11頁）	X：社員，Y₁：会社，Y₂：上司，Y₃：室長。 Xは，Y₂から「新入社員以下だ。もう任せられない」などと叱責され，うつ病に罹患したため，Y₂に診断書を提出して休職の申出をしたところ，有給休暇で取得するよういわれた。Xは，休職から復帰後，内部通報制度によりY₂のパワハラ行為を通報した。Y₃は，Y₂の周囲で勤務していた5名の事情聴取を行い，Xとの面談において，Y₂の行為がパワハラに当たらないと口頭で説明した。 Yらに対し，連帯して，治療費75万0146円，休業損害373万2116円，逸失利益1000万円，慰謝料756万円，弁護士費用220万4226円を請求した。

判決内容	特記事項
原判決取消し。 Y₁〜Y₆に対し，連帯して慰謝料300万円，弁護士費用30万円。 前訴に至る経緯や和解をした理由等の説明において，Yらに非があるのではなく，むしろXに非があるように受け取られる発言をし，他方で，Y₁としての反省の意思の表明や再発防止策についての方針の発表及びその説明を行わなかったこと等から，Yらが和解条項に反する不誠実な態度をとり続け，労務管理において職場環境に配慮する等の再発防止に努める旨の前訴和解に基づく義務の履行を怠ったとした。 名誉毀損の主張について，他の会員らに，Xが問題行動をする職員であるとの印象を持たせ，その社会的評価を著しく低下させる行為であり，総会における議案の説明又は質問に対する答弁として必要かつ相当な範囲を超えるとして，違法に名誉を毀損したことを認定した。	
療養補償給付不支給処分の取消し。 本件出来事は，「会社で起きた事故，事件について責任を問われた」又は「顧客や取引先から無理な注文を受けた」に類する出来事であり，Xにおいて，謝罪その他の事後対応を行ったことは，相当程度の心理的負荷を伴うものであった（心理的負荷の程度「中」又は「弱」）。その前後に恒常的長時間労働が認められることから，認定基準の要件を充足するとした。	
慰謝料各30万円，弁護士費用3万円。 運転指導が事故防止等の正当な目的であったとのYらの主張について，仮にそのような目的があったにせよ，Xに対する暴行が正当化される余地はないとし，暴言の内容，態様も，「キチガイ」，「あほ」，「脳みそ狂っとるんとちゃうか」などといった人を侮辱する表現や，当時代表取締役の地位にあったY₁から，「辞めろ」，「辞表を出せ」などといった退職を迫るような表現を繰り返して用いてされたもので，社会的に許容される限度を超えたものというほかなく，正当化することはできないとした。	
Y₁，Y₂に対し，連帯して，297万円。 内訳：①治療費75万0146円，②休業損害362万3496円，③慰謝料450万円，④素因減額：4割相当額の354万9456円を減額，⑤損益相殺（障害基礎年金，障害厚生年金）後の金額：慰謝料270万円のみ，⑥弁護士費用27万円。 Y₃に対する請求棄却。 Y₂がXに対する嫌がらせ等の意図を有していたものとは認めることはできないとしても，「新入社員以下だ。もう任せられない」というような発言はXに対して屈辱を与え心理的負担を過度に加える行為であること，「何で分からない。お前は馬鹿」というような言動はXの名誉感情をいたずらに害する行為であることからすると，これらのY₂の言動は，Xに対する注意又は指導のための言動として許容される範囲を超えるとして，不法行為の成立を認めた。 他方で，Y₃は，X及びY₂双方に事情を聞くとともに，複数の関係者に対して当時の状況を確認するなどして適切な調査を行ったこと，Y₃がXに対し，Y₂への調査内容等を示しながら，口頭でY₂の行為がパワハラに当たらないとの判断を示すなどしていたこと等を理由として，Y₃に対する不法行為の成立を否定した。	Xの既往症等が寄与した点も大きいとして，4割の素因減額を行った。

番号	事件名	事案概要
29	コンビニエースほか事件 （東京地判平成28年12月20日労判1156号28頁，労経速1156号28頁）	X：従業員 Y₁：会社，Y₂：代表者，Y₃：店長。 Xは，Y₂及びY₃から，火の付いたタバコを押し付けられるなどの暴力的な被害を受けたこと，時間外手当等の支払いを受けられないままサービス残業（時間外勤務や休日出勤）を強要されたこと，根拠なく金員の支払いを求められたこと等を理由として，Y₁，Y₂及びY₃に対して不法行為に基づく損害賠償請求等をした。
30	さいたま市（環境局職員） （東京高判平成29年10月26日労判1172号26頁，ジュリスト1534号26頁）	A：市職員 X：Aの遺族 Y：市 職場の上司による暴行等を原因として自殺した市職員の遺族が市に対して安全配慮義務違反による債務不履行又は国賠法1条1項に基づく損害賠償を求めた。
31	キムラフーズ事件 （福岡地判平成31年4月15日労判1205号5頁，労経速2385号18頁，ジュリスト1550号132頁）	X：従業員 Y：会社，A₁：代表者，A₂：従業員。 Yの代表者A₁及び従業員A₂から受けたパワハラにより精神的苦痛を被ったとして，Xが労働契約上の就業環境配慮義務違反による債務不履行責任，不法行為責任に基づく損害賠償を求めた。
32	フクダ電子長野販売事件 （東京高判平成29年10月18日，労判1179号47頁，労働判例ジャー	X₁〜X₄：従業員 Y₁：会社，Y₂：代表取締役 Y₁社に勤務していたX₁〜X₄が，Y₁社の代表取締役で

判決内容	特記事項
Y₁及びY₂に対し，連帯して，930万4211円（Y₃とは，連帯して910万4211円）。 内訳：①暴力的ないじめ・パワハラによる損害（治療費や入通院慰謝料）46万4951円，②精神的・経済的ないじめ・パワハラによる損害483万9260円（慰謝料飲食代金支払い強要による経済的損害など），③諸事情を総合考慮した慰謝料400万円 Y₂及びY₃による行為は，Xに対する注意，指導をしようとしたことがきっかけになっていることがうかがわれるものの，いずれも適正な業務上の注意，指導の範疇を超え，暴力を伴うなど，相手方たるXに過度の心理的負荷を与えるものとして，いじめ・パワハラに当たり，不法行為を構成するとした。また，Y₂及びY₃の行為は，Y₁の店舗外でのものも含めて，業務との関連性を有するものであるとして，客観的にみてY₁の支払領域内の事柄であると認められるとして，Y₁は使用者責任を負う。	
Aの遺族であるXらに対して，それぞれ959万9000円（合計1739万8001円）。 内訳：①慰謝料2000万，②3799万3337円 Yは，その任用する職員が生命，身体等の安全を確保しつつ業務をすることができるよう，必要な配慮をする義務（安全配慮義務）を負う。かかる安全配慮義務には，精神疾患により休業した職員に対し，その特性を十分理解した上で，病気休業中の配慮，職場復帰の判断，職場復帰の支援，職場復帰後のフォローアップを行う義務が含まれる。安全配慮義務のひとつである職場環境調整義務として，良好な職場環境を保持するため，職場におけるパワハラ，すなわち，職務上の地位や人間関係などの職場内の優位性を背景として，業務の適正な範囲を超えて，精神的，身体的苦痛を与える行為又は職場環境を悪化させる行為を防止する義務を負い，パワハラの訴えがあったときには，その事実関係を調査し，調査の結果に基づき，加害者に対する指導，配置換え等を含む人事管理上の適切な措置を講じるべき義務を負う。	Yには安全配慮義務違反があると判断されたものの，自殺したAにはうつ病の既往症があり，かつて89日病気休暇を取得したことがあったことから，当該市職員の自殺には，当該うつ病の既往症による脆弱性が重大な素因になっていたこと，XらにはAのうつ病の症状が悪化しないように配慮する義務があったことを踏まえ，過失相殺がなされた（7割減額）。
Xにつき，慰謝料50万円。 A₁がXのミスを怒鳴って，肘でXの胸を突いた行為や背中をたたいた行為はXに対する違法な攻撃として不法行為に当たり，また，A₁がXに対して「給料を下げるぞ」，「いつまでたっても進歩がない。いよいよできなければ辞めてもらうしかない」等と発言した行為は業務指導の範囲を超えて，Xの名誉感情を害する侮辱的な言辞や威圧的な言動を繰り返したものといわざるを得ず，Xの人格権を侵害する不法行為に当たるとして，YはA₁の行為について，会社法350条に基づき賠償責任を負う。 従業員A₂がXに対し，「作業は1回しか教えない，社長に言われている」等と発言した行為についてもXの人格権を侵害する行為として不法行為に当たり，Yは使用者責任を負う。	
X₁につき77万円，X₂につき110万円，X₃につき44万円，X₄につき44万円（Y₂による退職強要行為に係る慰謝料及び弁護士費用）。 Y₂がX₂に対して，正当な理由なく批判，非難を続け，賞与を正当な理	

番号	事件名	事案概要
	ナル70号2頁，労経速2332号16頁）	あるY₂から，同社の在職中に退職を強要されるパワハラを受けたこと等を主張し，Y₂に対して不法行為，Y₁に対して会社法350条に基づき慰謝料等の支払を求めた。
33	松原興産事件 （大阪高判平成31年1月31日労判1210号32頁）	X：従業員 Y：会社，A：Xの上司 Yに勤務していたXが，Aから継続的にパワハラを受けてうつ病に罹患し，退職を余儀なくされたと主張して，Yに対して使用者責任又は債務不履行（安全配慮義務違反）に基づく損害賠償請求をした。

判決内容	特記事項
由なく減額し，無効な降格処分を行うなどした結果，X₂が退職願を出して退職するに至った事情等を考慮して，Y₂の一連の行為はX₂に退職を強要する違法な行為である。 そして，Y₂がX₁に対して，賞与を正当な理由なく減額し，「X₁の給与が高額に過ぎる。50歳代の社員は会社にとって有用ではない。」と述べたこと等の事情を考慮して，X₁に対する一連の行為もX₁の退職を強要する違法な行為である。 また，X₃，X₄については，Y₂によるX₁及びX₂に対する言動を見聞きしていることから，今後X₁やX₂に対するものと同様の対応が自身らにもなされると受け止めることは当然であり，X₃，X₄が退職願を出して退職した事情を踏まえ，Y₂によるX₁及びX₂に対する一連の退職強要行為は，X₃及びX₄に対しても間接的に退職を強いるものであるとして，X₃及びX₄との関係でも違法な行為に当たる。	
Xにつき，572万3434円。 内訳：①休業損害295万3434円，②慰謝料225万円，③弁護士費用52万円。 AがXの勤務態度を問題視して降格的な配置をしたり，叱責を繰り返したこと，反抗に対する懲罰として，Xを約1時間にわたって，カウンター横に立たせたこと等は，業務指導の域を超えたXに対する嫌がらせ，いじめに該当し，Aの発言は，Xの人格を否定するような内容であって，パワハラに該当する。 Aの行為はYの事業の執行についてなされたとして，Yの使用者責任が認められた。	第一審（大阪地裁平成30年5月29日労判1210号43頁）は，Aによるパワハラによる心理的負荷が極めて強度とまではいえないこと，Xのうつ病が5年半という長期に及ぶものの改善の目途が立っていないことから，Xの脆弱性がうつ病の発症及び長期化の素因になっているとして，素因減額を行った。これに対し，本判決は，「労働者の性格が，……同様の業務に従事する労働者の個性の多様さとして通常想定される範囲を外れるものでない場合には，裁判所は，上司からパワハラを受けて，うつ病にり患したことを原因とする損害賠償請求において使用者の賠償すべき額を決定するに当たり，その性格及びこれに基づく業務遂行の態様等を，心因的要因として考慮することはできないというべきである」（最二小判平成12年3月24日民集

番号	事件名	事案概要
34	池一菜果園ほか事件 （高松高判令和2年12月24日判時2509号70頁（原審：高知地判令和2年2月28日））	A：従業員。 Xら：Aの遺族。 Y_1：会社，Y_2：代表取締役，Y_3：常務取締役。 Y_1に勤務していたAが長時間労働による心理的負荷がかかっている中で，Y_1の代表取締役であるY_2，常務取締役であるY_3による嫌がらせ・いじめによって，業務上強度の心理的負荷を受け，精神障害を発病し，自死したとして，Aの遺族であるXらが，Y_1に対しては安全配慮義務違反に基づき，Y_2及びY_3に対しては安全配慮義務違反又は会社法429条1項に基づき損害賠償請求を求めた。
35	加野青果事件 （名古屋高判平成29年11月30日労判1175号26頁，労働判例ジャーナル72号2頁，労経速2336号3頁，判タ1449号106頁，判時2374号78頁）	A：従業員，X_1，X_2：Aの遺族，Y_1：会社，Y_2：従業員（Aの先輩），Y_3：従業員（Aの先輩）。 Xが，(i)Y_2及びY_3が，Aに対して長期間にわたり，いじめ・パワハラを繰り返し行ったこと，(ii)Y_1が(i)の事態を放置した上で，十分な引継ぎをすることなくAの配置転換を実施して，Aに過重な業務を担当させたことにより，Aが自殺するに至ったとして，Y_2及びY_3に対しては，民法709条に基づき，Y_1に対しては，債務不履行（安全配慮義務違反），民法709条及び715条に基づき，損害賠償請求を求めた。
36	学校法人明泉学園事件（東京地裁平成24年10月3日労判1071号63頁）	学校法人が開設する私立高校の教員ないし元教員である原告ら（Xら）が学校法人及び同理事長（Yら）に対し，登下校指導等のための立ち番（教員が最寄り駅から通学路及びその周辺の指定場所に立つこと）を指示したことについて，人格権及び団結権を侵害する共同不法行為であると主張し，慰謝料等の支払いを求めた事案。なお，Xらは労働組合の組合員である。

判決内容	特記事項
	54巻3号1155頁）とした上で，Xの性格等が同種の業務に従事する労働者の個性の多様さとして通常想定される範囲を外れるものではないとして素因減額を否定した。
XらそれぞれにつきY₁とY₂及びY₃連帯して2483万2895円（合計4966万5790円）。 Y₃がAに対して，事前にAがY₂の許可を得ていたにもかかわらず，Aの有給休暇取得について激しい剣幕で怒鳴りつけたこと，特段の緊急性がなかったにもかかわらず，休日であったAを呼び出し，激しい口調で改善指導を行ったことは業務指導の範囲を逸脱する。Y₃によるこれら行為は一連一体の嫌がらせ行為であるところ，いずれの行為も短時間で終了し，回数も2回に留まり，人格攻撃に至っているとはいえないことを踏まえ，Aに対する心理的負荷の強度は「中」とされた。 そして，上記Y₂による行為の約3か月前には，Aは月100時間を超える時間外労働に従事し，その後も相当程度の時間外労働や連続勤務を行っていたところ，かかる時間外労働は，上記一連一体の嫌がらせ行為による心理的負荷を全体として増加させるものであり，心理的負荷の強度を「強」と判示した。結論として，業務と精神障害との担当因果関係，Y₁の安全配慮義務違反，Y₂及びY₃の会社法429条1項に基づく損害賠償責任を認めた。	提訴前に，Aの自殺は，長期間労働やY₃の言動により精神障害を発病させたことに起因するものと認められ，遺族補償年金等の支給決定がなされた。
Y₂及びY₃がAに対して強い口調で指導・叱責を行ったことは社会通念上許容される業務上の適正な指導の範囲を超えるものであり，不法行為に該当する。 またY₁については，これらのY₂及びY₃による指導・叱責について，これを制止ないし改善するように注意・指導するなどすべき義務があったにもかかわらず，かかる義務を怠り，また，Aの配置転換を行うに当たって，Aの業務内容や業務分配の見直し等を検討し，必要な対応をとるべき義務があったにもかかわらずかかる義務を怠ったとして，上記の義務の懈怠は不法行為に該当するとした。 Y₁の不法行為によるAの心理的負荷は，社会通念上，客観的に見て，うつ病という精神障害を発症させる程度に過重なものであったと評価することができ，また，Aの自殺との間には，相当因果関係がある。他方，Y₂及びY₃の不法行為については，心理的負荷の程度は相応に大きいものであり，認定基準に当てはめると「中」と評価できるものであるが，それのみでうつ病を発症させる程度に過重なものであったと評価することはできず，自殺との間に相当因果関係を認めることはできない。	
裁判所は，立ち番は，必要性や合理性に乏しく，Xらに肉体的負担と精神的苦痛を課してまで業務命令として実施すべき理由に乏しいうえ，他の教員と比較し，Xらに集中して割り当てられていることについて公平と認めるべき事情もないこと等を理由として，労働契約に基づく指揮監督権の著しい逸脱・濫用に当たる違法なものと判示し，最高150万円から最低25万円の範囲で各自の慰謝料額を認めた。	Yらは控訴したが，控訴審である東京高裁平成25年6月27日労判1077号81頁は，原審を維持し控訴を棄却した。

番号	事件名	事案概要
37	中部電力事件 （名古屋高裁平成19年10月31日 判タ1294号80頁）	電力会社に勤務していた従業員が上司の言動によりうつ病にり患し，自殺した事案。妻が労災を主張し，遺族補償年金及び葬祭料の支払請求をしたが，不支給処分を受けたことから，不支給処分の取消しを請求した。なお，原審は，従業員のうつ病の発症及び増悪とこれに基づく死亡に業務起因性が認められるとして，不支給処分を取り消したが，労働基準監督署長が控訴。
38	国・伊賀労基署長（東罐ロジテック）事件 （大阪地裁平成30年10月24日労判1207号72頁）	Xが上司からパワハラを受けた結果，精神障害を発病し，休業するに至ったとして，療養補償給付及び休業補償給付の支給を請求したところ，不支給処分を受けたことから，不支給処分の取消しを求めた事案。
39	国・伊丹労基署長（金井重要工業）事件（大阪地裁平成30年9月26日）	うつ病にり患し自殺した従業員（A）の妻（X）が遺族補償給付等の請求をしたが，不支給処分を受けたことから，不支給処分の取消しを求めた事案。

縦書き右欄外：**裁判例集**

判決内容	特記事項
裁判所は，業務上の心理的負荷について以下の通り検討し，一般的平均的労働者に対し，社会通念上，うつ病を発生させるに足りる危険性があるとし，業務とうつ病の発症との間の相当因果関係及びうつ病発症と自殺との間の相当因果関係を認め，不支給処分の取消しを認めた。 ①主任への昇格 主任への昇格について，仕事の質・量に不安を抱いていたこと，上司が昇格に際し，主任としての心構えの作成を命じ，能力不足であることを明記するよう書き直しを命じたこと，上司が「主任失格」という文言を使って叱責していたこと等から，通常の昇格よりも，相当程度心理的負荷が強かった。 ②上司との関係 上司は，「主任失格」，「おまえなんか，いてもいなくても同じだ」など感情的に叱責し，結婚指輪を外すよう複数回にわたり命じるなど，パワハラと評価される相当程度強い心理的負荷を与えた。 ③担当業務 担当業務が量的にも内容的にも過大であり，上司等の支援協力態勢も不十分であったことから，数か月にわたり長時間労働を強いられ，うつ病の発症及び進行の大きな原因となった。	厚生労働省は，平成23年に，「心理的負荷による精神障害の認定基準について」（以下「認定基準」という。）を策定し，精神障害の業務起因性に関する判断基準を設けた。 それ以前は，「心理的負荷による精神障害等に係る業務上外の判断指針について」により判断されており，認定基準策定前であった本判決は，この判断指針を参考にしつつ，個別事案に即して相当因果関係を判断し，業務起因性の有無を検討した。
裁判所は，Ｘの適応障害の発症を認めたうえで，以下の通り認定し，業務との相当因果関係を認め，不支給処分の取消しを認めた。 ①発病前6か月間の出来事 （心理的負荷が強度のもの） 出張所に着任したＸに対し，上司が業務上の指導をほとんどせず，Ｘの仕事ぶりに大きな問題がなかったにもかかわらず，ほぼ毎日のように，「こんなこともできないのか。」，「やる気がないなら帰れ。」などと怒鳴った。これは，心理的負荷評価表の「（ひどい）嫌がらせ，いじめ，又は暴行を受けた」に該当する。 （心理的負荷が中あるいは弱のもの） その他，心理的負荷評価表の「上司とのトラブルがあった」に該当する出来事があった。 ②原告と上司との関係 Ｘ（20代）は入社から1年を経過しておらず，その他の社会人経験が乏しかったこと，出張所の人員はＸと上司（40代）のみであり，Ｘと上司とは体格差も大きかったことから，①（心理的負荷が強度のもの）記載の上司の言動による心理的負荷は，精神障害を発病させるおそれのある程度に強度であった。	裁判所は，業務と精神障害発病との相当因果関係について，認定基準を重視し，特にその別表1「業務による心理的負荷評価表」に依拠して検討を行った。
Ｘは，恒常的な長時間労働，受注増加，クレームの発生等により，業務上の強い心理的負荷があったと主張したが，長時間労働に関する心理的負荷の強度は「中」であること，受注増加及びクレームについて何らかの心理的負担が生じたものとは認めがたいこと等から，精神障害発病前6か月の間に強い心理的負荷があったとは認められないとした。 また，Ａが過去にも複数回抑うつ状態と診断されたことがあり，病態に類似性があることから，その再発とみても矛盾がないこと等から，業務と精神障害発病との間の相当因果関係を否定した。	裁判所は，業務と精神障害発病との相当因果関係について，認定基準を重視し検討を行った。

(ⅳ) SOGIハラスメント

番号	事件名	事案概要
1	S社（性同一性障害者解雇）事件 （東京地判平成14年6月20日労判830号13頁）	性同一性障害のため女性の容姿をして出勤したこと等による服務命令違反等を理由に懲戒解雇された労働者Xが，使用者であるY社を相手として，懲戒解雇の無効，地位保全，賃金支払を求めた事案。
2	浜名湖観光開発（浜名湖カントリークラブ）事件 （静岡地浜松支判平成26年9月8日判時2243号67頁）	性同一性障害者の性別の取扱いの特例に関する法律3条1項に基づき女性への性別の取扱いの変更の審判を受けたX₁及びX₁が代表取締役を務めるX₂社が，ゴルフ場を経営するY₁社及びゴルフ場の運営団体であるY₂に対し，X₁の性別変更を理由としてゴルフクラブへの入会及び株式譲渡承認を拒否した行為は憲法14条1項の趣旨等を包含する公序良俗に反し違法であると主張して損害賠償を請求した事案。
3	浜名湖観光開発（浜名湖カントリークラブ）事件控訴審 （東京高判平成27年7月1日労働判例ジャーナル43号40頁）	本表事案2の控訴審（Y₁社，Y₂控訴）。
4	経済産業省職員(性同一性障害)事件 （東京地判令和1年12月12日判タ1479号121頁，労判1223号52頁，労経速2410号3頁，労働判例ジャーナル96号2頁）	トランスジェンダー（身体的性別及び戸籍上の性別は男性，性自認は女性）であり経済産業省職員であるXが，女性用トイレの使用制限等は違法であるとして，国に対し，処分の取消しや損害賠償を求めた事案。
5	経済産業省職員(性同一性障害)事件控訴審 （東京高判令和3年5月27日労判1254号5頁，労経速2463号3頁，労働判例ジャーナル113号2頁）	本表事案4の控訴審（X，国それぞれ控訴）。

判決内容	特記事項
女性の容姿をしたXを就労させることが，Y社における企業秩序又は業務遂行において著しい支障を来すと認めるに足りる疎明はないとして，その他の解雇事由を含め懲戒解雇事由該当性又は懲戒解雇としての相当性が認められないとした。	
Y₁らがX₁の性別変更を理由としてゴルフクラブへの入会拒否及び株式譲渡承認拒否をした行為は，X₁の人格の根幹部分を否定するものにほかならず，性同一性障害及びその治療を理由とする不合理な取扱いであり，憲法14条1項及び国際人権B規約26条の趣旨に照らし，社会的に許容し得る限界を超えるものとして違法であるとし，X₁に対し，慰謝料100万円，弁護士費用10万円の支払を命じた。	「障害を理由とする差別の解消の推進に関する法律」の施行（平成28年）より前の判決であり，同法施行後は同法を根拠に争われると考えられる。
X₁の被った不利益は，直接的には，X₁がクラブの法人会員の記名者たる地位を取得できず，クラブの実質的な会員としてクラブでプレーすることができないなどの経済的不利益にとどまるものではあるが，性同一性障害であること及びその治療を受けたことを理由として，クラブの定めに従って入会申込みの手続を行えば入会申込みを拒否されることはないであろうとの期待ないし信頼を裏切られ，いわれのない不利益を被ったこと，このような理由による本件入会拒否及び本件承認拒否によって，X₁は，自らの意思によってはいかんともし難い疾病によって生じた生物的な性別と性別の自己意識の不一致を治療することで，性別に関する自己意識を身体的にも社会的にも実現してきたことを否定されたものと受け止め，人格の根幹部分に関わる精神的苦痛を受けたものと認めることができるとし，原判決は相当であるとして控訴を棄却した。	同上
女性用トイレの利用を制限する処遇は，Xがその真に自認する性別に即した社会生活を送ることができることという重要な法的利益を制約するものであり，庁舎管理権の行使にあたって尽くすべき注意義務を怠ったものであり違法であるとして，女性用トイレ使用に関する人事院の判定の一部を取り消した。また，トイレ利用制限により，個人がその自認する性別に即した社会生活を送ることができるという重要な法的利益等を違法に制約されるとともに，上司からXの性自認を否定する発言（「なかなか手術を受けないんだったら，もう男に戻ってはどうか」との発言）を受け多大な精神的苦痛を被ったものとし，国に対して132万円（慰謝料120万円，弁護士費用相当額12万円）の支払を命じた。	
自らの性自認に基づいた性別で社会生活を送ることは法律上保護された利益であるが，経済産業省において，Xとの関係において，公務員が職務上通常尽くすべき注意義務を尽くすことなく漫然と権利または法的利益を侵害する行為をしたと認めうるような事情があるとは認め難いとし，女性用トイレの使用制限にかかる処遇などは違法なものではないとした。上司による性自認を否定する発言は国賠法上違法であるとし，国に対して11万円（慰謝料10万円，弁護士費用1万円）の支払を命じた。	

番号	事件名	事案概要
6	一橋大学法科大学院アウティング事件 （東京地判平成31年2月27日公刊物未登載）	同性愛者であることを同級生に暴露された（アウティング）後，大学の建物から転落した一橋大学法科大学院生の遺族Xらが，被害申告後の対応が不十分だったとして同大学に対し損害賠償を請求した事案。
7	一橋大学法科大学院アウティング事件控訴審 （東京高判令和2年11月25日公刊物未登載）	本表事案6の控訴審（Xら控訴）。
8	淀川交通事件 （大阪地決令和2年7月20日判時2471号105頁，判タ1481号168頁，労判1236号79頁，労経速2431号9頁）	身体的性別は男性，性自認は女性であり性同一性障害との診断を受けているタクシー乗務員Xは化粧をして勤務していたところ，乗客から苦情があったことや化粧を理由に，勤務先であるY社からタクシー乗務を禁止されたことは不当であるとして，賃金の支払を求めた事案。

判決内容	特記事項
被告大学による安全配慮義務違反又は教育環境配慮義務違反は認められないとし，請求を棄却した。	
アウティングについて，人格権ないしプライバシー権などを著しく侵害する許されない行為であることは明らかであるとしたうえで，大学側の責任は認めず控訴棄却した。	
性同一性障害者であるXが，外見を可能な限り性自認上の性別である女性に近付け，女性として社会生活を送ることは，自然かつ当然の欲求であるというべきであり，Xに対しても女性乗務員と同等に化粧を施すことを認める必要があるとし，Xに対する就労拒否は苦情を理由とする点，化粧を理由とする点いずれにおいても正当な理由を有するものではないとし，賃金の仮払いを認めた	

裁判例集

（v）アカデミック・ハラスメント

番号	事件名	事案概要
1	国立大阪外国語大学事件 （大阪地判平成14年4月12日公 刊物未登載）	X：大学院生，Y₁：指導教授，Y₂：国。 XがY₁から通勤の車に同乗させられたり，デートに誘われたことなどから嫌悪感を抱き，車への同乗を断ったところ，Y₁から指導の拒否や誹謗中傷をされたり，他の大学院へ転学につき受験妨害をされた。
2	Z医科大学事件 （東京地判平成19年5月30日判 タ1268号247頁）	X：講師，Y：主任教授。 医科大学の主任教授Yが，同じ解剖学教室の講師Xに対し，月例教室会議の場で，Xの研究内容を否定し退職するように迫ったり，討論会から排除する発言をした。
3	国立大学法人C大学事件 （東京地判平成21年3月24日判 時2041号64頁）	X：教授，Y₁：研究科長，Y₂：国立大学法人。 研究科委員会におけるY₂の発言によってXの名誉が毀損された。
4	国立大学法人岐阜大学事件 （岐阜地判平成21年12月16日公 刊物未登載）	X：大学院生（中国人留学生），Y₁：指導担当講師，Y₂：国立大学法人。 XがY₁から休学を強要され，Y₂もXの研究指導教員変更申入れに応じなかった。
5	国立大学法人岐阜大学事件控訴審 （名古屋高判平成22年11月4日 公刊物未登載）	1審判決に対し，Y₁控訴，X附帯控訴（X・Y₂間は控訴なく確定）。
6	国立大学法人B大学（アカハラ）事件 （東京地立川支平成25年5月13日労判1101号137頁）	X：准教授，Y：国立大学法人。 Xが学部生及び大学院生に威圧的な言動を繰り返すなどアカハラ行為をしたとして，YがXに対し自宅待機を命じた後，出勤停止3か月の懲戒処分をするとともに，ハラスメント防止研修の受講義務を課した。 Xは，Yに対し，懲戒処分無効確認，自宅待機・出勤停止期間中の未払賃金，慰謝料2200万円，弁護士費用200万円を請求した。
7	国立大学法人B大学（アカハラ）事件控訴審 （東京高判平成25年11月13日労判1101号122頁）	一審判決に対し，Xが控訴した。
8	国立大学法人神戸大学事件 （神戸地判平成25年6月28日労働判例ジャーナル22号30頁）	X：大学院医学研究科准教授，Y₁：同研究科教授，Y₂：国立大学法人。 Y₁のXに対する違法な退職勧奨や名誉毀損行為など。

判決内容	特記事項
Y₁の不法行為は，院生への研究指導という公権力の行使に当たる同人が職務を行うについてなしたものであるとして，国賠法第1条第1項によりY₂の損害賠償責任を肯定し，慰謝料100万円，弁護士費用10万円。 Y₁の個人責任を否定した。	
指導であればどのような方法をとっても許されるということはなく，指導をされる側の人格権を不当に侵害することがないよう，社会通念上相当な方法がとられなければならず，その相当性を逸脱した場合には，違法となり不法行為を構成するとしたうえで，Yの言動は指導として適切さを欠きXの人格権を侵害したとして，慰謝料5万円，弁護士費用5000円。	
Y₁の発言の一部を名誉毀損と認めたが，国賠法第1条第1項の適用を肯定し，Y₁の個人責任を否定した。Y₂に対しては慰謝料5万円，弁護士費用1万円。	
国賠法第1条第1項の適用を否定した。連帯して，慰謝料100万円，弁護士費用10万円。	
Y₁の控訴認容（原判決中Y₁敗訴部分取消し，X附帯控訴棄却）。 国立大学法人は国賠法1条1項の「公共団体」に該当し，国立大学法人の教職員は同条同項の「公務員」に当たるとし，国賠法第1条第1項の適用を肯定し，Y₁の個人責任を否定した。	
Xのハラスメント行為及び就業規則違反（職場秩序違反）行為の認定は，主要な部分において相当なものと認められ，Xの一連の懲戒対象行為は長期間に及んでいるうえ，多くの学生の研究環境や人生設計に多大な悪影響を与えるものであり，教員として不適切なものといわざるを得ず，出勤停止3か月とした本件懲戒処分は相当であるとし，請求を棄却した。	
控訴棄却（Yによるアカハラの認定は主要な部分で相当であり，懲戒処分は有効とした）。	Xは上告・上告受理申立てをしたが，上告棄却・不受理（最二小決平成26年4月11日）。
Y₁による退職勧奨等のハラスメント行為は不法行為にあたり，職務を行うについてのものというべきとし，国賠法第1条第1項に基づき，Y₂に慰謝料200万円，弁護士費用20万円の支払を命じた。また，Y₁による名誉毀損行為については，職務権限に関するものとはいえないとして，民法第709条に基づき，Y₁に慰謝料50万円，弁護士費用5万円の支払を命じた。	

裁判例集

番号	事件名	事案概要
9	国立大学法人佐賀大学事件 （佐賀地判平成26年4月25日判時2227号69頁）	X_1：大学生，X_2・X_3：両親，Y_1：准教授（ゼミの指導教員），Y_2国立大学法人。 X_2とX_3は統一教会の合同結婚式を通じて結婚した夫婦であるところ，Y_1がX_2・X_3の長女であるX_1に対してした発言がX_1の信仰の自由及び名誉感情並びにX_2・X_3の名誉感情を侵害したとして損害賠償請求。
10	国立大学法人佐賀大学事件控訴審 （福岡高判平成27年4月20日労働判例ジャーナル42号53頁）	一審判決に対し，XらとY_2が控訴。
11	国立大学法人兵庫教育大学事件 神戸地姫路支判平成29年11月27日（判タ1449号205号）	X：大学院生，Y_1：教授，Y_2：大学 Xがゼミの指導教授であるY_1からアカハラ（他のゼミ生との間での差別的取扱い，「あんた発達障害だよ」「いい精神科知ってますよ。教えたげようか」という発言等）を受け，Y_2はこれに対する有効な対策を怠ったとして，Y_1とY_2に対し慰謝料等の支払を求めた事案。
12	学校法人関西大学事件 （大阪地判平成30年4月25日労働判例ジャーナル77号24頁）	X：元大学院生，Y_1：教授，Y_2：大学。 Y_2大学院に在籍していたXが指導教員であった教授Y_1から労働組合活動への干渉を受け，また指導を中止するなどのアカハラを受けたとして，Y_1に対しては民法709条に基づき，Y_2に対しては民法715条または民法415条に基づき損害賠償を請求した事案。
13	公立大学法人会津大学事件 東京地判平成31年4月24日（労経速2399号3頁）	X：教授，Y：大学。 教授Xが複数のゼミ生に対してアカハラ行為を行ったことを理由としてY大学から減給の懲戒処分を受けたことから，懲戒処分の無効確認等を求めた事案。

判決内容	特記事項
Y₁の発言はX₁の名誉感情を侵害したことなどを認めるも，国賠法第１条第１項の適用を肯定し，Y₁の個人責任を否定。Y₂に対しては，X₁について慰謝料４万円，弁護士費用4000円，X₂・X₃について慰謝料２万円，弁護士費用2000円の支払いを命じた。	
X₂に対する遅延損害金の算定時期を変更し，その余は原判決を維持（国賠法第１条第１項の適用肯定）。	
１．教授は教育研究活動を行うに当たり広範な裁量を有し，教授の言動がアカハラに該当し違法であるか否かは，言動がされた際の文脈や背景事情などを考慮した上で，教授としての合理的，正当な指導や注意等の範囲を逸脱して学生の権利を侵害し，教授の裁量権の範囲を明らかに逸脱，濫用したか否かという観点から判断すべきであるとし，本件はアカハラがあったと認定し教授の不法行為責任を認めた。 ２．国立大学法人の大学教授によるアカハラについて，国家賠償法に基づく国の責任とは別に教授個人も不法行為責任を負うとした。 ３．大学は安全配慮義務の具体的内容として，アカハラが発生する前は，①アカハラの防止のために教職員に対する教育・研修を実施する義務があり，アカハラが発生した後は，②被害申告した被害者の言い分に耳を傾けて誠実に対応し，③被害者の学習環境が損なわれないよう配慮し，④事実関係を調査して適切な時期に被害者に報告し，⑤加害者によるさらなる加害行為を防止する義務を負っているとし，Y₂大学の安全配慮義務違反を認めた。	
Y₁のXに対する言動は，Xの労働組合活動の自由を侵害するものであって違法である，Xの調査要請に対し大学のハラスメント相談室が約２か月間適切な対処をしなかったことは，Xに対する債務不履行を構成するとした。	
Xが学生に対して「金魚のフン」「馬さんと鹿さん」「大バカ野郎」「本日ゼミ１年生１名を斬捨御免」等のメールを送信したことはアカハラに該当するとし，減給処分を有効とした。	

（ⅵ）アルコール・ハラスメント

番号	事件名	事案概要
1	保護責任者遺棄致死被告事件 （横浜地判昭和36年11月27日下刑3巻1111頁，判時284号31頁）	雇用主及びその従業員が，飲酒して泥酔した従業員を踏切付近に放置したことにより，放置された従業員が電車に接触して死亡した。
2	東京商船大学学生寮飲酒死亡事件 （東京地判昭和55年3月25日下民31巻330頁，訟月26巻8号1326頁，判時958号41頁，判タ414号83頁）	X_1・X_2：両親，Y：国。 国立大学の学生寮の新入生歓迎コンパで，上級生からの勧めに応じて多量に飲酒した新入生が急性アルコール中毒に陥り，吐物吸引により窒息死。 XらはYに安全配慮義務違反があるとし，国賠法第1条第1項ないし在学・在寮契約の不履行に基づき，逸失利益，慰謝料等2800万円を請求した。
3	宮崎県農業大学校飲酒死亡事件 （宮崎地判昭和60年10月30日判時1184号105号，判タ578号88頁，判例地方自治22号47頁）	X_1・X_2：両親，Y：宮崎県。 県立大学の学生寮での優勝祝賀会で飲酒した新入生が急性アルコール中毒による急性心不全で死亡。 X_1・X_2はYに安全配慮義務違反があるとし，逸失利益，葬祭費，慰謝料として，各704万1663円を請求した。
4	国立大学医学部漕艇部飲酒死亡事件 （熊本地判平成16年12月17日公刊物未登載）	X_1・X_2：両親，Y_1：教授（漕艇部部長），Y_2～Y_{19}：上級生ら。 国立大学医学部漕艇部の新入生歓迎コンパにおいて短時間で多量に飲酒した後に死亡した新入生の両親が，漕艇部の部長（教授）や上級生らに対して，共同不法行為責任や安全配慮義務違反に基づき，連帯して2億5081万9991円の損害賠償を請求し，Y_1についてはこれに加えそれぞれ慰謝料500万円を請求した。
5	国立大学医学部漕艇部飲酒死亡事件控訴審 （福岡高判平成18年11月14日判タ1254号203頁，裁判所ウェブサイト）	本表事案4の控訴審（X_1・X_2控訴）。
6	傷害致死被告事件 （静岡地浜松支判平成21年2月16日公刊物未登載）	ホストクラブの従業員に怒号を交えて飲酒を強制したことにより，急性アルコール中毒による心肺停止状態に陥り，脳障害により死亡した。
7	傷害致死被告事件控訴審 （東京高判平成21年11月18日東高刑時報60巻190頁）	本表事案6の控訴審。

判決内容	特記事項
保護責任者遺棄致死罪を認定した（雇用主について懲役2年，従業員について1年6月）。	
大学は，信義則上，学生の身体・生命・健康についての安全配慮義務を負うが，学生寮は原則として学生自治によって運営されるべきであり，飲酒は学生自らの自制に委ねられるべきであるところ，大学は学生に対し飲酒について注意や自制喚起を行っていたことから安全配慮義務に欠けるところはなかったとし，大学の責任を否定した。	
大学は，信義則上，学生に対し安全配慮義務違反を負うとしつつ，当該事案において大学は，学生に対し飲酒を禁止する資料を配布したほか，オリエンテーションでもその旨指導したことなどから，大学に安全配慮義務違反はないとして，大学の責任を否定した。	
死因が飲酒に由来するものか不明であること，上級生らは死亡事故の予見が出来なかったことなどを理由に棄却した。	
アルコールが死亡という結果に相応の影響を及ぼしたと考えるのが自然かつ合理的である，新入生の指導をしていた上級生や宿泊場所とされていたアパートに搬送した者は安全配慮義務（保護義務）を負い，部長やキャプテンは飲酒による事故が発生することのないようにする注意義務を負うとして，X₁・X₂の請求を一部認容。ただし，死亡した新入生も自ら度を超した飲酒をしたとして9割の過失相殺。	
被告人は，被害者を強度の酩酊状態に陥らせようとの意図のもと，怒号により威迫することにより，被害者をして，もはや被告人が命じるまま短時間に多量の飲酒をするほかないとの精神状態に陥らせ，傷害の結果発生の現実的危険性を有するほどの飲酒をさせたとし，傷害致死罪を認定した（懲役3年6月）。	
ホスト従業員の飲酒は被告人の行為そのものと評価でき，当該行為は社会的に許容された態様，量等の飲酒を明らかに超えた傷害の結果を出じさせる危険性の高い行為で傷害罪の実行行為に該当し，被告人には傷害の結果が生じることを強く意図した傷害の故意があったと認められるとして，傷害致死罪を認定した（控訴棄却）。	

番号	事件名	事案概要
8	C大学テニスサークル飲酒死亡事件 （甲府地判平成23年6月30日判時2123号108頁）	X₁・X₂：両親，Y₁〜Y₆：大学生ら。 大学のテニスサークル活動の中で行われた飲み会に参加し，飲酒により急性アルコール中毒により死亡した大学1年生の両親が，飲み会の参加者（大学生）に対し，焼酎を飲み回しさせたことや危険な状態に陥ったのに介護をしなかったことが不法行為ないし安全配慮義務違反にあたるとして，逸失利益，慰謝料等を請求した。
9	保護責任者遺棄致死（予備的訴因：業務上過失致死）被告事件 （大阪地判平成25年7月31日公刊物未登載）	ガールズバー経営者が泥酔状態に陥った従業員女性（当時18歳）を放置し急性アルコール中毒で死亡した。

判決内容	特記事項
参加者による飲み回しの強制があったとは認められない，一気飲みの心理強制のもとに死亡した学生が酔いつぶされたとは考え難い，死亡した学生の飲酒量が必ずしも明らかでないことなどの事情から，Yらに学生の死亡についての予見可能性があったとは言えないとして，Yらの損害賠償責任を否定した。	
保護責任者遺棄致死罪を認定した。	

裁判例集

(vii) カスタマー・ハラスメント

番号	事件名	事案概要
1	甲府地裁平成30年11月13日	市立小学校の教諭である原告（X）が校長からパワハラを受けて，うつ病にり患し，休業し，精神的苦痛を受けた等と主張し，国会賠償法に基づき，市及び県に対し，損害賠償を求めた事案。
2	横浜地裁川崎支部令和3年11月30日	コールセンターのコミュニケーターとして勤務していた原告（X）が定年により退職することとされ，継続雇用されなかったことから，高齢者等の雇用の安定等に関する法律及び労働契約法18条に反する雇止めであるとして，労働契約上の地位の確認を求めるとともに，会社（Y）が視聴者によるわいせつ発言や暴言等に触れさせないようにすべき安全配慮義務を怠ったとして損害賠償を求めた事案。

判決内容	特記事項
Xが児童自宅を訪問した際に飼い犬に咬まれた件について，Xが校長とともに児童自宅を訪問した際，Xが児童の父及び祖父から謝罪を要求されたのに対し，校長も謝罪するようXに指示し，Xに謝罪させたこと，さらに，校長がXに対し，翌日も児童自宅を訪問し，児童の母に謝罪するよう指示したことは，児童の父と祖父の理不尽な要求に対し，穏便に場を収めるために安易に行動したというほかないとして，不法行為を構成するパワハラと認定した。 また，うつ病とされたXに対し，校長がXの了解を得ずにXの主治医に電話・訪問するなどしてXの症状を聞き出そうとしたこと及びXの公務災害認定請求に対しての校長の対応も不法行為を構成すると認定した。 裁判所は，校長の不法行為とXのうつ病り患との間の相当因果関係を認め，市及び県に対し，治療費・通院交通費，休業損害，慰謝料等の支払いを命じた。	
裁判所は，Xの視聴者に対する電話対応にはYが策定したルール及び就業規則違反が度々認められ，Yの注意・指導を受け入れ改善しなかったことから，継続雇用しないことは相当であるとして，労働契約上の地位確認請求を棄却した。 また，Yは，コミュニケーターの心身の安全を確保するため，わいせつ電話や暴言等に関するルールを策定してコミュニケーターに周知し，それに沿った対応を行っていたこと等から，Yが安全配慮義務を怠ったとはいえないとして，損害賠償請求も棄却した。	

裁判例集

第2版　ハラスメントの事件対応の手引き
内容証明・訴状・告訴状ほか文例

2016年11月30日　初版発行
2023年 5 月30日　第 2 版発行

編　　者　　第二東京弁護士会
　　　　　　全ての性の平等
　　　　　　に関する委員会

発 行 者　　和　田　　　裕

発 行 所　　日本加除出版株式会社
本　　　社　　〒171-8516
　　　　　　東京都豊島区南長崎 3 丁目 16 番 6 号

組版　㈱郁文　　印刷　㈱亨有堂印刷所　　製本　藤田製本㈱

定価はカバー等に表示してあります。
落丁本・乱丁本は当社にてお取替えいたします。
お問合せの他、ご意見・感想等がございましたら、下記まで
お知らせください。

〒171-8516
東京都豊島区南長崎 3 丁目 16 番 6 号
日本加除出版株式会社　営業企画課
電話　03-3953-5642
FAX　03-3953-2061
e-mail　toiawase@kajo.co.jp
URL　www.kajo.co.jp

Ⓒ 2023
Printed in Japan
ISBN978-4-8178-4885-7

ジェンダー平等の実現と司法
弁護士実務から見る課題と論点

日本弁護士連合会両性の平等に関する委員会 編
2023年5月刊 A5判 416頁 定価5,060円(本体4,600円) 978-4-8178-4876-5

- 家族法、刑法（性犯罪）、DV防止法など最新の改正論点を詳解。
- 医学部女子入試差別、AV出演被害、同性婚など、様々な差別や人権課題、労働、社会保障などの幅広い問題を解決に導くための実践の書。
- ジェンダー問題に接するすべての法曹、ロースクール生のための一冊。

商品番号：40946
略　　号：平等

学校と教師のための
労働相談Q&A41
スクールロイヤーと学ぶ学校の働き方

神内聡・小國隆輔・坂本順子 編著
2022年11月刊 A5判 228頁 定価2,970円(本体2,700円) 978-4-8178-4791-1

- 学校法務に携わるスクールロイヤーや教職員経験のある弁護士等の10人が、「法律家／教職員」両方の目線から答える労働相談。学校現場の労働問題に対して、予防・解決の手法と法的な助言をQA形式で解説。教師の労働問題として「労働時間」「部活動」を中心に様々な労働相談を収録。

商品番号：40927
略　　号：学労

カスハラ対策実務マニュアル

香川希理 編著
島岡真弓・松田優・上田陽太 著
2022年8月刊 A5判 272頁 定価3,190円(本体2,900円) 978-4-8178-4821-5

- クレーム・カスタマーハラスメントについて、具体的対応から予防策まで解説。厚労省のマニュアル（2022年）に対応。
- 基本的な対応方法・順序が一目でわかるフローチャートを収録。
- 裁判例・事例・文例・業界別ケーススタディを多数収録。

商品番号：40914
略　　号：カスハラ

性的マイノリティと国際人権法
ヨーロッパ人権条約の判例から考える

谷口洋幸 著
2022年6月刊 A5判上製 412頁 定価7,700円(本体7,000円) 978-4-8178-4792-8

- 性的マイノリティに関するヨーロッパ人権条約に係る欧州人権裁判所の判例等の検討から、日本の判例や法政策の課題と展望を考察し、同性パートナーシップ権利保障の将来像を導く書。LGBTQ＋の先駆的な100事例を紹介。性的指向に基づく差別の禁止ほか近時の動向にも対応。

商品番号：40907
略　　号：性国

日本加除出版

〒171−8516　東京都豊島区南長崎3丁目16番6号
TEL (03) 3953−5642　FAX (03) 3953−2061（営業部）
www.kajo.co.jp